# Découvrez l'histoire par les archives de presse

RETRONEWS

Le site de presse de la BnF

www.retronews.fr

# BULLETIN

## DE LA
## SOCIÉTÉ
### DE

# GÉOGRAPHIE COMMERCIALE

## DE PARIS

### (FONDÉE EN 1873)

## N° 1

### (Janvier 1879)

## SOMMAIRE :



# PARIS

## AU SIÉGE DE LA SOCIÉTÉ

### 9, RUE DE SAVOIE, 9

Le *Bulletin de la Société de Géographie commerciale de Paris* paraît quatre fois par an, ou plus, si besoin est.

Il est rédigé par le Secrétaire général, avec le concours de la Section de publication.

Tous les Membres fondateurs et ordinaires reçoivent le *Bulletin* gratuitement; les Membres correspondants qui désirent le recevoir ont à payer la cotisation annuelle. Le prix de souscription, pour les personnes étrangères à la Société, est de 20 francs par an.

La Société n'est responsable d'aucune des opinions émises par les auteurs des articles publiés dans le *Bulletin*.

Tous les ouvrages relatifs à la géographie dont deux exemplaires auront été adressés à la Société seront annoncés ou il en sera rendu compte.

*Pour tout ce qui concerne la Société ainsi que son Bulletin, s'adresser par écrit au Secrétaire général, rue de Savoie, n° 9, à Paris.*

MM. les Membres de la Société sont instamment priés de faire connaître au Secrétaire général toutes les modifications à introduire dans l'indication de leurs nom, prénoms, qualités et domicile, et de l'aviser *exceptionnellement*, par carte postale ou par lettre, ceux surtout qui résident à l'étranger, de la réception des deux premiers numéros du *Bulletin*.

# CONCOURS ET PRIX

La Société de Géographie de Lyon accordera en 1880 un prix de *mille francs* au meilleur mémoire sur ce sujet :

*Origine des eaux de la Colonie algérienne.*

Les mémoires doivent être envoyés, avant le 31 mai 1880, au siége de la Société, quai de Retz, 25, à Lyon.

---

La Société de Géographie commerciale de Bordeaux accordera, à une époque qui sera prochainement fixée, un prix au meilleur mémoire sur ce sujet :

1° *Possibilité d'améliorer la canalisation actuelle de la Gironde à la Méditerranée;*

2° *Possibilité d'ouvrir à la marine une voie directe entre les ports du Nord ou de l'Ouest et ceux du Midi.*

# RÉUNIONS DES MEMBRES DE LA SOCIÉTÉ

## pendant l'année 1878-1879

Les *assemblées générales ordinaires* ont lieu le dernier mardi de chaque mois, boulevard Saint-Germain, 184.

Le *Conseil* de la Société se réunit le premier mardi de chaque mois, au siége de la Société, rue de Savoie, 9.

Les sections se réunissent également rue de Savoie, 9, savoir :

La 1ʳᵉ section (Explorations et voies commerciales), le premier jeudi ; la 2ᵉ section (Exploitation des produits naturels et industriels), le deuxième jeudi ; la 3ᵉ section (Colonisation et émigration), le troisième lundi, et la 4ᵉ section (Enseignement), le 4ᵉ lundi de chaque mois.

Il n'y a pas de réunions pendant les mois d'août et de septembre.

Toutes les communications concernant la Société doivent être adressées au Secrétaire général, rue de Savoie, 9, Paris.

7302 — Paris. — Typ. Tolmer et Cⁱᵉ, 43, rue du Four-St-Germain.

# BULLETIN

## DE LA

# SOCIÉTÉ DE GÉOGRAPHIE COMMERCIALE

## DE PARIS

PARIS. — IMPRIMERIE TOLMER ET C<sup>ie</sup>

43, rue du Four-Saint-Germain, 43

# BULLETIN

## DE LA

## SOCIÉTÉ

### DE

# GÉOGRAPHIE COMMERCIALE

## DE PARIS

*(6ᵉ Année)*

## TOME I

*octobre 1878 — octobre 1879*

---

# PARIS

## AU SIÉGE DE LA SOCIÉTÉ

9, RUE DE SAVOIE, 9

La Société de Géographie commerciale de Paris, la première institution publique qui ait eu pour but l'application de la connaissance scientifique du globe au développement de l'industrie et du commerce, est entrée en octobre 1878 dans sa sixième année.

Son utilité, son importance, ont été comprises : l'histoire de son développement depuis l'époque où, simple Commission de la Société de Géographie de France, elle ne se composait que de quelques personnes, jusqu'à ce moment où la liste de ses membres couvre plusieurs pages ; les travaux qu'elle a provoqués, les Sociétés auxquelles elle a donné naissance, le grand succès enfin du Congrès qui, sur son initiative, s'est réuni dans le palais de l'Exposition universelle de 1878, tout le prouve suffisamment.

On ne se demande plus maintenant, comme on l'a fait il y a quelques années, à quoi sert la géographie commerciale. Le terrain des luttes pacifiques s'agrandit chaque jour, le goût des voyages s'étend et porte les hommes actifs vers le commerce international, qui, malheureusement, n'est pas assez représenté dans notre pays où, par contre, les petits commerçants sont très-nombreux. On reconnaît que le négociant perd souvent des affaires fructueuses par l'ignorance où il se trouve des ressources et des besoins des peuples étrangers ; on voudrait voir nos jeunes gens se livrer aux études qui leur permettraient de lutter pour se faire une place au soleil et pour devenir un jour des voyageurs, des navigateurs, des commerçants utiles à leur pays. On regrette souvent soi-même, dans quelque position qu'on se trouve et à quelque classe de la société qu'on appartienne, de ne pas être plus éclairé sur telle ou telle question de politique commerciale, de ne pas connaître suffisamment les voies de communication internationales ou le lieu de production et le marché de telle ou telle marchandise, d'ignorer les ressources des pays nouvellement découverts, ainsi que celles des contrées déjà ouvertes à l'émigration et à la colonisation, de ne pas pouvoir suivre, sans grand effort de travail et sans être contraint de reprendre des études incomplètes ou interrompues, la marche des voyageurs qui s'en vont, chaque année, explorer à leurs frais ou à ceux des Sociétés géographiques et des gouvernements, les parties encore inconnues de notre globe ; on rêve enfin des temps où la France possédait un plus grand empire colonial qu'à présent et l'on veut, en contribuant à répandre la connaissance de la terre, de ses habitants et de ses produits, en travaillant à former des voyageurs hardis et des négociants instruits, en augmentant ses propres connaissances, favoriser le développement industriel et commercial de la France, en augmenter la prospérité et ouvrir de nouveaux champs à sa mission civilisatrice.

De là vient que la Société de Géographie commerciale de Paris compte parmi ses membres, à côté de savants aimés et respectés, qui sont l'honneur de la science géographique dans tous les pays, des sénateurs, des députés, des administrateurs, des voyageurs et des hommes de lettres ; que le banquier y rencontre le grand et le petit industriel aussi bien que le riche négociant et le petit commerçant ; que l'armateur s'y trouve à côté du marin et du soldat, et que les jeunes hommes qu'attirent les entreprises commerciales y figurent à côté de ces consuls auxquels ils confieront peut-être un jour la défense de leurs intérêts à l'étranger. Les uns apportent à la Société l'appui de leur science et de leur talent ; les autres, leurs connaissances spéciales ; ceux-ci lui consacrent quelques heures de leur temps, ceux-là leurs loisirs. Tous travaillent pour arriver au même but : la réalisation du programme indiqué sous le titre Ier des Statuts ci-après, réalisation qui fera de la Société de Géographie commerciale de Paris un centre d'études sérieuses et pratiques où savants et négociants viendront apporter et chercher de sûres informations, un foyer où tous les hommes qui auront besoin de la géographie commerciale ou qui voudront contribuer à son développement pourront se rencontrer, se connaître et se donner réciproquement aide et appui.

Tout indique que ce résultat sera obtenu : le passé en est déjà une sûre garantie, et la publication que commence la Société d'un Bulletin des travaux de ses membres prouvera, nous l'espérons, que le présent donne également le droit de beaucoup attendre de l'avenir. Que tous les hommes d'intelligence et de bonne volonté viennent donc grossir les rangs de ceux qui ont contribué à créer et à établir sur des bases solides une institution dont la valeur n'est plus discutée.

Le Secrétaire général de la Société,<br>GAUTHIOT.

# STATUTS [1]

### Titre Ier. — *But de la Société.*

Art. 1er. — La Société est instituée pour concourir au développement des entreprises commerciales de la France sur tous les points du globe ;

Elle propage les connaissances relatives à la Géographie commerciale ;

Elle provoque ou favorise les voyages qui peuvent ouvrir de nouveaux débouchés ;

Elle étudie les voies de communication existantes ou à créer ;

Elle signale les richesses naturelles et les procédés manufacturiers utilisables par le commerce et l'industrie ;

Elle se préoccupe de toutes les questions relatives à la colonisation et à l'émigration ;

Elle établit une correspondance avec les sociétés commerciales, industrielles et savantes, et, en général, avec tous les groupes ou toutes les personnes qui peuvent éclairer ses études ; elle peut publier ses travaux avec tous les documents qui s'y rattachent ;

Elle s'interdit la discussion de toute matière étrangère à son objet et toute participation aux entreprises qui pourraient engager, au point de vue financier, sa responsabilité sociale.

Son siége est à Paris.

### Titre II. — *Composition de la Société.*

Art. 2. — La Société se compose :

1° De membres ordinaires ayant voix délibérative ;

2° De membres correspondants ayant voix consultative.

Les étrangers sont admis au même titre que les Français.

Art. 3. — On devient membre de la Société après avoir été agréé en cette qualité par une assemblée générale des membres ordinaires.

Art. 4. — Tout membre ordinaire paye une cotisation annuelle de 12 francs. Il lui est, en outre, délivré un diplôme du prix de 8 francs une fois payé.

Art. 5. — Les membres correspondants ne payent pas de cotisation, mais ils acquittent le droit de diplôme.

Art. 6. — La Société se réunit au moins une fois par an, en assemblée générale et publique, pour entendre l'exposé de sa situation et de ses progrès.

Ses membres ordinaires se réunissent au moins une fois par

---

(1) Rédigés par une Commission composée de MM. Meurand, Hertz, Jules Garnier, Gauthiot, Jules Gros, Delagrange et Brau de Saint-Pol Lias, et adoptés le 10 novembre 1876, jour où a été élu le Conseil.

mois, les mois d'août et de septembre exceptés, en assemblée générale ordinaire.

### Titre III. — *Administration de la Société.*

Art. 7. — Les intérêts intellectuels et matériels de la Société sont administrés par un Conseil de vingt membres au moins. Ce Conseil soumet à l'approbation de l'assemblée générale toutes les décisions qui lui paraissent importantes.

Le nombre des membres du Conseil est fixé chaque année dans l'avant-dernière assemblée générale des membres ordinaires. Les membres de ce Conseil sont nommés pour un an dans la dernière assemblée générale annuelle des membres ordinaires, à la majorité des voix recueillies au scrutin secret.

Les membres des bureaux de section font de droit partie du Conseil pendant la durée de leurs fonctions. (*Adopté le 1er avril 1878.*)

Les membres sortants sont rééligibles.

Tout membre ordinaire peut prendre part au vote, soit directement, soit par lettre adressée au Président de la Société.

Art. 8. — Le bureau du Conseil et des Assemblées générales se compose : 1° d'un président ; 2° de deux vice-présidents ; 3° d'un secrétaire général et de deux secrétaires ; 4° d'un archiviste ; 5° d'un trésorier ; 6° de deux assesseurs.

### Titre IV. — *Dispositions générales.*

Art. 9. — Tout membre ordinaire jouit de la bibliothèque et des collections qui seront formées. Il reçoit le bulletin des travaux de la Société.

Art. 10. — Toute personne qui, par le paiement effectué d'avance d'une somme de 150 francs, une fois payée, s'inscrit sur la liste des membres donateurs, jouit, sa vie durant, du titre de membre fondateur et de tous les droits réservés aux membres ordinaires.

Art. 11. — Est considéré comme démissionnaire tout membre qui, dans les trois mois de son admission, n'a point acquitté les droits de cotisation et de diplôme ou qui, dans les trois premiers mois d'une année financière, n'a point payé sa cotisation. (*Adopté le 22 septembre 1878.*) Néanmoins, il peut être admis de nouveau, suivant la forme indiquée par l'article 3. En ce cas, un nouveau diplôme n'est pas obligatoire.

Art. 12. — Il ne pourra être donné suite à une modification ou à une addition aux présents Statuts que sur une demande signée d'au moins vingt membres de la Société.

Après avoir examiné cette demande, le Conseil formulera ses conclusions et les soumettra à une assemblée générale qui sera convoquée spécialement à cet effet.

# RÈGLEMENT [1]

§ 1er. La Société de Géographie de Paris est distribuée en quatre sections : 1re, Explorations et voies commerciales ; — 2e, Exploitation des produits naturels et industriels ; — 3e, Colonisation et émigration ; — 4e, Enseignement.

§ 2. Chacun des membres de la Société a la faculté d'assister aux réunions des sections.

§ 3. Chaque section nomme tous les ans, à la suite des élections générales, un président, un vice-président et deux secrétaires. Elle se réunit une fois par mois aux lieux et aux époques fixés par son bureau.

§ 4. Chaque section doit donner son avis sur toutes les questions qui lui sont soumises par le Bureau central ; elle peut également prendre une décision sur toute proposition émanant de l'initiative d'un de ses membres, mais en se conformant aux dispositions de l'article VII des statuts.

§ 5. Le bureau de la Société est nommé dans l'assemblée générale qui procède à l'élection du Conseil.

§ 6. Le président et le secrétaire général de la Société font de droit partie de toutes les sections.

§ 7. En dehors de ces quatre sections, il est nommé en assemblée générale une commission de comptabilité, composée du trésorier de la Société et de quatre membres choisis parmi les membres du Conseil.

§ 8. Cette commission est chargée de recevoir les comptes du trésorier et de faire connaître au moins tous les six mois, au Conseil, la situation financière. Elle doit, à la fin de chaque année. soumettre au Conseil un état détaillé des recettes et des dépenses de l'année expirée et proposer le budget de l'année suivante. Elle donne son avis sur tout emploi extraordinaire des fonds de la Société.

§ 9. Toute personne qui désire faire partie de la Société comme membre ordinaire doit être présentée par deux membres ordinaires dans une assemblée générale ; elle n'est admise que dans l'assemblée générale suivante à la majorité des voix des membres présents.

§ 10. Toute personne qui désire faire partie de la Société comme membre correspondant doit exprimer ce désir dans une lettre adressée au président de la Société. Sa demande est transmise à la plus prochaine assemblée générale par le Bureau central, et il est statué immédiatement sur son admission.

§ 11. Les réunions du Conseil de la Société ne sont valables qu'autant qu'un quart au moins des membres du Conseil, y com-

---

(1) Rédigé par une commission composée de MM. Meurand, Hertz, Delaire. Pigeonneau, Gauthiot, Meynars d'Estrey, Jules Gros, Fr. Bazin et Boutet; adopté le 27 octobre 1876, et revisé le 28 décembre 1878.

pris les membres du Bureau, seront présents et auront délibéré en séance. Dans le cas où cette condition n'aurait pas été remplie, une nouvelle réunion serait convoquée et les délibérations en seraient valables, quel qu'eût été le nombre des membres présents, pourvu qu'une seconde invitation ait été adressée par le Bureau à tous les membres du Conseil.

§ 12. La séance de l'assemblée générale commencera par la lecture du procès-verbal de la séance précédente.

§ 13. Les procès-verbaux seront rédigés par un des secrétaires de la Société, sous le contrôle du Secrétaire général.

§ 14. Le Secrétaire général rédige, avec le concours du Président de la Société, le bulletin des travaux de la Société, ainsi que la correspondance administrative intérieure pour tout ce qui concerne ces travaux et les affaires autres que les affaires de finance. Il signe, ainsi que le Président, la correspondance extérieure. Il prépare et soumet à l'approbation du Président les ordres du jour.

§ 15. L'année financière commence le 1er octobre de chaque année, pour se clore le 30 septembre de l'année suivante.

Les pouvoirs du Conseil et ceux du Bureau ont les mêmes limites de durée.

§ 16. Toute proposition de modification au présent Règlement sera transmise au Conseil, qui la soumettra, avec son avis, à l'assemblée générale.

---

# BUREAU

### Pour 1878-1879

---

*Président :* M. MEURAND, directeur des consulats au ministère des affaires étrangères, président honoraire de la Société de Géographie de France.

*Vice-Présidents :* M. LEVASSEUR (Emile), membre de l'Institut; — M. CORTAMBERT (Eugène), directeur de la section des cartes à la Bibliothèque nationale; — M. POMEL, sénateur; — M. BIONNE (Henry), ancien officier de marine.

*Secrétaire général :* M. Charles GAUTHIOT.

*Secrétaires :* M. Jules GROS, publiciste; — M. MÉGEMONT, sous-chef de bureau à la Compagnie du chemin de fer Paris-Lyon-Méditerranée.

*Archiviste :* M. le comte MEYNERS D'ESTREY.

*Assesseurs :* M. John LE LONG, ancien consul général de la République de l'Uruguay ; — M. François BAZIN, professeur de géographie commerciale aux écoles Turgot et Colbert.

---

# CONSEIL DE LA SOCIÉTÉ
### Pour 1878-1879

M. Bivort (Charles), directeur du *Bulletin des Halles*.

M. Brau de Saint-Pol Lias, fondateur de l'Institution des colons explorateurs.

M. Capitaine, directeur-gérant de *l'Exploration*.

M. Cortambert (Richard), géographe.

M. le marquis de Croizier, consul de S. M. le roi des Hellènes.

M. Decaux, éditeur du *Journal des Voyages*.

M. Delaire, ancien élève de l'Ecole polytechnique.

M. Dupuis, explorateur du Tonkin.

M. Fayard de la Brugère, éditeur.

M. Gauguet, éditeur.

M. Gazeau de Vautibault, agronome.

M. Hausermann, graveur.

M. Hertz, publiciste.

M. Marche, explorateur.

M. Moulle, ingénieur.

M. Peghoux, conseiller honoraire à la Cour des comptes.

M. Raffray, explorateur.

M. Quinet, photographe.

M. Reclus, lieutenant de vaisseau.

M. Robin, ex-général de division.

M. Taylor (Félix), géographe.

## CONSEILLERS HONORAIRES

*M. Beauvisage, M. Boudouresque, M. Cotard, M. Delagrange, M. Delesse, M. Menier, M. Pinet, M. Salomon, M. de Vigan.*

## SECRÉTAIRE GÉNÉRAL HONORAIRE

*M. Hertz.*

## BUREAUX DES SECTIONS

1re SECTION. — EXPLORATIONS ET VOIES COMMERCIALES.

*Président* : M. Brau de Saint-Pol Lias; — *Vice-présidents :* MM. Gazeau de Vautibault et Dupuis; — *Secrétaires :* MM. Hausermann et Ménier.

2ᵉ SECTION. — EXPLOITATION DES PRODUITS NATURELS
ET INDUSTRIELS.

*Président :* M. MEYNERS D'ESTREY; — *Vice-président :* M. GROS;
— *Secrétaire :* M. RINGIER.

3ᵉ SECTION. — ÉMIGRATION ET COLONISATION.

*Président :* M. ROBIN; — *Vice-président :* M. CAPITAINE; — *Secrétaires :* M. LUCY et ROLLAND.

4ᵉ SECTION. — ENSEIGNEMENT.

*Président :* M. GAUGUET; — *Vice-présidents :* MM. FR. BAZIN et DREPEYRON; — *Secrétaires :* MM. RAUBER et CHARDON (Jules).

COMMISSION DE COMPTABILITÉ.

MM. BIONNE, FAYARD DE LA BRUGÈRE, HAUSERMANN, MÉGEMONT
et GAUTHIOT.

COMMISSION DU MUSÉE.

MM. POMEL, CORTAMBERT (Eugène), LELONG, MÉGEMONT, GROS,
ROBIN. — *Membres adjoints :* MM. HERTZ, LUCY, RINGIER, LESAGE.

# LISTE
## Des Membres de la Société

*Les noms des Membres fondateurs sont précédés de deux astérisques, et ceux des Membres ordinaires d'un seul; ceux des Membres correspondants ne sont précédés d'aucun signe.*

ABRIGADA (le vicomte d'), à Lisbonne (Portugal).
ACAMAS, agent consulaire de France, à Limasol (île de Chypre).
* ALBÉCA (d'), publiciste, rue de Vienne, 2, à Paris.
ALBY, consul honoraire de France à Porto-Empédocle (Italie).
* ALLAN, directeur de la *Vigie algérienne*, rue Rodier, 20, Alger.
ALLARD jeune, à Mexico (Mexique).
ALMEIDA DE BIVAR (d'), agent consulaire de France, à Villa-Nova de
Portimao (Portugal).
* ANSARD DU FIESNET, conseiller général du Pas-de-Calais, rue du
Cherche-Midi, 44.
APPLETON (Nathan) à Boston (Etats-Unis).
* ARDIN D'ELTEIL, vice-consul de France à Whydah, par Lagos,
West Coast of Africa.
ARÈNE (Jules), interprète, attaché au consulat de Shanghaï (Chine).
ARNOULD (J.), Royal-Mint street, à Londres (Angleterre).
* ARNOULD (Gaston), journaliste, boulevard Magenta, 143, Paris.
* ARTAUD, professeur à l'Institut musical, 22, rue de Maubeugé,
Paris.
ASSEN (Henri d'), consul de Venezuela, rue des Vanniers, 12, à Amsterdam (Pays-Bas).
ASSENAT, ancien vice-consul de France, à Sunderland (Angleterre).
AUBERT, ancien vice-consul de France, à Ceylan (Indes anglaises).

Aubbin (le commandant), chef des affaires indigènes de l'Algérie, à Alger.

Aubonne (d'), agent consulaire de France, à Zagazig (Égypte).

* Aymé (François), publiciste.

* Badin, rue de Vigny, 1, Paris.

* Baets (Léonce de), rue de Provence, 7, Paris.

Bainier, sous-directeur de l'Ecole supérieure de commerce, secrétaire général de la Société de géographie de Marseille, rue de Breteuil, 77, Marseille.

Balny, secrétaire d'ambassade, à Berne (Suisse).

Baltet, président de la Société horticole et forestière de l'Aube, à Troyes.

* Balut, homme de lettres, rue Sainte-Apolline, 16, Paris.

* Barbeau (Adrien), membre de la Société d'agriculture de France, avenue de Wagram, 145, Paris.

Barbosa du Bocage, président de la Société de géographie de Lisbonne.

Bamps (A.), docteur en droit, rue du Marteau, 31, Bruxelles (Belgique).

Barrèer, agent de la maison Verminck, à Sierra-Leone.

* Bassano (le marquis de), rue Galilée, 24, Paris.

* Bassot, rue Drouot, 4, Paris.

* Bazin, ingénieur, place Pereire, 10, Paris.

* Bazin (François), professeur aux Ecoles Turgot et Colbert, boulevard Voltaire, 97, Paris.

* Beaujoint, homme de lettres, rue Couesnon, 14, à Plaisance.

Beaumevielle (Aristide), négociant, impasse des Tanneries, 13, à Bordeaux.

Beaumevielle (Léopold), membre du Conseil municipal de Saint-Denis, à la Réunion.

* Beauvisage, publiciste, rue Denfert-Rochereau, 45, Paris.

* Bécar, rue Lafayette, 103, Paris.

Beer (A), à Shanghaï (Chine).

Belmas (Mariano), directeur de la *Revue des architectes*, à Madrid, Almirante 2-2° (Espagne).

* Berge (Lucien), ancien notaire, rue du Faubourg Saint-Honoré, 240, à Paris.

Bernard (Emile), engagé conditionnel au 5e de ligne, à Hérouville Saint-Clair, près Caen (Calvados).

Berthebard, secrétaire général de la Société de climatologie algérienne, à Alger.

Berton (François), consul de Suisse et de Portugal, à San-Francisco (Californie)

* Bétsoy, lieutenant au 80e de ligne, à Paris.

* Biard (Georges), lieutenant de vaisseau.

* Bionne (Henri), ancien officier de marine, rue de Las-Cases, 23.

* Bivort (Charles), directeur du *Journal des Halles*, rue de Viarmes, 29, Paris.

Blaize (César), vice-consul de France, à Madère (Portugal).

Blancheton (Ernest), consul de France à Hang-Kéou, avenue des Ternes, 82, Paris.

Bodio, directeur de la statistique au Ministère de l'Agriculture, à Rome.

Bogdanowich (le colonel Eugène de), 42, grande Morskaïa, à Saint-Pétersbourg.

Boll, agent de la maison Régis, à Lagos (Afrique).

* Bonnadier (Elie), avocat, rue de Constantinople, 31, Paris.

Bonnat, explorateur, Inner Temple, Dale Street, à Liverpool (Angleterre).

* Bonnavoy de Premot, voyageur à Madagascar, 25, rue Michel-le-Comte.

* Bonnery, ingénieur civil, rue de Navarre, 14, Paris.

Bordère (de la), vice-consul de France à Porto (Portugal).

Borelli (Jean-Baptiste), vice-consul de France à Galveston, Texas, (États-Unis).

Bosio (Joseph), vice-consul de France et négociant commissionnaire, à Arta et Prevesa (Turquie d'Europe).

Boissevain, à Amsterdam (Pays-Bas).

* Boudouresque, de l'Académie nationale de musique, rue de Courcelles, 202, Paris.

Bouillon (C.), ingénieur-directeur des sucreries du Khédive, à Samalout (Haute Égypte).

* Bourget (Louis), chef de bureau au Comptoir national d'escompte, avenue de Clichy, 91, Paris.

* Bourgeois (Bernard), négociant, rue Molitor, 33, à Auteuil, Paris.

* Boutet (Paul), publiciste, rue de Courcelles, 79, Paris.

Bouthillier de Beaumont, président de la Société de géographie de Genève, à Genève.

Bouygues (Félix), éditeur géographe, à Aurillac (Cantal).

* Brau de Saint-Pol Lias, fondateur de l'Institution des colons explorateurs, avenue des Gobelins, 1, Paris.

Bray (Joseph-A.), vice-consul de Suède, à Goole (Angleterre).

* Breton (Jules), géomètre, rue Saint-Honoré, 274, Paris.

Brest (Nicolas), vice-consul de France, à Milo (Grèce).

Bresson (H.), ingénieur, 19, Dacres-Rood, Forest Hill, à Londres (Angleterre).

Brudo, délégué du consul de France, à Mazagan (Maroc).

* Bruel (Narcisse-Louis), constructeur d'instruments d'agriculture, boulevard du Pont, 6, à Moulins (Allier).

* Brun (Arthur), négociant, à Cape Coast Castle (Afrique Occidentale).

Brunialti (Dr. A), secrétaire général de la Société de géographie commerciale de Rome, directeur du *Giornale delle Colonie*, Foro Trajano, Rome.

Brusola y Telles, vice-consul d'Espagne, au Caire.


Cailliau (Edmond), vice-consul de France, à Tournay (Belgique.)

* Cambourg (le baron de), 22, rue des Ecuries-d'Artois.

Cameron, explorateur de l'Afrique centrale.

Camus, armateur, 34, South John street, à Liverpool (Angleterre).

* Canas, rédacteur du journal *le Bétail et la ferme*, rue J.-J. Rousseau, 61.

* Capitaine (Hyacinthe), directeur de *l'Exploration*, rue Baudin, 20, Paris.

Capitaine (Paul), lieutenant de vaisseau, Toulon.

* Capitaine (Georges), 43 bis, rue Saint-Pétersbourg.

Carrey (Edmond), consul de France, à Chicago (Etats-Unis).

Cave (Paul), lieutenant de vaisseau, rue de Courcelles, 52, Paris.

Cazaux, chef des travaux du pont de Santarem, à Santarem (Portugal).

* Célerier, négociant, rue du Mont-Thabor, 15, Paris.

Chainel, ancien vice-consul de France, à Aden (Arabie).

Challet, consul de France, à Syra (Grèce).

* Champion (Claudius), à Lyon.

Champoiseau, consul de France, à Messine (Italie).

* Chanoine, ancien lieutenant de vaisseau, rue de Rivoli, 146, Paris.

Chanzy (le général), ancien gouverneur de l'Algérie, ambassadeur de France à Saint-Pétersbourg (Russie).

* Chapel (Georges), à Déli (Sumatra).

* Chardon (père), directeur du Géorama, rue Nansouty, 20, Paris.

* Chardon (Jules), sculpteur, rue Nansouty, 20, Paris.

Charpentier (Hector-Auguste), organiste, à Olmeto (Corse).

Charvin, commissaire-adjoint de la marine, à Cayenne.

Chasserot, vice-consul de France, à Garrucha et Villaricos (Espagne).

* Chauvin, rue Buffault, 9, Paris.

Chevrey-Rameau (Henri), vice-consul de France, à Southampton (Angleterre).

Chevarrier, vice-consul de France à Jaffa, rue Montaigne, 19, à Paris.

Chil y Naranjo (le Dr Gregorio), Gran Canaria (îles Canaries).

Chiotti (le chevalier Ange de), chef de division au ministère de la maison du Roi, à Rome.

Chodzko, lieutenant général à l'armée du Caucase, à Tiflis.

Chouteau, négociant, à Saint-Louis (Missouri, Etats-Unis).

Christophersen, consul de Norwége, avenue Montmorency, 4, Auteuil-Paris.

* Ciampanty (César), peintre décorateur, 19, rue Friant (Montrouge).

Coninck Westensers (J.-R.-G.), vice-consul de Belgique, au Texel (Hollande).

* Coquelin, armateur, cours de la République, 24, au Havre (Seine-Inférieure).

Cordeiro (Luciano), secrétaire général de la Société de géographie de Lisbonne, rue Saint-Paul, à Lisbonne.

Correnti, ancien ministre, à Rome.

* Cortambert (Eugène), directeur de la section des cartes à la Bibliothèque nationale, ancien président de la Commission centrale de la Société de géographie de France, rue de Saintonge, 64, Paris.

* Cortambert (Richard), publiciste, rue Vivienne, 10, Paris.

* Cotard (Charles), ingénieur civil, rue de Grammont, 17, Paris.

* Couté, capitaine en retraite, 52, rue de Paradis-Poissonnière.

Couvidou (le docteur H.), Port-Saïd (Égypte).

Croix (J. E. de la), ingénieur des mines, à Djidjelly (Algérie).

Croix (A. de la), vice-consul d'Angleterre à Bône (Algérie).

* Croizier (le marquis de), président de la Société académique Indo-Chinoise, rue du Quatre-Septembre, 9, Paris.

* Croizier (Philippe), licencié ès lettres, rue de Dunkerque, 69, Paris.

CRUCHON, vice-consul de France, à Séville (Espagne).
CUMELLA (Jean), à Sainte-Croix-de-Ténériffe (îles Canaries).
CUSSY (le baron C. de), vice-consul de France, à Jersey (Angleterre).

DALMAN (Axel), vice-consul de France, à Gelfe (Suède).
DAMIANI (Bernard), agent consulaire de France, à Ramlé (Turquie d'Asie).
DANLOUX, vice-consul de France, à Savone (Italie).
DA SILVA FERRAO, gouverneur de Timor (Indes Portugaises).
DASTUGUE (le général), à Talence, près Bordeaux.
DAUMAS (le docteur L.-C.), médecin de la marine.
DEBIZE (le lieutenant-colonel), secrétaire général de la Société de géographie de Lyon, à Lyon.
* DECAUX, éditeur du *Journal des Voyages*, rue du Croissant, 7, Paris.
DECOURT (J.) vice-consul de France, à Edimbourg.
DEJOUX (Étienne), architecte, à Alger.
* DELAGRANGE, (le commandant), rue Bonaparte, 49, Paris.
* DELAIRE (Alexis), ancien élève de l'École polytechnique, boulevard Saint-Germain, 135, Paris.
DE LA PORTE, consul de France, à Bilbao (Espagne).
DELAPORTE, consul général de France, à Beyrouth (Turquie).
DELAVOIX, cultivateur, à Tenira, par Sidi-bel-Abbès, province d'Oran (Algérie).
* DELESSE, membre de l'Institut, inspecteur général des mines, rue de Madame, 59, Paris.
* DELONCLE, délégué de la Société de géographie de Lyon, rue Montmartre, 98, Paris.
* DELPORT, négociant, rue du Faubourg-du-Temple, 22, Paris.
DENIS DE RIVOIRE, sous-préfet.
* DEPECKER, rue de Chabrol, 63, Paris.
DERVIEU, consul général de France, à Hambourg (Allemagne).
DESBONNE (Ferdinand), négociant, allée de Chartres, 13, à Bordeaux.
* DESCLOZEAUX, ancien préfet, rue Gay-Lussac, 16, Paris.
DESTRÉES, consul de France, à Alep (Turquie d'Asie).
* DEVILLE (Edmond), fondé de pouvoirs en Banque, rue Vivienne, 51, Paris.
DILLON (Ch.), consul de France, à Tientsin (Chine).
DOZON (Auguste), consul de France, à Larnaca (Chypre).
DORAT (Henri), agriculteur, à Los Teques, près Caracas (Venezuela). (Au Consulat de France à Caracas.)
* DRAPEYRON (Ludovic), docteur ès lettres, agrégé de l'Université, professeur au lycée Charlemagne, directeur de la *Revue de Géographie*, rue des Feuillantines, 69, Paris.
* DREYFUS (Paul-Louis), rédacteur en chef du *Journal de la Marine et du Commerce*, rue du Faubourg-Poissonnière, 4, Paris.
DUBOIS, vice-consul d'Angleterre, à Sainte-Croix (Grandes Antilles).
* DUFRENOY (Etienne-Justin), propriétaire, rue des Vosges, 16, Paris.
* DUJARDIN (Victor), rue de Seine, 52, Paris.

* Dumesnil (Adrien), avocat à la Cour d'Appel, rue de l'Arrivée, 10, Paris.

Duponchel, ingénieur en chef des ponts et chaussées, à Montpellier (Hérault).

* Dupuis, explorateur du Tonkin, rue Saint-Georges, 43, Paris.

*' Durassier, avenue Wagram, 24, Paris.

* Durville, directeur de la *Revue Magnétique*, rue Bergère, 21, Paris.

Du Tour (le comte), consul de France, à Turin (Italie).


Ercolini (Alphonse), ex-agent consulaire de France, à Brindisi (Italie).

* Erhard, graveur géographe, rue Duguay-Trouin, 12, Paris.

* Essards (B. des), lieutenant de vaisseau, attaché au ministère de l'instruction publique, rue de la Grône, 19, à Suresnes (Seine).

Estrangin (Henri), négociant, place Paradis, 7, à Marseille.


Fackre (Basile), vice-consul de France, à Damiette (Egypte).

Farrel, agent consulaire de France, à Waterford (Irlande).

Faucheux, négociant, à Châteaudun.

Fausto Domingues Da Silva, bibliothécaire du cabinet de lecture de Geara (Brésil).

Favre Clavairoz, membre du corps diplomatique, ancien consul général à Trieste (Autriche).

* Fayard de la Brugère (Arthème), éditeur, boulevard Saint-Michel, 78, Paris.

* Fauqueux, ancien sous-préfet, rue Chauveau-Lagarde, 18, Paris.

Feillet (J.), consul du Chili, à Brest.

Feret (Edouard), membre de la Société de géographie de Bordeaux.

Fief (J. du), professeur à l'Athénée royal, rue de la Limite, 112, à Bruxelles.

Fillias (Achille), chef du service officiel des renseignements, à Alger.

* Fillion (Georges), imprimeur, rue des Martyrs, 18, Paris.

Fischer, négociant, à Bombay (Indes Anglaises).

Flesch (E.), consul de France, à Andrinople.

Fleurat (Léon), à Tunis.

Foncin (P.), secrétaire général de la Société de géographie de Bordeaux, rue de Pessac, 99, Bordeaux.

Fors (L.-R.), docteur en droit, 2 Hineros, à Séville (Espagne).

Forsyth (Sir D.), membre de la *Royal Society* de Londres.

* Foubert, pasteur, à Fourmies (Nord).

Fouché (Léon), employé du chemin de fer de Bône à Guelma, à Bône (Algérie).

* Foucher de Careil (le comte), sénateur, rue François Ier, 9, Paris.

Fruhstuck, à Ciudad-Bolivar (Venezuela).


* Gaboriau, négociant, rue Montmartre, 64, Paris.

Gaffarel (Paul), professeur à la Faculté des Lettres de Dijon.

Gaillard de Ferry, vice-consul de France, à Belfast (Irlande).

* Gaillard (J.), avocat à la Cour d'Appel, rue Gît-le-Cœur, 11, Paris.

* Galzin (Henri de), en mission dans la République Argentine, propriétaire, à Saint-Séverin (Charente).

Garnier (B.), consul de France, à Batavia.

* Gauguet (Élie), officier d'Académie, éditeur, rue de Seine, 36, Paris.

* Gauthiot (Charles), rédacteur au *Journal des Débats*, boulevard Saint-Germain, 63, Paris.

* Gazeau de Vautibault, avocat, rue de Tivoli, 3 *bis*, Paris.

Geofroy (Adolphe), vice-consul de France à Lattakié (Turquie d'Asie).

Gentilini (P.), ancien vice-consul de France à Céphalonie (îles Ioniennes).

Ghika (Grégoire), agent de Roumanie, à Constantinople.

* Gilles (François), publiciste, rédacteur à l'*Assemblée nationale*, rue de Laval, 32 bis, Paris.

* Gilliess, directeur du Crédit général de la librairie, rue Saint-Lazare, 31, Paris.

* Gingembre négociant, boulevard de Strasbourg, 59, Paris.

* Giovanelli de Cléry (Henri), représentant de commerce, rue Saint-Placide, 31, Paris.

Giraud (J.), agent consulaire de France, à Ambriz (Guinée).

* Glaenzer (Camille-Henri), voyageur, boulevard de Strasbourg, 35, Paris; à Batavia : chez M. Platon.

Gogorza (Anthoine de), 25, rue Duphot, Paris.

* Goguel, ingénieur à Saint-Dié (Vosges), et à Sidi Solali (Tunisie).

* Goizet, rue de la Fidélité, 7, à Paris.

Gomes (Soares), vice-consul de France, à Paranagua (Brésil).

Gomez (Frédéric), consul de Danemark, à Bahia (Brésil).

Gorceix (Henri), ancien consul de France, à Rio-de-Janeiro (Brésil).

Gourdon (H.), consul de la République Argentine, à Nantes (Loire-Inférieure).

* Grandidier (Alfred), explorateur de Madagascar, rue de Berry, 14, Paris.

* Grangé, rue de Chézy, 3, Neuilly-sur-Seine.

Gravier (Gabriel), rue Champ-des-Oiseaux, 80, à Rouen (Seine-Inférieure).

Grévy (Albert), député, gouverneur général de l'Algérie, à Alger.

Grœneweldt (W. F.) secrétaire de la Société des Arts et des Sciences de Batavia.

* Gros (Jules), publiciste, rue de Nansouty, 20, Paris.

Guérin de Cayla (A. de), consul du Pérou, rue Darse, 21, à Marseille.

* Guérin, libraire, rue de la Harpe, 55, Paris.

Guerrero (Ferd.), agent consulaire de France, à Adra (Espagne).

* Guichard, rue de Rocroy, 8, Paris.

Guido-Cora, directeur du *Cosmos*, à Turin (Italie).

Guigne (Albert de), directeur des Messageries maritimes, à Singapore (Indes Orientales).

Guy, contrôleur des douanes, à Alger.

Guys, consul de France, à Damas (Turquie d'Asie).

* Hadamard, négociant, rue Bleue, 29, et rue Chauchat, 9.
* Haincque de Saint-Senoch, conseiller référendaire à la Cour des comptes, rue Demours, 19, Paris.
Hancy, vice-consul de France, à Sassari et Porto Torres (Sardaigne).
* Harmand (le D'), explorateur du Tonkin, de la Cochinchine et du Laos, rue Neuve, 11, Versailles (Seine-et-Oise).
* Harmand, ancien secrétaire d'ambassade, avenue de la Grande-Armée, 81, Paris.
Harmens (A.), agent consulaire de France, à Harlingen (Hollande).
* Hausermann (Remy), graveur-géographe, rue Saint-André-des-Arts, 27, Paris.
Hawkes, à Tours (Indre-et-Loire).
Hay, agent consulaire de France, à Lerwick (Angleterre).
Hehm (Henri), vice-consul de Belgique pour les établissements anglais, à Ste-Marie-de-Bathurst (Côte occidentale d'Afrique).
* Hellion (L.), représentant de maisons étrangères, rue Stephenson, 39, Paris.
Hellwald (Friedrich von), rédacteur de l'*Ausland*, à Cannstadt, près Stuttgart (Allemagne).
Henricy Bey (le chevalier), à Turin (Italie).
Hepp, ancien consul de France à Christiania (Norvége).
Hernandez (Léon), vice-consul de France à Rangoun (Birmanie anglaise).
* Hertz (Charles), publiciste, rue de Buffon, 9, Paris.
Hodges (fils), agent consulaire de France à Deal (Angleterre).
Hoben (le comte Charles-Louis de), consul de la République Argentine, du Pérou et de Haïti, rue Rolland Bussy, 1, à Alger.
Houzel, notaire à Hesdin (Pas-de-Calais).
Huchet (Eugène), courtier de navires, à Charleston (Etats-Unis).
Hurbin-Lefebvre, professeur à l'Ecole supérieure de commerce, à Lyon (Rhône).
* Hureau de Villeneuve, docteur-médecin, rue Lafayette, 95, Paris.


* Jacquot, secrétaire de la rédaction du *Journal des Débats*, rue des Halles, 32, Paris.
Jannaut, agent consulaire de France, à Porto-Plata (République Dominicaine).
Jasigi, ancien agent consulaire de France, à Boston (Etats-Unis).
* Jeannin (Louis), rue Notre-Dame-de-Lorette, 14, Paris.
Jofre-Domenec (Joachim), vice-consul de France au Ferrol (Espagne).
* Jonasco, à Jassy Gare (Roumanie).
* Joubert (Eugène), rue Gérando, 16, Paris.
* Jouslain (Jules), vice-consul de France, au Japon (Hiogo-Kobé), et rue Richepanse, 5, Paris.
* Juvigny (Alfred de Léonard de), inspecteur de la Banque de France, rue de Babylone, 60, Paris.
* Juvigny (Paul de Léonard de), avenue Duquesne, 32, Paris.

KAN, secrétaire de la Société de Géographie d'Amsterdam, à Utrecht (Hollande).
* KARPELÈS (J.), chef du service international aux Messageries Parisiennes, rue Montmartre, 47, Paris.
KERSTEN, directeur du *Central Verein für Handelsgeographie*, Plan Ufer, 93, Berlin (Prusse).
* KLARY, photographe, rue du Mail, 14, Paris.
* KLEINHANS (Mlle Caroline), officier d'académie, professeur au collège Sainte-Barbe et à l'Ecole normale de Neuilly, géographe, rue Guénégaud, 19, Paris.
* KŒCHLIN-SCHWARTZ, conseiller municipal, avenue de la reine Hortense, 62, Paris.
KUMMER, directeur de la statistique fédérale, à Berne (Suisse).

* LABERRIÈRE (Joseph), consul de la République du Salvador, rue de Trévise, 28, Paris.
* LAIZER (le marquis de), ancien auditeur au Conseil d'Etat, rue des Belles-Feuilles, 40, Paris.
LAMAIRESSE, ingénieur des ponts et chaussées, à Bone (Algérie).
LAMOTTE (Henri), à l'Hermitage, campagne Arrault, commune de Saint-Eugène, à Alger.
LANCELOT, agent consulaire de France aux Gonaïves (Haïti).
LANDAU (Elie), consul du Chili, à Bordeaux (Gironde).
LANGLAIS, consul de France à Philippopoli (Turquie).
* LANZI (Laurent), à Ajaccio (Corse).
LAPEYROUSE (S. de), consul de France, à Riga (Russie).
* LATOUR (comte de), rue de Penthièvre, 25, Paris.
LAURENS (G. du) à Cessieu (Rhône).
* LAURENT (Albert), employé de la Banque de France, rue du Faubourg-Poissonnière, 166, Paris.
LAYARD (sir Ch.), Huxley College, Preston (Devonshire).
LE BRUN (Charles), vice-consul de France, à Vieques, Puerto-Rico (possessions espagnoles d'Amérique).
LEFAIVRE, consul de France à Québec (Canada).
* LEFEBVRE (Paul), publiciste, boulevard Magenta, 24, Paris.
* LELONG (John), ancien consul général de l'Uruguay, avenue de Wagram, 28, Paris.
LEMAIRE, consul de France, à Canton (Chine).
LEMIRE, directeur des télégraphes de la Nouvelle-Calédonie.
LENOIR (A.), à Négrier, près Tlemcen (Algérie).
LÉON (Virgile), consul de Russie, à Bayonne.
* LE PAGE (Fauré), fabricant d'armes, rue de Richelieu, 8, Paris.
* LÉPINE, employé, rue de la Victoire, 20, Paris.
* LEPRAT (George-Guillaume), rue Franklin, 7, à Asnières (Seine).
LEQUES, maison E.-H. Minnekindt, à Singapore (Indes anglaises).
LEROUX (Alex.), place Bresson, à Alger.
* LEROY, architecte, vérificateur des travaux de la ville de Paris, rue Gérando, 14, Paris.
* LESAGE (Alfred), ancien conseiller général de la Seine, rue Réaumur, 28, Paris, et à Lisbonne (Portugal), Largo de Loretto, 1.

LESCARRES, membre de la Société de géographie de Bordeaux, à Bordeaux.

** LESSEPS (Ferd. de), membre de l'Institut, rue Saint-Florentin, 7, Paris.

LEUSS (comte de), à Reischoffen (Alsace).

* LEVASSEUR (Emile), membre de l'Institut, rue Monsieur-le-Prince, 26, Paris.

* LÉVÈQUE (Adrien Prosper), architecte, rue de l'Arcade, 58, Paris.

LÉVY (Paul), agent consulaire de France à Grenade (Nicaragua).

* LÉVY (Frédéric), rue de la Roquette, 58, Paris.

* LIGARDE, voyageur, rue des Martyrs, 84, Paris.

* LIVET (Louis), rue de Saint-Pétersbourg, 43 *bis*, Paris.

LOBO DE MIRANDA (J.), vice-consul du Brésil, à Lagos (Portugal).

LOISILLON, directeur de la *Correspondance générale algérienne*, à Alger.

LOPES DA COSTA MOREIRA (Georges), ancien consul de France, à l'Assomption (Paraguay).

* LOTTIN, professeur de topographie à l'École supérieure de commerce, avenue Trudaine, 29, Paris.

LUBANSKI (de), à Viasma (Russie).

LUCAN (le docteur A.), à Laudana (Congo).

* LUCY (Armand), ancien receveur des finances, cité Trévise, 10, Paris.

LUKSCH (J.-B.), professeur à l'Académie de marine, à Fiume (Autriche).

LUSCOMBE (William), vice-consul de France, à Plymouth (Angleterre).

* LUZE (Edouard de), rédacteur en chef du *Progrès des Côtes-du-Nord*, rue Saint-Michel, 28, à Saint-Brieuc, et rue Christine, 4, Paris.


MAÉDA (Masada), commissaire général du Japon, avenue Joséphine, 83, Paris.

* MAHIEUX (Amédée), représentant de commerce, rue de Seine, 6, Paris.

*MARCHE (Alfred), explorateur de l'Afrique, rue de Seine, 76, Paris.

MARESCALCHI (le comte Antoine de), à Bologne (Italie).

MARQUES SOARES, consul du Brésil en Prusse et en Saxe, à Francfort-sur-le-Mein (Allemagne).

*MARTIN (William), chargé d'affaires d'Hawaï à Paris, avenue de la Reine-Hortense, 13, Paris.

*MAUNOIR (Charles), secrétaire général de la Société de Géographie de France, rue Jacob, 14, Paris.

MAUREL (Marc), président de la Société de Géographie de Bordeaux, à Bordeaux.

MAYÉ, ordonnateur, à la Basse-Terre (Guadeloupe).

*MAYER (Georges), chef de bureau au Ministère des travaux publics, rue Blanche, 71, Paris.

MAZET (DU), rédacteur au *Courrier de Lyon*.

MEINSMA (J. W. F. J.), secrétaire de la Société des Arts et des Sciences de Batavia.

*MÉGEMONT (Jean), sous-chef du bureau des tarifs à la Compagnie P.-L.-M., avenue des Gobelins, 1, Paris.

*MELZI, boulevard Saint-Martin, 19, Paris.

Mendès Léal (S. Exc. J. de), ministre de Portugal à Paris.

*Ménier, rédacteur en chef de la *France Coloniale*, boulevard des Italiens, 6, Paris.

*Menier (Emile-Justin), député, 5, avenue Van-Dyck.

Merritt, membre de la Société de géographie de Lyon.

Meulmans (Auguste), consul général de la république de Nicaragua, consul de Costa-Rica à Bruxelles, secrétaire général du cercle consulaire de Belgique, à Bruxelles.

**Meurand, directeur des consulats et des affaires commerciales au Ministère des affaires étrangères, rue de l'Université, 130, Paris.

*Meyners d'Estrey (le comte), directeur de la *Revue de l'Extrême Orient*, 6, quai du Marché-Neuf.

Michel (Ferd.), ancien agent consulaire de France, à Almeira (Espagne).

Minich (Paolo), agent maritime, consul du Chili, d'Italie et du Honduras, à Queenstown (Angleterre).

*Miot (Joseph), factorerie générale, rue Saint-Lazare, 28, Paris.

*Mirabaud (Paul), banquier, rue Taitbout, 29, Paris.

Miro (Jean), professeur de géographie, à Xérès de la Frontera (Espagne).

Moll-Schnitzler, vice-consul de France, à Dordrecht (Hollande).

Montaldo, place des Galettes, à Constantine (Algérie).

*Montalembert (le comte Tryon de), à la Vieille-Ferté (Yonne).

Monteiro, président du cercle de la Tertulia, Vigo (Espagne).

Mont-Richer (de), ingénieur civil, rue Nicolas, 14, à Marseille.

*Moreau (A.), ingénieur, rue Tholozé, 12, Paris.

Morel, inspecteur du *Petit Journal*, rue Grenette, à Grenoble.

*Morel d'Arleux (le Dr Paul), rue Neuve Saint-Augustin, 56, Paris.

Mori (César), à Porto-Ferrajo (île d'Elbe).

*Morisset, artiste peintre, rue de la Victoire, 92, Paris.

Moriando (Joseph), consul du Brésil, à Turin (Italie).

Mougel-Bey, à Bagdad, par Beyrouth (Turquie d'Asie).

*Moulle, ingénieur civil, rue Monge, 7, Paris

*Mounié, contrôleur à la Caisse des Dépôts et Consignations, rue de Lille, 56, Paris.

Mullhaupt de Steiger, secrétaire de la Société de Géographie de Berne, à Berne (Suisse).

*Muncho (S. E.), ministre de Birmanie.

Muraille, négociant, à Iquitos, par Para (Pérou).

*Musy, à la côte Saint-André (Isère).


Nachtigall (G.), voyageur en Afrique, président de la Société de géographie de Berlin, Bernburgerstrasse, 10, Berlin, S. W. (Prusse).

*Naud, président de la Chambre syndicale des Industries diverses, rue Saint-Lazare, 77, Paris.

Niel, professeur de géographie au collége de Bone (Algérie).

Nelleu (L.), à Bruxelles (Belgique).

Neufville (Jacob de), agent consulaire de France, à Linares (Espagne).

Nicole (Raoul), agent maritime au Havre (Seine-Inférieure).

*Nielli (père), pharmacien, agent consulaire d'Italie, à Philippeville (Algérie).
Nones, vice-consul de France, à Arecivo, île de Puerto-Rico (Possessions Espagnoles).
Novarro (M. L.), à Restoration, province de Corrientes (République Argentine).
Novion (de), commissaire des douanes, à Shanghaï (Chine).
Nourse, professeur à l'Observatoire naval de Washington.
* Noyez (Pagès de), homme de lettres, rue Clauzel, 25, Paris.
Nunes d'Oliveira, vice-consul de France, rue Boa-Vista, 19, à Goa (Indes Portugaises).

Olombel (Philippe), manufacturier, à Mazamet (Tarn).
Onffroy de Choron (le comte de), planteur, à Amazonia-Puerto (Colombie).
Orgeval (Le Barrois d'), ancien préfet, avenue Wagram, 71, Paris.
Otto Ansah (le prince), à Cape Coast Castle (côte de Guinée).

Pablo-Piqué, agent consulaire de France à Suances et la Requejada (Espagne).
Paragassu (le baron de), consul du Brésil, à Hambourg (Allemagne).
Parmentier (le docteur), à Manille (Possessions Espagnoles).
*Pasdeloup, négociant, place d'Anvers, 4, Paris.
*Pegeard (Jules), graveur, boulevard Montparnasse, 53, Paris.
*Péghoux, conseiller honoraire à la Cour des comptes, rue Saint-Florentin, 9, Paris.
Pellagati, agent consulaire de France, à Mariopol (Russie).
Pequin, négociant, à Buenos-Ayres (République Argentine).
Pequito, secrétaire de la Société de géographie de Lisbonne.
*Périgot, professeur d'histoire et de géographie au lycée Saint-Louis, rue des Quatre-Vents, 25, à Charenton (Seine).
*Perrier, entrepreneur, rue Lafayette, 189, Paris.
Petit (Jules), à Boulogne-sur-Mer.
Phelut (Ferd.), à Bouffarick (Algérie).
*Philippe (Léon), architecte, rue Taitbout, 80, Paris.
Phipps, agent consulaire de France, à Acquin (Haïti).
*Pigeonneau, professeur au lycée Louis-le-Grand, boulevard Saint-Michel, 105, Paris.
*Pimpeterre (Evariste), officier d'Académie; membre de la Société de géographie de France, de la Société académique indochinoise et de la Société américaine de Paris, rue de Tivoli, 25, Paris.
*Pinet, manufacturier, rue Paradis-Poissonnière, 44, Paris.
Piton, ancien agent consulaire de France, à la Guayra (Vénézuela).
Poly, négociant, à Breuches-les-Luxeuil (Haute-Saône).
Poitevin, ancien vice-consul de France, à Pensacola, Floride (Etats-Unis).
Polman (Mlle Cornélia), professeur de géographie, à Stockholm (Suède).
*Pomel, sénateur, rue de Fleurus, 43, Paris.
Ponchard (Achille), agent consulaire de France, à Tumaco (Colombie).

Posthumus, secrétaire de la Société de géographie néerlandaise,
à Amsterdam (Pays-Bas).
Posnanski (J.), banquier, membre de la Société d'encouragement
du commerce et de l'industrie russe, 26, rue de Sarannaïa, à
Saint-Pétersbourg.
Preller (Lorenz Herman), négociant, allées de Chartres, 13, à
Bordeaux.
*Preston (Th.), négociant commissionnaire, boulevard Saint-
Martin, 122, Paris.
Prevot, médecin de marine, à Gorée (Sénégal).
Pruns (le marquis de), maire de Brassac-les-Mines (Puy-de-Dôme).

Quarles d'Ufford (le chevalier J. K. W.), ancien référendaire au
Ministère des colonies, Smidsplein, 11, à La Haye (Pays-Bas).
*Quatrefages de Bréau (Jean-Louis de), professeur au Muséum,
pavillon de Buffon, rue de Buffon, 2, Paris.
*Quinet (Alex.), photographe, rue Cadet, 42, Paris.
*Quinet (Achille), rue Saint-Honoré, 320, Paris.

Rabaud, président de la Société de géographie de Marseille.
Rafael-Reïss, explorateur de l'Amérique du Sud.
*Raffray (Achille), vice-consul de France, à Massaouah (Egypte).
Rames (Jean-Baptiste), officier d'Académie, à Aurillac (Cantal).
*Rauber, secrétaire général de la Société des instituteurs, rue
Corbeau, 34, Paris.
*Raulet (Léon), rue Lemercier, 28, Paris.
Ravin d'Elpeux (Aug.), vice-consul de France, à Philadelphie
(Etats-Unis).
*Reclus (Armand), lieutenant de vaisseau, boulevard Saint-Ger-
main, 17, Paris.
Reclus (Elisée), géographe, à la Tour-de-Peiz, près Vevey, canton
de Vaud (Suisse).
*Redonnet (Alphonse), boulevard Saint-Michel, 78, Paris.
Ribard, agent consulaire de France, à Grottamare (Italie).
Richter (Isidore), Thiergarten-Strasse, 18, à Berlin (Prusse).
Rickmers (P.), armateur, membre de la Société de géographie
de Brême (Allemagne).
*Ringier (Louis-Henri-Adolphe), commis architecte, rue de Mau-
beuge, 34, Paris.
*Rinn (Edouard), consul de France, à Singapore (Possessions
anglaises).
Rinshaw (Frederico), à Puerto de la Orotava (Ténériffe).
Ripert de Monclar (le marquis de), consul de France, à Stuttgart
(Wurtemberg).
Robert, chanoine, rue Saint-Roman, à Rouen.
* Robin (Anatole), ex-général de division, cité Trévise, 10, Paris.
Robin (Jacques), vice-consul du Brésil, à Adélaïde (Australie).
Rocha (Joachim Pedro da), à Buenos-Ayres (République Argen-
tine).
Rodanet (Lucien), propriétaire, à Rochefort-sur-Mer (Charente-
Inférieure).
Rodrigues (José-Julio), professeur à l'Ecole polytechnique de Lis-

bonne, secrétaire du Comité de géographie au ministère de la marine, à Lisbonne (Portugal).

* ROLLAND (Jules), employé au Comptoir d'Escompte, rue Bergère, 14, Paris.

* ROMANET DU CAILLAUD, au château Caillaud, près Limoges (Vienne).

* ROSEROT, propriétaire, à Barberey-aux-Moines (Aube).

* ROSIERS (des), rentier, boulevard Haussmann, 154, Paris.

ROSELI (Carlos-Nicolas), à Abogados (République Argentine).

* ROUDAIRE (François), commandant d'état-major, rue de Beaune, 22, Paris.

* ROUVRE (Ch. de), voyageur, ancien élève de l'Ecole polytechnique, rue de Laval, 21, Paris.

ROVERS, agent consulaire de France à Groningue (Hollande).

ROY, agent consulaire de France au Kef (Tunisie).

ROZY (Henri), à Ramas-Betony, résidence de Bantam (île de Java).

RYCKMAN (de), agent consulaire de France, à Louvain (Belgique).

SAINT-FARGEAU-VASSEL (Eusèbe), capitaine de navigation au canal de Suez.

* SALOMON, de l'Académie nationale de musique, rue de Maubeuge, 7, Paris.

SANTOS (de los), commissaire de l'Espagne à l'Exposition universelle de Paris, boulevard Beauséjour, 43, Paris.

* SANTERRE, propriétaire, rue Royale, 6, Paris.

* SANTINI (Emile), publiciste, rue Saint-Dominique, 229, Paris.

SASSEN (Hugo), consul de Venezuela à Amsterdam, rue de Brabant, 254, à Bruxelles (Belgique).

* SAUVADET, manufacturier, rue Saint-Georges, 12, à Coutras (Gironde).

SAVORGNAN DE BRAZZA, officier de marine, explorateur de l'Ogooué.

* SAY (Louis), enseigne de vaisseau.

SCHERZER (le chevalier Charles de), conseiller aulique.

SCHROEDER, à Saïgon (Cochinchine).

SECONDÉ (Charles) à Rilly (Marne).

SEIDEL (Henri), vice-consul de France, à Puerto-Cabello (Venezuela).

SÉNEVIER (de), consul général de France, à Gênes (Italie).

SÉRANDA (Ed.), consul du Portugal et du Brésil, à Port-Louis (île Maurice).

* SÉRIEYS, capitaine en retraite, rue de Choiseul, 16, Paris.

SÈVE, président des commissions étrangères, à Santiago (Chili).

* SIEGFRIED (Jacques), armateur, rue Monsigny, 13, Paris.

SI MOHAMMED BEN DRISS, agha de Touggourt (Algérie).

* SIMONOT (Abel), employé, rue Saulnier, à Puteaux (Seine).

SOURO (Francisco de Paula), à Curusie-Cuatia, province de Corrientes (République Argentine).

* SPÉMENT, administrateur du canal de Suez, avenue de Friedland, 11, Paris.

* STINVILLE (Auguste), inspecteur de la Sûreté du commerce, rue d'Aubervilliers, 4, Paris.

SUTTER (L.-V.), consul de Grèce, à San-Francisco (États-Unis).

Stortenbeker, premier secrétaire d'État du gouvernement des Indes Hollandaises, à Batavia.

* Tabanon (Jules), entrepreneur de travaux publics, rue Bagnolet, 65, Paris.
* Tabel (Jean-Baptiste), de la Société des Colons Explorateurs, à Délhi (Sumatra).
* Talabot (Mme Paulin), rue Saint-Arnaud, 10, Paris.
Tarry (Harold), inspecteur des finances, à Alger.
Tartaglia (le comte de), vice-consul de France , à Spalatro (Autriche).
* Taylor (Félix), géographe, rue de Bondy, 68, Paris.
Téjéra (Miquel), directeur de *El Mundo Americano*, rue Monsigny, 25, Paris.
Telfener (le comte), de la Société de géographie de Rome, à Rome.
Thil (le baron du), ancien vice-consul de France, à San José de Guatemala (Amérique centrale).
Thiré (Arthur), professeur de l'École impériale des mines, à Ouro-Preto (Brésil).
Thomas (E.), vice-consul de France, à Falmouth (Angleterre).
Thüs (J. F.), vice-consul de Suède, à Honfleur.
Tolhausen (de), consul de France, à Leipzig (Saxe).
* Tolmer, imprimeur-éditeur, rue du Four-Saint-Germain, 43, Paris.
Torrès Caïcedo (S. Exc.) ministre plénipotentiaire du Salvador.
Tour (le comte du), consul de France, à Turin (Italie).
* Tourasse, propriétaire, Petit boulevard, à Pau (Basses-Pyrénées).
* Tourrette, capitaine en retraite, rue Joubert, 9, Paris.
* Tourton (C. M.), négociant, rue Fénelon, 5, Paris.
Trepied (Henri), à Ribeira de Santarem (Portugal).
Trochon (Albert) procureur de la République, aux Andelys.
Tiszkiewicz (comte Benoît), 10, place Vendôme.

* Ujfalvy de Mezö-Kövesd (de), professeur à l'Ecole des Langues orientales, voyageur en Asie, rue de Bellechasse, 38, Paris.

Vaquez-Lalo, professeur de géographie, à Lille.
Van Lansberge, gouverneur général des Indes Hollandaises.
Van Weenen, ancien vice-consul de France, à Falmouth (Angleterre).
* Varennes (Paul), banquier, rue Laffitte, 10, Paris.
* Vérillon (Albert), rue Drouot, 4, Paris.
Vàve, vice-consul de France à Fajardo, province de Puerto-Rico (Amérique Espagnole).
* Veynachter, apprêteur sur étoffes, rue de la Croix, 15, à Puteaux (Seine).
Vian, inspecteur de l'enseignement primaire, officier d'Académie, à Lyon (Rhône).
Vichy (le marquis de), à la Prias, par la Montgie (Puy-de-Dôme).
Vidal, négociant, à Jaffa (Turquie d'Asie).
Vidal Lablache (Paul), professeur à la Faculté de Nancy.
Vié, capitaine d'infanterie de marine, à Cazamance, par Gorée (Sénégal).

Ville (de), rue de Suède, 59, Bruxelles (Belgique).
Vieira Galvao, agent consulaire de France, à Lagos (Portugal).
* Vigan (Joseph de), rue de la Victoire, 41, Paris.
* Viot (Gustave), secrétaire général de la Société civile du canal interocéanique, rue Mogador, 10, Paris.
* Vivin (l'abbé Joseph), vicaire de N.-D. de la Croix, rue des Lombards, 23, Paris.
Vollerk, à Hadersleben, province de Schleswig-Holstein (Allemagne).
Vuillaume, secrétaire de l'entreprise du percement du Saint-Gothard, à Altdorf, canton d'Uri (Suisse).


Wagner (le docteur Hermann), professeur à l'Université de Koenigsberg (Prusse).
* Wallace (E. Richard), rue Louis-le-Grand, 15, Paris.
Wappeus (le docteur), professeur, à Goettingue (Allemagne).
Watson Mokie, consul, à Penang.
*Watteville (le baron de), directeur honoraire au ministère de l'Instruction publique, boulevard Malesherbes, 63, Paris.
*Wegmann (Louis-Victor), rue de Paris, 90, à Ivry (Seine).
Weill, rue Christine, 3, Paris.
Wiet, consul de France, Corfou (îles Ioniennes, Grèce).
Wilkinson (Thomas), à Tananarive (Madagascar).
Williams (Oliva John), agent consulaire de France, à Harwich (Angleterre).
Wilson (James), éditeur du *Mercantile Directory of the World*, 6, Talbot Court, East Cheap, Londres, E. C. (Angleterre).
* Winberg (Charles), vice-consul de Russie, à Cette (Hérault).
Wouters, à Talitza, station de Sougat, gouvernement de Perm (Russie).
Wynmalen (le D<sup>r</sup> Th. Ch. L.), secrétaire de l'Institut royal des Indes néerlandaises, à la Haye (Pays-Bas).
* Wyse (L. N. B.), lieutenant de vaisseau, rue Lord-Byron, 10, Paris.

# EXTRAIT DES PROCÈS-VERBAUX
## Des séances générales (1)

*Séance générale du 23 novembre 1878 (2).*

La séance est ouverte à huit heures et demie par le Président de la Société, M. Meurand, qui prononce à cette occasion une courte allocution (Voir ci-après).

M. Hertz donne sa démission de secrétaire général et fait un compte rendu sommaire des travaux accomplis par la Société jusqu'à ce jour (Voir ci-après).

Il est procédé à l'élection des membres du Bureau pour l'année 1878-1879.

M. le Président fait connaître les noms des personnes présentées pour faire partie de la Société, savoir :

M. Ferdinand de Lesseps, de l'Institut, membre fondateur, présenté par MM. Meurand et Bionne; — M. Ludovic Drapeyron, présenté par MM. François Bazin et Eugène Cortambert; — M. d'Albéca, présenté par M. le marquis de Croizier et M. Hertz; — M. Allan, directeur de la *Vigie Algérienne*, présenté par MM. Gauthiot et Hertz; — M. Tabanon, présenté par MM. François Bazin et Hertz; — M. Hadamard, présenté par MM. Hertz et Gauthiot; — M. Desclozeaux, présenté par MM. Brau de Saint-Pol et Gros; — M. J. Gaillard, présenté par les mêmes; — M. Mahieux, présenté par MM. Pasdeloup et Gros; — M. Klary, présenté par MM. Gros et Pasdeloup; — M. Tourton, présenté par les mêmes; — M. Chauvin, présenté par les mêmes. — M. Léonce de Baets, présenté par MM. Déville et Gros: — M. Eugène Joseph Joubert, présenté par MM. Lucy et Gros; — M. Rauber, présenté par MM. Gros et Robin ; — M. Gaston Arnould, présenté par MM. Pasdeloup et Gros; — M. Balut, présenté par MM. Gros et Robin; — M. François Ayme, présenté par MM. Robin et Lucy ; — M. Bonnery, présenté par les mêmes ; — M. Harmand, présenté par MM. Bionne et de Latour.

L'Assemblée, conformément à la proposition faite au Conseil par M. Gauthiot, décide de nommer membres correspondants de la Société les représentants des gouvernements étrangers et les délégués des Sociétés géographiques et scientifiques qui ont pris part au Congrès de géographie commerciale tenu à Paris, du 24 au 30 septembre 1878.

M. Brau de Saint-Pol Lias donne communication d'un rapport de M Playfair, consul général d'Angleterre, sur la culture de la vigne en Algérie.

Ce rapport, dont la traduction est due à M. J. E. de La Croix, est renvoyé au Bulletin.

M. le Président donne connaissance du résultat du scrutin. La liste des membres du bureau est adoptée telle qu'elle a été présentée par le Conseil (Voir page 6).

Des remerciements sont adressés à M. Hertz, nommé secrétaire général honoraire, pour les services qu'il a rendus.

M. le Président et M. le Secrétaire général remercient la Société de l'honneur qui leur a été fait.

Il est décidé que les séances générales auront lieu le dernier mardi de chaque mois.

La séance est levée à onze heures.

---

(1) Attendu la réunion du Congrès international de géographie commerciale qui a eu lieu au Trocadéro du 21 au 30 septembre, les séances générales de la Société n'ont commencé en 1878 qu'au mois de novembre.

(2) Procès-verbal rédigé par M. Gros.

*Allocution prononcée par* M. Meurand, *président de la Société, le 23 novembre 1878, à la première séance générale de la sixième année de l'Association.*

Messieurs et chers Collègues,

. En reprenant le cours régulier de nos séances générales, nous n'avons pas à remonter bien loin en arrière pour renouer la chaîne de nos travaux : le temps ordinaire de nos vacances a été, en effet, consacré cette année, non pas au repos, mais à l'activité exceptionnelle du Congrès international de Géographie commerciale. Cette épreuve, qui devait marquer une phase heureuse ou défavorable dans l'existence de notre jeune Société, aura, j'en ai la conviction, attesté ses progrès et sa vitalité. Désormais la Société de Géographie commerciale de Paris prend une place honorable, à côté de ses sœurs de France et de l'étranger, dans le monde scientifique et économique. Il suffit de parcourir la liste des résolutions adoptées par le Congrès pour se rendre compte de l'importance des questions qui y ont été portées et discutées, de l'intérêt des recherches provoquées par l'initiative de la Société, enfin de ce qu'il reste à faire pour atteindre le but qu'elle poursuit, avec le concours des hommes distingués qu'elle a réunis autour d'elle.

Notre association compte à peine cinq années d'existence , et ce court laps de temps a été rempli par de consciencieux travaux et par plus d'une œuvre utile. Les principaux résultats déjà obtenus ont été rappelés dans l'exposé que votre président a présenté lors de l'inauguration de cet hôtel (1) par la Société de Géographie de Paris, dont nous nous honorons d'être issus.

Nous devrons maintenant, messieurs et chers collègues, nous appliquer à faire fructifier les germes féconds que le Congrès a recueillis, afin d'apporter aux futures réunions internationales, dont les premières se tiendront à Bruxelles et à Lisbonne, notre contingent d'études, et, autant que possible, d'applications pratiques. Le terrain est bien préparé : d'intéressantes conférences, faites sous les auspices de la Société de Géographie commerciale et dont notre illustre collègue M. Ferdinand de Lesseps a brillamment ouvert la série, propageront dans le public la connaissance de nos travaux et la sympathie pour notre œuvre. Cette œuvre,

____

(1) Celui de la Société de Géographie de France.

modeste à ses débuts, après avoir traversé des moments difficiles, entre enfin, je l'espère, grâce à la persévérance des membres dévoués qui n'ont pas désespéré de son avenir, dans des conditions d'existence qui nous permettent d'entrevoir des perspectives plus sereines et de compter sur une sécurité dont nous avions parfois été privés. Nous offrons l'expression de notre gratitude à tous ceux dont le concours nous a été si précieux, et nous nous unissons avec eux en un même sentiment de confiance dans les destinées de notre jeune Société.

---

*Compte rendu sommaire des travaux de la Société depuis sa fondation, fait par M. Hertz, secrétaire général honoraire, à la séance générale du 23 novembre 1878.*

En vous demandant, Messieurs, la permission de résigner les fonctions de secrétaire général de la Société de Géographie commerciale dont je m'honorerai toujours d'avoir été l'un des fondateurs, je dois dire quelques mots sur les efforts que nous avons accomplis et sur notre situation actuelle.

Nous sommes issus, Messieurs, de la Société de Géographie de France ; nous avons vécu pendant trois ans à l'état de commission et avec l'alliance des Chambres syndicales de Paris ; nous vivons depuis deux ans à l'état de Société indépendante, car les institutions qui nous avaient donné naissance nous ont trouvés assez nombreux et surtout assez actifs pour que nous puissions de nous-mêmes acclimater la géographie commerciale non-seulement en France, mais dans le monde entier.

Comme l'a fort bien dit M. le ministre du commerce en inaugurant notre premier congrès international, notre œuvre est *« vraiment une œuvre humanitaire, dont le monde commercial « doit recueillir d'incontestables avantages, dont le travail est appelé « à profiter dans une large mesure, »* car elle a pour objet principal d'ouvrir de nouveaux débouchés à notre commerce et à notre industrie.

Pour ouvrir de nouveaux débouchés, il faut chercher de nouveaux centres de production, en favoriser la création, les créer au besoin ; c'est la tâche à laquelle s'est appliquée notre *Section de colonisation et d'émigration* ; telle est également la tâche à laquelle s'est intéressée notre *Section d'exploitation des produits bruts et manufacturés.*

Ces deux sections ont répondu directement au programme de M. le ministre — en signalant à l'attention de nos émigrants les colonies qu'ils pouvaient fonder sous le pavillon national aussi bien que sous le pavillon étranger ; — en indiquant à nos commerçants quels produits nouveaux pouvaient alimenter notre industrie et notre consommation en échange des produits que nous fabriquons depuis longtemps.

Mais, Messieurs, il ne s'agit pas seulement d'ouvrir de nouveaux marchés, il faut aussi les découvrir et les mettre en prompte et faciles relations avec les marchés européens, et c'est à quoi notre *Section des explorations et des voies commerciales* s'est appliquée à pourvoir dans la mesure la plus étendue de ses forces et de ses ressources.

Enfin il ne suffisait point d'avoir signalé à quelques hommes la fortune et la prospérité que pouvaient leur offrir différentes régions du globe, il importait que le public tout entier en eût connaissance, et cette vulgarisation non-seulement de nos travaux, mais aussi de tous les travaux similaires, appartenait à notre *Section d'enseignement de la géographie commerciale*.

Avons-nous répondu à toutes les exigences ? Oui, Messieurs, je n'hésite pas à le dire, et dans la mesure la plus pleine de nos capacités trop modestes encore, car nous avons fait directement autant que nous pouvions faire et indirectement beaucoup plus qu'on n'était en droit d'attendre de nous.

Notre formation en Association de Géographie commerciale a donné naissance à cinq Sociétés de Géographie : la Société de Bordeaux, la Société du musée oriental de Vienne, la Société de Marseille, la Société des Etudes maritimes et coloniales de Paris, la Société de géographie commerciale de Rome. Je ne parle pas ici des autres sociétés nouvelles à la création desquelles nous n'avons pris qu'une part très-indirecte, mais qui sont bien certainement issues en grande partie du mouvement que nous avons imprimé.

Nous avons également, directement et indirectement, favorisé la création d'un grand nombre de publications géographiques, entre autres l'*Explorateur*, l'*Exploration*, la *Revue géographique*, la *Revue de géographie*, la *Géographie commerciale* de M. Bainier, le *Jeune commerçant dans les deux Amériques* de M. Person, le *Journal maritime et commercial* de M. Dreyfus, la *Revue commerciale et industrielle* de M. Havard, etc., journaux et publications diverses qui ont appelé l'attention du gouvernement sur la nécessité de la création d'un *Bulletin consulaire* dont le premier volume est sur le point d'être terminé.

Enfin nous avons pu provoquer et inaugurer le premier Congrès international de Géographie commerciale dans des conditions si heureuses que cette belle œuvre, au frontispice de laquelle le nom de notre Société restera inscrit en première ligne, est dès aujourd'hui assurée d'une longue et glorieuse existence, car nous avons vu les pays étrangers se disputer l'honneur de lui offrir annuellement une cordiale hospitalité.

Si je reviens maintenant aux travaux de nos Sections, je vois que chacune d'elles a laissé des traces qui deviennent chaque jour de profonds sillons.

La *Section des Explorations et voies commerciales* a soutenu les entreprises d'un grand nombre d'explorateurs et pris, après s'être assuré le concours de la Société de Géographie de France, l'initiative d'un *Comité interocéanique* qui, sous la présidence de M. de Lesseps, va, dans quelques semaines, résoudre le plus grand problème de la navigation moderne, le percement de l'isthme de Panama ou d'un des isthmes voisins, œuvre non moins considérable que celle du percement de l'isthme de Suez.

Notre *Section d'émigration et de colonisation* a donné naissance à plusieurs associations, au premier rang desquelles il faut placer la *Société pour la colonisation de l'Algérie par les enfants assistés de la métropole* et le *Conseil d'émigration* dont la constitution est activement poursuivie.

Notre *Section d'exploitation des produits bruts et manufacturés* a poursuivi la création d'un *Musée de géographie commerciale*, pour lequel elle va s'assurer du concours de la municipalité de Paris et du gouvernement.

Notre *Section d'enseignement*, enfin, a organisé des conférences, qui ont été brillamment inaugurées par M. de Lesseps au boulevard des Capucines et qui ont été continuées par MM. Allan, Brau de Saint-Pol Lias et Bionne.

En me bornant à indiquer les principaux résultats de notre œuvre, je les trouve assez considérables pour m'honorer d'y avoir pris, pendant cinq ans, la part la plus active avec les conseils et l'appui de notre président, de nos vice-présidents et de mes collègues d'un bureau que vous avez maintenu au poste d'honneur depuis son origine.

Aujourd'hui, si je renonce au poste de secrétaire général, c'est que la Société de Géographie commerciale s'est affirmée non-seulement devant la France, mais aussi devant l'étranger. Notre petite barque est devenue un beau navire, il lui faut un nouveau pilote. Si l'ancien cède sa place au gouvernail, il ne déserte pas l'équipage, et vous le retrouverez au nombre des volontaires auxquels vous pourrez faire appel quand il faudra lancer quelque chaloupe à la mer.

*Le rédacteur gérant responsable,*

GAUTHIOT,

Secrétaire général de la Société.

# LE CANAL INTEROCÉANIQUE



## LES EXPLORATIONS DANS L'ISTHME AMÉRICAIN [1]

L'ouverture d'un canal maritime à travers l'Isthme américain est une question déjà bien ancienne ; on peut dire qu'elle date de la découverte de l'Amérique.

A cette époque, le problème était, à la vérité, bien différent. Colomb cherchait la route des Indes ; les terres qu'il découvrit successivement n'étaient pour lui que les îles de Cipango (Japon) ou des péninsules avancées, derrière lesquelles devait se trouver le royaume des épices et des richesses.

Il croyait, ainsi que tous les géographes de son temps et tous les hardis explorateurs qui continuèrent son œuvre, que les Indes se trouvaient à 130 degrés de longitude ouest de l'Espagne, c'est-à-dire sous un méridien passant réellement par la Californie.

C'était encore l'idée des Français, lors de la découverte du Canada, en 1534. Près de Montréal, ils fondèrent une petite ville qu'ils appelèrent la Chine ; elle porte encore ce nom.

Tant que dura cette erreur, pendant un quart de siècle environ, les Cortès, les Balboa, les Davila et autres *conquistadores* et navigateurs durent leur esprit d'aventure et leur énergie indomptable bien plus à l'ambition d'atteindre les Indes qu'à leur enthousiasme religieux et à cette soif de l'or qu'on leur a si souvent reprochée.

Trouver le secret du détroit, tel était le grand problème du commencement du XVIe siècle.

Tous les larges estuaires de fleuves rencontrés en suivant les côtes de l'Isthme américain et de la Colombie furent d'abord pris pour le bras de mer si ardemment désiré ; on les remonta jusqu'au point où le doute n'était plus possible.

Un instant on crut avoir trouvé, sinon le détroit, du moins un passage facile. Une exploration avait remonté le fleuve San-Juan et découvert le lac du Nicaragua : elle rapporta, d'après le dire des naturels, que ce lac envoyait au Pacifique un émissaire puissant capable de porter les plus grands navires ; des recherches ultérieures ne permirent pas de conserver le doute sur la non-existence de ce fleuve, qui avait déjà reçu le nom de Rio-Partido. Bientôt les découvertes des Espagnols démontrèrent que

---

(1) Communication faite à la séance générale de la Société de Géographie commerciale de Paris, le 28 janvier 1879.

l'Isthme américain ne présentait aucune solution de continuité et se soudait sans détroit aux grandes terres du Nord et du Sud. Magellan reconnut que le seul passage se trouvait par 54° de latitude sud et rectifia la grossière erreur relative aux longitudes respectives de l'Asie et de l'Amérique. Déjà les Portugais avaient enseigné à l'Europe la route de l'Inde par le cap de Bonne-Espérance.

Le problème changea dès lors complétement et ne présenta plus qu'un médiocre intérêt presque uniquement théorique. On continua pourtant de s'en occuper pendant quelque temps. Il s'agissait de chercher un passage que l'art pût améliorer de façon à permettre aux petits navires de cette époque de transiter d'une mer à l'autre. Il suffisait de trouver deux rivières profondes et navigables partant d'un col bas et étroit et se rendant l'une au Pacifique l'autre à l'Atlantique. On les aurait réunies par une coupure.

Ce travail gigantesque n'était pas au-dessus du génie persévérant et de la puissance des Espagnols ; ils ont fait des travaux aussi considérables, témoin le fameux Desague de Mexico, dont les tranchées ont jusqu'à 60 mètres et qui sert à préserver la capitale du Mexique des inondations par les crues du lac.

En tous cas, des études furent faites en 1551 : le chroniqueur Gomara parle de plusieurs mémoires où les avantages respectifs des régions de Tehuantepec, de Nicaragua, de Panama et du Darien sont étudiés et comparés.

Mais déjà avait commencé la décadence de la monarchie espagnole ; la question tomba dans l'oubli où elle sommeilla jusqu'à la fin du siècle dernier.

Dès 1778, l'Angleterre, toujours prévoyante, mais cette fois malheureuse, montra qu'elle comprenait l'importance du passage interocéanique. Elle tenta sur le Nicaragua un coup de main qui ne réussit point. Nelson fallit y perdre la vie.

Quarante ans s'écoulèrent encore jusqu'à l'émancipation des colonies espagnoles. Dès le lendemain de leur délivrance, les riches contrées hispano-américaines s'ouvrirent au commerce du monde et, parmi leurs hommes les plus illustres, quelques-uns songèrent à couper l'isthme de l'Amérique centrale. Leur plus grand héros lui-même, Bolivar, fit commencer quelques explorations.

En attendant, les Etats-Unis grandissaient. Autant et plus même que l'Europe, cette puissante nation réclame un chemin maritime entre l'Est et l'Ouest de son territoire, entre New-York et la Californie. Le chemin de fer transcontinental et les deux eu trois autres lignes projetées ont bien réglé la question pour les voyageurs, mais elle reste tout entière à résoudre, pour les marchandises.

Les avantages procurés par le percement de l'Isthme américain peuvent se résumer en quelques mots.

Les distances entre les pays du bassin de l'Atlantique et du Grand Océan seront raccourcies au point que, dans une année, l'intercourse commerciale pourra être le double de celle qui existe aujourd'hui, et cela, avec beaucoup moins de risques. Qui ne connaît les dangers du cap Horn ; les brumes, les canaux étroits, les délais, les longs ennuis du détroit de Magellan?

Les voiliers et les vapeurs n'auront à naviguer que par les mers clémentes des tropiques.

La diminution des frais d'assurances couvrira les frais de transit par le canal, en sorte que l'économie sur le fret sera tout entière au profit des armateurs.

L'Europe et les États-Unis recevront à meilleur marché et plus promptement des matières premières qu'ils pourront renvoyer manufacturées à des conditions bien meilleures pour l'acheteur, le marché sera ainsi considérablement agrandi.

Bien des produits du sol dont la valeur ne permet pas une exportation avantageuse, tels que grains et fruits, blés de Californie, froment du Chili, pourront être importés.

En échange, l'abaissement du fret nous permettra d'exporter des produits de faible valeur.

La diminution des distances, de la longueur et des difficultés du voyage favorisera l'émigration, qui se portera sur des terres fertiles, dans des régions saines et tempérées.

Enfin, on ouvrira l'extrême Orient à l'influence des Etats-Unis et de l'Europe.

— Ainsi le creusement d'un canal interocéanique assurera à l'Europe et aux États-Unis, dans le Grand Océan, des avantages comparables à ceux que nous retirons dores et déjà du canal africain.

Ce travail complétera l'œuvre de l'illustre fondateur du canal de Suez, en ouvrant la seconde des barrières continentales qui forçaient les navires à faire un immense détour dans le Sud. Et, permettez-moi de vous le dire, Messieurs, ces deux canaux, bien loin de se faire une concurrence nuisible, s'aideront mutuellement à développer leur trafic. M. de Lesseps l'a amplement démontré dans son discours au Congrès de géographie commerciale.

Quelques chiffres de distance montrent l'avantage qu'auront les navires à prendre la voie du futur canal.

La distance comptée depuis la sortie de la Manche est, par le cap Horn, de : 5,000 lieues pour San Francisco.

4,500 pour Acapulco et Mazatlan.

4,250 pour Panama.

4,000 pour le Callao.

3,000 pour Valparaiso.

Les distances sont à peu près les mêmes à partir des principaux ports de l'Amérique du Nord.

Par le canal la route serait de 1500 lieues pour Panama, soit une économie d'environ 3,000 lieues ; l'économie serait naturellement la même pour le Mexique, la Californie, l'Orégon, Vancouver.

Elle ne serait que de 2,000 lieues pour le Callao, et de 1,000 lieues pour Valparaiso.

La distance et le temps de navigation entre l'Europe et les ports de la côte ouest d'Amérique seraient ainsi abrégés de plus des deux tiers pour le centre commercial le plus important et de la moitié au tiers pour les centres secondaires.

San Francisco ne serait en réalité pas beaucoup plus éloigné de nous que le cap Horn, Valparaiso serait à peu près à la même distance que Montevideo, le Callao que Rio de Janeiro et Guayaquil et le Mexique occidental que Bahia.

L'économie de temps réalisée par les navires à voiles serait environ de soixante jours pour San Francisco, et de trente jours pour Valparaiso.

— De la sortie de la Manche aux ports de l'extrême Orient, par la route de notre canal interocéanique, il y aurait plus de distance que par Suez et un peu moins que par le cap de Bonne-Espérance. Les vapeurs n'auraient aucun intérêt à prendre cette route, les voiliers au contraire auraient un certain avantage.

Des ports de l'Est des Etats-Unis au Japon, à la Chine, en Australie et en Nouvelle Zélande, il y aurait une différence marquée du tiers au quart de la route, avantage suffisant pour compter à l'avoir du transit par le canal tout le commerce des Etats-Unis de l'Atlantique avec l'extrême Orient. Le temps économisé serait environ de quarante jours pour le Japon, vingt jours pour Manille et Batavia.

Les conditions favorables pour la navigation à voiles sont toutes autres que pour la navigation à vapeur. Quelles que soient l'étroitesse et la tortuosité d'un bras de mer, le navire à vapeur peut avancer aussi rapidement qu'en plein océan, il n'a seulement qu'à surveiller plus attentivement sa route. S'il fait calme ou petite brise avec belle mer lui permettant de porter de la toile pour soulager sa machine, il est dans les meilleures conditions de marche.

Il n'en est pas de même pour le navire à voiles. Pour avancer rapidement il lui faut de bonnes brises traversières, le calme lui étant plus défavorable que le vent debout, il lui faut aussi une mer ouverte où il puisse courir de longues bordées au pns près du vent.

Ces conditions, il ne les trouve pas dans les mers où débouche le canal de Suez. D'un côté il a la Méditerranée, mer fermée, de l'autre le long et étroit défilé de la mer Rouge parsemé d'écueils. Là, il ne règne que des vents dans la direction du chenal; les brises traversières, c'est-à-dire celles qui, venant d'Arabie ou d'Egypte, permettent à la fois aux navires qui sortent du canal et à ceux qui s'y rendent de faire bonne route, ne soufflent qu'exceptionnellement. Aussi n'y a-t-il que les vapeurs à profiter du canal de Suez.

Mais, ainsi que l'avait prévu le génie de M. de Lesseps, la marine des Indes s'est transformée pour pouvoir profiter du passage; actuellement les 95/100 des navires passant par Suez ont été spécialement construits pour cette navigation.

Le passage du canal interocéanique a la chance de satisfaire aussi bien aux conditions requises par la navigation à voiles que par la navigation à vapeur.

La mer des Antilles est une mer débonnaire, où les alizés du N. E. règnent jusqu'au fond du golfe d'Uraba pendant la majeure partie de l'année. A une certaine époque, il y a bien des calmes, soit au nord de l'Isthme, soit au sud, mais de fort peu de durée.

Dans le golfe de Panama où ils sont le plus fréquents, pas de jours sans quelques heures de brise de terre ou de mer. Les calmes, du reste, n'existent que sur une très-faible zone, qui n'est rien en comparaison des quatre cents lieues de la mer Rouge. Au pire, ils ne sauraient faire perdre plus d'un jour aux navires à voiles.

Cette route serait par suite adoptée aussi bien par les navires à voiles que par les navires à vapeur. Nous pouvons donc conclure que tout le mouvement maritime du Grand Océan passerait par le canal creusé dans l'Isthme américain.

Quelques économistes ont avancé que l'ouverture du chemin de fer de Panama avait rendu le percement du canal inutile. Pour qui voit le fond des choses, cette ligne rend très-peu de services. Aussi la situation prospère de la Compagnie, malgré la cherté de ses tarifs, est une preuve de plus de l'opportunité d'ouvrir une voie de communication maritime.

La construction de la ligne a coûté 35 millions de francs pour un trajet de 76 kilomètres, sans achat de terrain ni grands travaux d'art. Le transit rapporte un revenu brut de 10 millions dont 2 millions pour 22,000 passagers, et 8 millions pour 140,000 tonnes de marchandises.

Pourtant les tarifs sont exorbitants et les frais accessoires nécessités par un triple transbordement de marchandises sont considérables. A Panama, les navires ne peuvent pas accoster à quai, les chalands partant du wharf du chemin de fer vont à

4 et 5 kilomètres en mer, mettre les marchandises sous vergues des navires en charge.

La Compagnie n'a rien fait pour attirer un transit considérable sur sa ligne, et, en principe, se borne à deux trains par jour en chaque sens. La raison de ce service restreint est que le transit a dépassé les prévisions pour lesquelles la voie a été construite.

Pour satisfaire au service de transport qui passerait par Panama, si les tarifs étaient ramenés à des taux raisonnables, il faudrait refondre la ligne, la mettre à deux voies. L'entretien deviendrait coûteux et le personnel devrait être considérablement augmenté. Toutes ces raisons nécessiteraient la transformation de la Compagnie actuelle, l'augmentation de son capital social.

Les propriétaires s'en sont bien gardés jusqu'ici, par crainte de concurrence sur tout autre isthme de l'Amérique centrale.


Nous donnerions volontiers la statistique approfondie du mouvement maritime et commercial entre les portes de l'Atlantique et ceux du Grand Océan, malheureusement les documents ne concordent guère.

Les statistiques déjà publiées reposent sur des bases incertaines. Plusieurs États ne publient pas les relevés d'entrée et de sortie des navires de leur port, d'autres omettent, soit le tonnage, soit les quantités et la valeur des marchandises importées et exportées, soit la provenance et la destination des navires.

Nous avons entrepris de redresser ces statistiques boiteuses, d'autres travaux plus pressants ne nous ont pas encore permis d'achever ce travail.

Les chiffres totaux donnés dans les relevés publiés antérieurement varient énormément.

Arrêtons-nous aux chiffres minimum, quitte à trop rester au-dessous de la vérité.

En 1866, dans son rapport au Congrès des États-Unis, l'amiral Davis évalue à 3,100,000 tonnes le commerce des États-Unis, de l'Angleterre et de la France, appelé à transiter par le canal.

D'autres statistiques l'élèvent au chiffre de 5 millions de tonnes, d'autres encore à celui de 7 millions.

La statistique de l'amiral Davis a été basée sur des chiffres recueillis en 1857, il y a donc plus de vingt ans de cela. Depuis cette époque, que de changements dans les grands courants commerciaux ! Le Japon et la Chine ont été ouverts au commerce. La guerre de la sécession a porté un terrible coup à la marine marchande américaine qui n'a pu encore s'en relever : mais c'est au profit de la marine anglaise ; la marine française a vu son trafic diminuer, mais en revanche, des marines secondaires d'Europe, entre autres la Norvégienne, l'Italienne, l'Allemande même, ont augmenté considérablement ; en somme, pourtant, toutes marines réunies, il y a grand progrès ; de plus, une nouvelle nation, le peuple californien, s'est formée, là où il n'y avait, en 1857, qu'un groupe de mineurs.

Ainsi donc, le chiffre de 3,100,000 tonnes est le minimum auquel doit légitimement prétendre le canal dès le jour de son ouverture, non compris le commerce de la Chine avec la Nouvelle-Angleterre, qui s'élève déjà à plus de 100,000 tonnes, et l'exportation des blés de Californie.

Un commerce au cabotage important passera aussi par cette voie de communication, qui, pendant longtemps, sera pour les côtes du Mexique, de l'Amérique centrale et de la Colombie, le chemin le plus facile, ces pays n'ayant encore ni chemins de fer ni même de routes.

M. Appleton, délégué de la Société de géographie de Boston et membre de la Chambre de commerce de New-York, dans son discours au Congrès de géographie commerciale, estimait que, dans un avenir prochain, après l'ouverture du canal, le transit s'élèverait à 10 millions de tonnes.

A 10 francs la tonne, ce transit rapporterait un revenu de 100 millions.

Bien que cette prévision soit basée sur des données sérieuses, restons dans des limites indiscutables et contentons-nous d'établir, d'après la statistique de l'amiral Davis, le revenu minimum dès la première année de l'ouverture; dans ce minimum ne sont pas comprises les recettes dues à l'augmentation de tonnage depuis 1857 et au mouvement d'échanges qui se produira dès que l'ouverture du canal aura fait baisser les frets.

Les 3,100,000 tonnes de transit indiquées par l'amiral Davis nous donnent déjà 31 millions de francs. Nous savons, en outre, que la récolte de céréales en Californie a été de 20 millions de quintaux métriques en 1878, chiffre fourni par l'amiral Ammen, chef du bureau hydrographique, 150,000 tonnes ont été consommées sur place et, d'après les relevés officiels de ce qui a été déjà exporté et les prévisions des économistes, l'exportation atteindra cette année-ci 600,000 tonnes. Il reste donc un stock de plus de 1,200,000 tonnes qui dores et déjà seraient arrivées sur les marchés d'Europe si le canal eût existé, soit une recette de transit de 12 millions de francs, qui, ajoutés aux 31 millions ci-dessus, font une recette brute de 43 millions.

Les frais d'exploitation, d'entretien et d'administration du canal de Suez montent à 5 millions par an. Or, ce canal a 164 kilomètres, c'est-à-dire qu'il est de 91 kilom., 89 kilom. et 122 kilom. plus long que les canaux par les isthmes de Panama, du Darien ou de San-Blas. Comme les dépenses d'exploitation et d'entretien sont à peu près proportionnelles à la longueur du canal, on ne saurait évaluer à une aussi forte somme les frais du canal interocéanique. Reste donc pour la première année, et toutes recettes au minimum, un revenu net de 39 à 40 millions.

Maintenant, voyons quel système de canal exige l'intérêt de la navigation. L'idéal serait un canal comme celui de Suez; une large et profonde tranchée où les navires peuvent entrer à toute heure de la marée, un passage sans tunnel et surtout sans ces écluses qui nécessitent des manœuvres compliquées et des pertes de temps.

C'est la recherche d'un passage où le percement de ce détroit artificiel serait possible que toutes les explorations entreprises jusqu'à ce jour ont eu pour but; elles ont malheureusement démontré que, sur toute la longueur de l'isthme américain, depuis le Tehuantépec jusqu'au Rio San-Juan de Colombie limitant la cordillère de Baudo dans le sud, il n'existe pas de dépression remplissant les conditions nécessaires. Les plus faibles cols se trouvent au Darien par 142 mètres, dans l'isthme de Panama par 90 mètres. Par de telles hauteurs, si le canal se faisait en tranchée ouverte, les déblais coûteraient des sommes hors de proportions. L'isthme de Rivas entre le lac de Nicaragua et l'Océan Pacifique n'a, il est vrai, que 46 mètres d'altitude, mais la longueur du tracé et la présence du lac y rendent impossible tout canal à niveau.

Il faut donc se résoudre à adopter soit des canaux à niveau, c'est-à-dire sans écluses mais avec tunnel, soit des canaux à écluses, et encore, à part le tracé par le Nicaragua, les canaux à écluses qu'on a préconisés exigent le percement d'un tunnel. Entre ces deux systèmes, à niveau ou à écluses, quel est le meilleur?

Pour que les navires puissent transiter avec sécurité et avec facilité, il faut :

Que la voie soit constamment ouverte, à n'importe quel moment de la marée ;

Qu'il puisse passer à la fois autant de navires qu'il s'en présentera au même moment à l'entrée du canal. (A Suez, il y a eu jusqu'à cinquante navires engagés dans le canal pendant une même journée.)

Qu'il n'y ait pas de manœuvres délicates, de halages ou d'évolutions au moyen de câbles ou d'amarres et, surtout, que les navires soient certains qu'ils trouveront toujours la voie libre, sans qu'elle soit jamais exposée à des chômages qui les rejetteraient sur la route du cap Horn.

Les canaux à écluses ne remplissent pas ces conditions.

Ils ne peuvent conduire qu'un nombre déterminé de navires par jour. La manœuvre du passage d'une écluse demande environ vingt à vingt-cinq minutes au canal de grande navigation d'Amsterdam à la mer. On ne saurait évaluer à moins de temps cette même manœuvre dans un canal interocéanique, ce qui limite à vingt-quatre ou trente le nombre des navires qui pourraient passer dans une journée.

Ces canaux sont en outre exposés à des suspensions de trafic; le moindre accident dans une écluse nécessitant de barrer ou de vider les deux biefs pour effectuer la réparation. Comme on le sait, rien n'est plus commun que les chômages sur les petits canaux de navigation intérieure, à plus forte raison sur un canal dans ces proportions. Un tassement inégal dans le bassin de maçonnerie, long de 200 mètres, large de 30 mètres et haut de 17 à 18 mètres, car telles seraient les dimensions des écluses du canal interocéanique, pourrait empêcher la manœuvre des portes et exiger des réparations quelquefois fort longues, qui même pourraient durer des mois entiers.

La construction de ces canaux est on ne peut plus difficile; outre les écluses dont nous venons de parler, elle demande des travaux d'art en quantité, creusements de lits, aqueducs, viaducs, perrés, ponceaux, rigoles d'alimentation, prises d'eau, déversoirs, etc., etc., tous ouvrages d'art très-délicats et très-coûteux.

Ajoutons qu'il faudrait à chaque écluse des machines à vapeur pour la manœuvre des amarres des navires pour le mouvement des portes et le service des aqueducs; tout cela veut un personnel nombreux et fort cher:

Ainsi, par le fait des travaux d'art, l'avantage d'économie de déblais que procure le canal à écluses est en réalité illusoire.

Enfin, si, par un hasard possible, il arrivait qu'on se fût trompé dans quelque portion du tracé, qu'il y eût quelque courbe à rectifier, une fois le canal ouvert, il serait de toute impossibilité d'y remédier. Bon gré mal gré, il faudrait recourir au chômage.

Les canaux à niveau, au contraire, réunissent toutes les conditions requises : sécurité absolue, pérennité complète, pas de pertes de temps, point de manœuvres compliquées. Dans leur construction, il n'y a d'autre ouvrage d'art que le tunnel. Terres à enlever, roches à creuser, c'est là tout le travail.

Ouvrir un tunnel où tous les navires, quels qu'ils soient, entreraient mâture haute et toutes voiles dehors, ce serait là une dépense exorbitante à laquelle personne ne peut songer.

Mais, comme la hauteur de la voûte sera de 35 mètres au-dessus du niveau moyen de l'eau dans le canal, presque tous les navires à voiles ordinaires et les vapeurs de 2,000 tonneaux pourraient passer sans toucher à leur gréement. Les navires de plus grandes dimensions auront à dépasser leur mâture haute et quelques-uns même auront à caler leurs mâts d'hune; mais ces manœuvres n'entraîneront pas grand'perte de temps. La première ne demande que quelques minutes, la seconde que deux ou trois heures.

Quelque étrange que cela puisse paraître, cinquante ans après l'émancipation des colonies espagnoles, l'Amérique centrale était encore peu connue au point de vue de la topographie exacte.

Ce sont les travaux de la grande expédition faite par ordre du gouvernement des États-Unis de 1870 à 1874 et, en 1876, 1877, 1878, ceux de la Commission internationale placée sous les ordres de M. Wyse, lieutenant de vaisseau de la marine française, qui ont achevé cette étude en ce qui concerne les passages possibles pour un canal interocéanique.

Cette ignorance s'explique par l'étendue de l'isthme et les difficultés de l'exploration.

L'Isthme américain, depuis Tehuantepec jusqu'au Rio San-Juan de Colombie, a environ 2,500 kilomètres de long. Dans sa partie nord-ouest, de Tehuantepec au lac de Nicaragua, sur une longueur de 1,000 kilomètres, il ne présente que deux isthmes bien marqués, celui de Tehuantepec et celui de Honduras ou du golfe Dulce. Dans sa partie sud-est, du Nicaragua au Rio San-Juan de Colombie, sa largeur moyenne n'est que de 80 à 100 kilomètres. A Panama, à San-Blas, au Darien et dans la cordillère de Baudo on rencontre des étranglements beaucoup plus étroits. Ainsi l'isthme de San-Blas n'a que 50 kilomètres de côte à côte, et au Napipi il y a 43 kilomètres du confluent de cette rivière et de l'Atrato à la baie de Cupica.

Dans ces contrées, la population est très-peu nombreuse et presque toute groupée dans les villes et villages et sur les bords de la côte ou sur les cours d'eau principaux. Les terrains déboisés et les savanes sont très-rares, toutes les élévations de collines sont couvertes de forêts vierges, les bas-fonds sont occupés par des marécages.

Dans les forêts, où se dressent quelquefois des géants de 50 mètres de haut et de 3 mètres] de diamètre, les arbres sont couverts de lianes souvent grosses comme le corps d'un homme, ces végétaux envahissent tout le sous-bois et forment des fourrés inextricables où l'Indien et le nègre seul savent retrouver leur chemin. On ne peut avancer qu'en taillant à coups de *machete* un sentier, qui porte le nom de *trocha* ou *pica*.

Comme par suite de la plastique du pays, les cols importants s'ouvrent aux sources d'affluents secondaires et non pas à l'origine des grands rios, la découverte des passages est entourée de grandes difficultés.

Il faut remonter en pirogue tous les affluents principaux, jusqu'à ce que l'on soit arrêté par des chutes ou par une *palissade* infranchissable. On nomme ainsi les amas de troncs d'arbres apportés par les crues et entassés souvent à des hauteurs de plusieurs mètres. On met alors pied à terre, on tourne l'obstacle, on suit le lit du torrent, quand on peut le suivre, car il arrive souvent que les eaux sont trop profondes ou que le *rio* est encaissé dans une gorge étroite, encombrée de rochers et de cascades. Dans ce cas, il faut se résoudre à commencer la *trocha* ou trouée.

Ici beaucoup de jugement, de sentiment du terrain et de chance

sont indispensables. Bien que, dans les parties élevées, la végétation soit moins envahissante que dans les plaines, on ne peut
rien voir autour de soi; mais, avec un peu d'habitude, certains
indices, tels que la direction et la profondeur des ravines, la forme
des ondulations du terrain, permettent d'avancer un peu mieux
qu'à tout hasard. Néanmoins le plus habile s'y trompe, ou se
fourvoie souvent, et le labeur est à recommencer.

Les principales études sérieuses dans l'Isthme américain, c'est-
à-dire les explorations qui ont traversé l'isthme, fait la géodésie
et la topographie de la région parcourue, mesuré avec rigueur
les côtes du terrain, jaugé les rivières, et qui peuvent ainsi
donner à l'appui de leurs projets des calculs certains et non
point des appréciations plus ou moins exactes, sont les suivantes,
par ordre de date :

Napoléon Garella, ingénieur en chef des mines, a fait, en 1843,
la géodésie et la topographie de l'Isthme de Panama; on lui doit
un projet de canal à écluses avec tunnel, de la baie de Limon sur
l'Atlantique à la baie de Vaca de Monte sur le Pacifique. On lui
doit également les études d'un tracé de chemin de fer qui probablement eût été exécuté par une compagnie française sans les
événements de 1848. La concession fut périmée et une compagnie
américaine en profita pour se substituer aux Français.

Barnard, général du génie américain, en 1850, dressa la carte
de l'Isthme de Tehuantepec et, résumant ses travaux, déclara que
cette ligne n'est guère praticable pour un canal interocéanique.

Childs et Fay, ingénieurs américains, en 1850 et 1851, étudient
le tracé d'un canal par le Nicaragua. Ils découvrent le col le plus
bas de toute l'Amérique centrale, celui de Rivas : il a 46 mètres
de hauteur.

Aux frais d'un riche armateur de New-York, l'ingénieur Traut-
wine fait, en 1852, les études de trois passages entre l'Atrato et le
Pacifique, le premier par le San-Juan (il constate que le fameux
canal creusé par le curé de Raspadura et ses paroissiens n'a
jamais existé), le second par l'Atrato et le Baudo, le troisième
entre la baie de Cupica et l'Atrato.

En 1858-1859, le général du génie Michler reprend ces études
et dresse un projet de canal entre la baie de Humboldt sur le
Pacifique et l'Atrato par la vallée du Truando.

M. Bourdiol, en 1864, essaye de traverser l'isthme du Rio Sabana
dans la baie de San-Miguel à la baie de Calédonie, mais il n'atteint
que jusqu'au Chucunaque.

M. de Lacharme, en 1865, découvre le passage du *rio* Paya, affluent du Tuyra, au *rio* Caquirri, affluent de l'Atrato, et relève le cours du Tuyra et du Paya. Il n'a fait qu'une simple reconnaissance, mais, comme elle a été le point de départ de nos explorations, je l'ai citée au milieu des travaux plus complets et plus exacts.

En 1854, le même M. Kelley, qui avait fait faire à ses frais l'étude de la région de la Cordillère de Baudo, fit encore entreprendre l'exploration de l'Isthme de San-Blas, le plus étroit de l'Amérique centrale, qui n'a en ligne droite d'une mer à l'autre que 50 kilomètres.

Plusieurs de ces explorations avaient été faites par ordre du gouvernement américain, aucune n'avait abouti à un projet acceptable; bien des points restaient à élucider. C'est pourquoi le gouvernement des États-Unis résolut une exploration générale de l'isthme américain.

Des groupes d'officiers de marine, d'ingénieurs et d'astronomes, secondés par un nombreux personnel d'aides, de marins et de soldats pour les défendre au besoin sur les territoires peuplés d'Indiens hostiles, furent placés sous le commandement du *commodore* Schufeldt, des *commanders* Selfridge, Lull, Crosman, du lieutenant Collins.

Pendant trois années consécutives, les travaux furent poussés avec persévérance. Ils portèrent sur les passages suivants :

Le Tehuantepec par le *commodore* Schufeldt;

Le Nicaragua par les *commanders* Hatfield et Lull;

Panama par le *commander* Lull;

L'isthme de San Blas, celui du Darien entre le Sabana et la baie de Calédonie et entre la Tuyra et l'Atrato, par le *commander* Selfridge ;

L'Atrato-Napipi par le *commander* Selfridge et le lieutenant Collins.

Cette expédition si importante n'étudia la question qu'au point de vue spécial du percement d'un canal à écluses, et en outre le passage de Paya proposé par M. de Lacharme n'avait point été examiné en totalité.

Le *commander* Selfridge s'était borné à faire l'exploration du passage Cué-Perancho, qui se trouve au sud du passage Paya-Caquirri, découvert par M. de Lacharme.

Cette absence d'études de projets à niveau, l'insuffisance des renseignements sur le passage de Paya, dont l'altitude de 58 mètres au-dessus du niveau de la haute mer du Pacifique donnée par M. de Lacharme pouvait faire espérer le creusement d'un canal

à niveau et sans tunnel, étaient une grande lacune dans les consciencieux travaux des Américains, lacune qu'il importait de combler au plus tôt.

M. Wyse songea à compléter ses travaux ; cet officier de marine
s'occupait activement depuis longtemps de la question d'un canal
interocéanique, et huit ans auparavant avait exploré le Bayano
jusque sur le territoire des Indiens Bravos, c'est-à-dire plus loin
que qui que ce fût.

En 1875, au Congrès international des sciences géographiques,
la question du percement de l'isthme américain fut sérieusement
discutée. Sous la présidence de l'illustre fondateur du canal de
Suez, on nomma un jury international chargé de désigner le
meilleur tracé et de donner son opinion sur la possibilité financière et économique de l'exécution.

Plusieurs personnes qui partageaient les vues de M. Wyse se
groupèrent en comité et demandèrent, par l'entremise de leur
président, le général Türr, que l'on voulût bien surseoir à la
réunion du grand jury jusqu'après l'exploration de la ligne Paya-
Caquirri. Cette motion fut accueillie.

En moins d'une année, une société d'exploration fut constituée,
les capitaux souscrits, la concession d'un canal obtenue du gouvernement des Etats-Unis de Colombie, et vers la fin de 1876 une
expédition partit de France pour l'isthme de Darien sous le
commandement de M. Wyse. Les études techniques étaient diri-
gées par M. Celler, ingénieur en chef des ponts et chaussées.

Les rapports de M. Wyse, les articles publiés dans le *Bulletin
de la Société de géographie* et dans plusieurs journaux, ont mis
le public au courant des travaux de l'exploration, ce qui me dis-
pensera d'en parler longuement.

L'expédition se composait de vingt personnes, ingénieurs, officiers de marine et autres. Elle partit de France le 7 novembre,
arriva à Colon le 29 du même mois et le lendemain à Panama.
Notre séjour à Panama, de peu de durée, fut employé à la préparation de l'exploration et à l'engagement des *macheteros* (ou
bûcherons de trochas) et des porteurs. M. de Lacharme nous en
amena six du rio Sinu : c'étaient des colosses habitués à la vie des
bois, des hommes sobres, obéissants, dévoués et rompus à toutes
les fatigues.

Notre arrivée avait excité un grand enthousiasme dans la ville
de Panama. Nous devions partir dans les canoas, bongos et autres
petites embarcations du golfe, mais le président de l'Etat ne le
souffrit point ; il mit à notre disposition un navire à vapeur et vint
lui-même nous faire la conduite, accompagné de quelques hauts
fonctionnaires et de plusieurs notables Panameños.

Le 12 au matin, nous étions dans le splendide estuaire du golfe
de San Miguel et, passant par Bocachica, nous entrions dans le

grand et magnifique havre du Darien. Dans l'après-midi, le *Taboguilla* mouillait devant Chepigana.

Ce ne fut pas une mince affaire pour M. Wyse de trouver des pirogues et des hommes pour remonter la Tuyra ; il fallut que le président de l'Etat s'en mêlât et menaçât les récalcitrants de les enrôler comme soldats.

Le 13 au soir on partit avec la marée. Nous remplissions plusieurs pirogues. Toutes les embarcations sont creusées dans un seul tronc d'acajou ; celle qui portait nos colis et l'appareil à forer avait près de 20 mètres de long et 2 mètres de large.

Nous mîmes deux jours à remonter la Tuyra jusqu'à Pinogana. Le fleuve, dont la profondeur est presque toujours de 10 mètres jusqu'au confluent du Chucunaque, a parfois plus d'un kilomètre de large en aval de l'Ile des Alligators ; en amont, sa largeur moyenne n'est plus que de 300 mètres. A la marée haute et lors des crues, les eaux occupent toute la largeur du lit et même débordent par-dessus les berges d'où s'élancent des arbres élevés. La végétation des lianes y est si puissante, que la forêt entière, troncs, branches et feuilles, est recouverte d'un tapis qui cache la forme des arbres et leur enlève toute individualité. Ce manteau plonge dans la rivière ; bien que tissu de fleurs brillantes, il n'en est pas moins fort monotone, tout comme la forêt qu'il embrasse.

Le 15, tout le personnel était de nouveau réuni à Pinogana, village de deux cents habitants chercheurs de caoutchouc et de *tagua* ou noix d'ivoire.

En amont de Pinogana, la contrée perd son aspect uniforme. La forêt, plus variée que sur la basse Tuyra, est moins compacte ; les lianes ne l'étouffent pas, les clairières lui donnent du jour.

La marée remonte jusqu'au Rumpio, où elle a entassé des quantités de squelettes d'arbres à travers lesquels les pirogues ne passent qu'avec difficulté. Plus haut le lit se resserre, les rapides puissants et majestueux alternent avec des gouffres profonds où tourbillonnent des arbres.

Près du rio Pucro, la Tuyra passe dans une gorge étroite, sur les ressauts de laquelle s'élèvent des *espavés*. C'est l'arbre le plus beau et plus grand de ces régions. Son feuillage sombre tranche avec la claire verdure des parasites et des orchidées qui pendent à son tronc ou se balancent à ses maîtresses branches. C'est en vain que la rivière a jusqu'à 40 mètres de large, en plusieurs endroits les arbres d'une rive mêlent leurs branches aux rameaux de la rive opposée et forment ainsi des *Pasos de Monos*, c'est-à-dire ponts ou passages des singes. C'est bien là l'endroit le plus pittoresque de la vallée.

Dès que les opérations furent en train, M. Wyse remonta le Paya pour s'assurer un accueil sympathique des Indiens et pour faire de nombreuses reconnaissances barométriques dans la vallée supérieure de la Paya. Il y cherchait le col le plus bas et le plus facile. Il fit aussi une exploration qui, partant de l'embouchure du Capeti, croisa tous les affluents de droite de la Tuyra jusqu'à la vallée du Paya, afin de bien établir que cette dernière vallée est la plus basse de toutes.

C'est dans une de ces reconnaissances qu'il découvrit le col de Tihulé, le plus bas de toute la Cordillère après celui de Panama et celui de Rivas. Ce col se trouve par 142 mètres d'altitude.

Le 8 janvier, l'expédition eut la douleur de perdre un de ses membres les plus sympathiques, le capitaine Bixio, officier d'ordonnance du roi d'Italie : il mourait sur les bords de la Tuyra, près de l'île de Balsal.

Le 12 janvier, la brigade de nivellement constata que l'altitude de Paya est de 20 mètres environ plus élevée que l'exploration de M. de Lacharme ne l'avait indiqué, la cote d'eau à Paya étant de 73 mètres. Dans ces conditions, toute espérance d'un canal à niveau sans tunnel dans le Darien devait être abandonnée.

Les explorations antérieures des Américains ayant prouvé que nulle part ailleurs un tracé semblable n'était possible, nous nous vîmes forcés de changer le plan des explorations, sans renoncer pour cela à étudier la ligne Paya Caquirri au point de vue d'un canal à écluses, au cas où des explorations ultérieures démontreraient l'impossibilité de creuser un canal à niveau avec tunnel.

M. Wyse partit du village de Paya le 22 janvier pour aller étudier les rivières Caquirri et Atrato sur le versant de l'Atlantique. Moi-même, rentré quelques jours auparavant de Chepigana où j'avais été installer le marégraphe et organiser les observations météorologiques, je pus l'accompagner dans cette exploration.

Nous étions sept en tout : deux blancs, trois Indiens et deux nègres.

La route suit d'abord le sentier des Indiens, menant de Paya au Tulegua, affluent du rio Caquirri. Comme tous les sentiers indiens, ce chemin suit les crêtes, autant que possible.

Le Tulegua était à sec à ce moment, mais entrecoupé de *pozos* profonds (auges où nous enfoncions dans l'eau jusqu'à la poitrine).

Nous le descendîmes jusqu'à son confluent avec le Caquirri où remisait la pirogue de Mono (c'est-à-dire le Singe), fils du cacique de Paya et son héritier présomptif, qui nous servait de guide.

Dans sa partie supérieure, le Caquirri a une trentaine de mètres de large. C'est une des plus jolies rivières que j'aie jamais vues dans les pays chauds. Son lit de rochers ou de cailloux est alterné de rapides et de canaux profonds aux eaux calmes et pures. La végétation des bords est des plus variées ; les berges sont couvertes de Héliconias, de Bromélias, de plantes aux larges feuilles, aux nuances diversicolores. Les arbres ne sont plus étranglés par les lianes et peuvent se montrer dans toute leur beauté.

A mesure qu'on descend, l'aspect de la rivière change, elle devient profonde, jaunâtre et se rétrécit considérablement.

En deux points se trouvent des *palissades*, amas de troncs d'arbres, qui interrompent la navigation et nécessitent un portage, opération fatigante et dangereuse ; on marche sur des arbres à moitié pourris, sur des branches, des feuilles, sol traître qui peut craquer sous les pas et jeter l'explorateur dans quelque trou de la rivière, heureux si ce n'est pas au milieu d'une troupe de crocodiles.

En aval des *palissades*, les berges s'abaissent, le terrain devient boueux ; la rivière, incessamment] diminuée par de nombreux canaux qui s'en détachent à droite et à gauche, n'a bientôt plus qu'un ou deux mètres de large et seulement quelques centimètres de profondeur ; aux coudes brusques il faut couper les herbes et les branches basses et faire glisser les extrémités de la pirogue sur les vases puantes.

La forêt, faite maintenant d'arbres grêles, n'est plus cachée par le rideau des lianes. Quand les parasites, les frondes, les lianes cimentent une forêt des tropiques, du canot dans lequel on suit un *rio* l'on ne voit point cette forêt, on ne peut que la deviner, tandis qu'ici notre regard en perce toutes les profondeurs. Nous la voyons sombre, mystérieuse, infinie ; elle nous effraye par sa solitude, son silence, sa grandeur, sa majesté. Mais nous ne l'admirons pas toujours ; notre pirogue s'enchevêtre dans les herbes plus hautes que le *palanquero* debout sur l'embarcation. Dans ces passages, il pleut des insectes et des araignées hideuses.

En sortant de cette forêt maudite, on entre dans un marécage couvert de lataniers ; le chenal s'élargit un peu et s'approfondit ; puis presque sans transition on se trouve dans la plaine. En face s'élèvent quelques montagnes bleuâtres, mais si éloignées que la silhouette en est indécise. Nous sommes dans les marais de l'Atrato. Tout le sol est inondé à des cinquantaines de kilomètres.

Le Caquirri a 10 mètres de profondeur et une largeur d'au moins 100 mètres, mais nulle part on ne peut voir l'eau.

La rivière est couverte d'une prairie flottante tellement épaisse qu'une gaffe étendue sur la couche de graminées suffit pour soutenir un homme sans le mouiller plus haut que les pieds.

Çà et là paraissent des bouquets d'arbres bordés de liserons, s'élevant au-dessus d'une immense mer de roseaux et de petits palétuviers. Toute cette végétation à moitié noyée dans l'eau monte à la même hauteur, comme les chaumes avant la moisson.

Pour faire avancer la pirogue, il faut, à l'aide de grandes fourches, enfoncer les herbes, puis faire glisser l'embarcation.

La vie animale reparaît dans cette plaine ; nulle part je ne l'avais vue aussi riche. D'innombrables oiseaux de toutes grandeurs animent la rivière ; des lamantins plongent et replongent ; d'énormes caïmans dorment sur le feutrage d'herbes que portent les eaux.

Au confluent du Peranchito, le Caquirri, qui s'élargit jusqu'à 300 mètres, montre par moments des eaux noires chargées de détritus où pullulent de grands sabalos, poissons qui atteignent la taille de quatre pieds.

Près de ce point, un contre-fort descendu des Cordillères s'avance dans la plaine, où il se termine sur le bord de la rivière par deux collines hautes d'une trentaine de mètres : la Loma (colline) Cristal et la Loma Vieja, servant de point de reconnaissance et de station à de nombreux pêcheurs.

Au confluent du Caquirri, l'Atrato a une largeur moyenne de 500 mètres ; les vents alizés y soulevaient des vagues qui ne nous permettaient point de nous hasarder sur ses eaux. Nous fûmes forcés d'attendre au confluent le passage d'un des bongos qui font le commerce entre Carthagène et la province de Choco.

Nous eûmes la chance d'en voir arriver un au bout d'une heure et de pouvoir ainsi descendre le fleuve jusqu'à Pisisi, de l'autre côté du golfe d'Uraba. Là, nous trouvâmes les embarcations et le personnel nécessaires pour faire nos sondages dans les embouchures de l'Atrato et les bras de son Delta.

A notre retour, nous apprîmes la triste nouvelle de la mort de M. Brooks, l'ingénieur anglais, homme fort âgé ; il n'avait pu résister à une petite attaque de dyssenterie et à la perte de sang que lui avait causée la morsure d'un vampire.

L'importance des opérations sur la ligne de Paya-Caquirri n'étant plus que secondaire, M. Wyse put détacher un personnel suffisant pour entreprendre la recherche d'un passage permettant de creuser un canal à niveau et avec tunnel, dans la portion des Etats de Colombie dont le privilége nous était assuré par contrat.

Les recherches furent exécutées de la façon suivante. A partir du confluent de l'Aputi et de la Tuyra, où se trouve une vallée relativement basse, on traça une *trocha* se dirigeant vers l'Atlantique en coupant obliquement la Cordillère ; cette trouée croisait toutes les vallées des affluents du *rio* Chico et du *rio* Tupisa, tributaires du *rio* Chucunaque et permit de déterminer l'altitude comparative des vallées. Si avant la fin de la saison sèche on en avait encore le temps, on ferait l'exploration de la vallée la plus basse, de façon à reconnaître la praticabilité d'un canal à niveau et avec tunnel.

La *trocha* fut commencée le 19 février. Au 5 mars, époque à laquelle je fus forcé d'abandonner le travail par suite de plaies aux jambes causées par les piqûres d'insectes, nous avions successivement rencontré les vallées du Cubibele et du *rio* Tesca, affluents du *rio* Chico. Je restai sur les bords du Tesca. M. de Lacharme continua le travail, mais, après avoir croisé le Porcona, autre affluent du *rio* Chico, le terrain devint si mauvais qu'il lui fut impossible d'avancer. Il fut forcé d'abandonner la trocha et de rentrer en descendant un quatrième tributaire, le Riecito.

Pendant ce temps M. Wyse était venu me rejoindre sur les bords du Tesca. Me sentant un peu mieux, je pus l'aider à faire le nivellement et la planimétrie du *rio* Tesca et du *rio* Chico jusqu'à son confluent avec le Porcona ; là, nous nous rencontrâmes avec M. de Lacharme et ses hommes brisés de fatigue et n'ayant pas mangé depuis une journée.

On recommença en ce point une nouvelle trouée, et le 28 mars elle atteignait le *rio* Tupisa, ayant coupé une vallée qui n'avait que 31$^m$, 94 d'altitude, à 35 kilomètres de la côte de l'océan Atlantique. Cette vallée est celle du Tiati ; sa faible altitude semblait promettre la solution si longtemps cherchée.

La saison des pluies allait bientôt commencer : impossible de songer à continuer les explorations. Il fallut remettre ce travail à la saison sèche. Tous les membres de l'expédition rentrèrent en Europe.

Un troisième décès attrista notre retour : celui de notre ami Musso, ingénieur italien. Ce jeune et vaillant martyr de la science succombait en vue des côtes de l'Espagne.

Nous restâmes six mois en France, occupés à faire nos calculs, nos rapports, à dresser la carte de nos explorations, attendant impatiémment que la fin de la saison des pluies nous permît de retourner en Darien pour y continuer nos recherches.

Nous repartîmes de Saint-Nazaire le 7 novembre 1877. A Panama, M. Verbrugghe nous attendait. M. de Lacharme ne pouvant nous rejoindre que vers la fin du mois de décembre, M. Wyse résolut alors de faire l'exploration de l'isthme de San Blas, ou du moins de compléter ce que l'expédition américaine avait laissé inachevé. On sait que Selfridge, se bornant à étudier le versant de l'Atlantique, s'était arrêté au salto de Madroño.

Le 10 décembre les opérations commencèrent. Elles partirent de la Capitana, en suivant la large et belle vallée du *rio* Mamoni. Elles se continuèrent jusqu'en amont des grandes chutes du Charare, lieu où le *rio* tourne et la vallée s'étrangle. C'est là naturellement que serait la tête du tunnel.

De là à Madroño, on se contenta d'une reconnaissance, les observations astronomiques faites par l'expédition américaine ne nécessitant point de relier ensemble les deux tronçons d'explorations. Du reste, les opérations nous ont démontré que, sur le versant du Pacifique, les études de Mac Dougal sont bonnes. On peut se baser sur ses travaux.

M. Wyse fit, en outre, l'exploration du fleuve Bayano et du *rio*
Icanti ou Aguas Claras ; le cours du fleuve est fort tortueux, sa
direction est presque parallèle aux côtes, et quoique le col entre
l'Icanti et le *rio* Azucar soit fort bas, ce tracé ne présente aucun
avantage.

La reconnaissance du Terrable, autre affluent du Bayano, ne
donne qu'une altitude de 40 mètres en un point éloigné de 30 kilomètres seulement de l'Atlantique. Malgré cela, ce passage
présente moins d'avantages que celui du Mamoni au *rio* Nercalegua.

Le 20 décembre, nous étions de retour à Panama.

Le 29 décembre nous en repartions pour le Darien, où nous nous
proposions de terminer les études de la ligne Tiati-Acanti. Le 2 janvier, nous étions à Yaviza, et le 8 nous commencions nos opérations. Trois jours après, MM. Wyse et Verbrugghe nous quittèrent :
ils rentraient à Panama pour se rendre à Colon. Ils devaient
s'embarquer sur un navire de guerre français que l'amiral Mau-
det, commandant la station de l'Atlantique et des Antilles, avait
gracieusement chargé d'aller à Acanti déterminer la longitude et
la latitude exactes de ce point et de dresser le plan de la baie ; là
ils devaient nous attendre.

Une *trocha*, partant du point où nous fûmes forcés d'abandonner
les pirogues dans le Tiati, nous permit de rejoindre cette rivière
un peu au-dessous du point où la trocha de l'année dernière
l'avait coupée par 31$^m$,94 d'altitude. A cette hauteur de la vallée,
les *palissades* et les longs canaux fangeux et profonds ont cessé ;
on peut, sans trop de difficultés, cheminer dans le lit même de la
rivière.

Pendant quelques jours, tout marche bien. Nos gens sont travailleurs, dévoués, et nous pouvons espérer avancer rapidement ;
mais bientôt nos hommes et nous-mêmes sommes successivement atteints de fièvres, en sorte que, pendant une huitaine de
jours, nous restons en place, campés sur un rocher qu'en qualité
de malades peu endurants nous avons appelé l'Hôpital.

Une fois guéris, nous marchons rondement, nous passons par-
dessus la ligne de faîte séparant les eaux du Tiati de celles d'un
affluent du *rio* Chico, puis de cette vallée dans celle du *rio* Tupisa,
que nous suivons pendant quelques lieues jusqu'au pied de la
Cordillère.

Le service des approvisionnements pour notre personnel
nombreux est devenu excessivement difficile ; des pluies ont
éprouvé nos hommes, dont le courage et l'entrain commencent à
mollir ; d'un autre côté, je sais que le navire de guerre français
qui doit se rendre à Acanti ne pourra y rester que fort peu de
jours, et un billet que M. Wyse m'a fait parvenir m'annonce que
son départ de Colon pour Acanti aura lieu probablement le 10 février.

Je me résigne alors à me séparer de mes vaillants compagnons et je laisse la direction des opérations à M. Soza, l'habile ingénieur de l'État de Panama. Il me faut traverser la Cordillère et me rendre à Acanti, si possible. Cinq hommes dévoués et à l'épreuve m'accompagnent.

Le 8 février, je commençais l'ascension des Cordillères. Nous étions à ce moment à une quinzaine de kilomètres de Gandi et, d'après le point porté sur la carte, la route à suivre était le Nord 47° Est magnétique.

Les montagnes, appartenant aux formations primitives, se rapprochent beaucoup de ce qu'on pourrait appeler une chaîne de montagnes théorique, c'est-à-dire d'une ligne de faîte horizontale et rectiligne, de laquelle se séparent perpendiculairement sur les deux versants des contre-forts, se subdivisant à l'infini comme les folioles d'une feuille composée et s'abaissant à mesure qu'ils s'éloignent de la chaîne centrale. Comme tous ces contre-forts se réunissent deux par deux pour former le chaînon soudé à la Cordillère ; on est certain qu'en partant de l'extrémité d'une des ramifications quelconques et en suivant toujours les crêtes, on ne peut manquer d'arriver à l'arête principale. C'est aussi ce que je fis, et, à trois heures de l'après-midi, nous étions arrivés sur la crête. Mais là, depuis longtemps nous étions enveloppés de brouillard. Aucun indice pour nous aider dans le choix de la route.

La ravine que nous avons à nos pieds porte-t-elle ses eaux au Tola, à l'Acanti ou à tout autre petit fleuve se jetant dans l'Atlantique ? Quelle est la crête à suivre, et, puisque l'arête se bifurque indéfiniment, qui nous guidera dans le choix du contre-fort qui descend jusqu'à la vallée ? Il fallut se jeter hardiment dans la première ravine devant nous et suivre la gorge, puis la Quebrada et ensuite la rivière jusqu'à son issue dans la vallée. Comment dire le nombre de cascades et de parois qu'il fallut descendre en s'aidant des branches et des anfractuosités de roches, le nombre de fois qu'il fallut remonter sur une arête, pour éviter des gorges en forme de cluses où la rivière, grossissant à mesure que nous descendions, formait des auges profondes entrecoupées de cascades ?

Enfin, au bout de deux jours de fatigues, nous entrions dans la plaine et pouvions continuer notre route, tantôt dans la rivière fort large et très-peu profonde, tantôt sur des grèves de sables et de cailloux.

Dans la matinée, au lever du soleil, j'avais aperçu le navire français mouillé sur rade d'Acanti.

J'arrivai à Acanti dans l'après-midi du 12. L'aviso venait de partir, ayant achevé l'hydrographie de la baie. Je le voyais encore tout près, doublant les terres au nord. Ce fut pour moi et mes hommes un cruel désappointement.

Il fallut se résoudre à rentrer à Yaviza par la voie de terre, mais le voyage de retour fut plus facile, car, pour monter sur la Cordillère, nous employâmes le même procédé de suivre les crêtès, puis, arrivés sur la ligne de faîte, nous ne la quittâmes plus jusqu'à la rencontre de la pica que nous avions tracée sur le versant sud. En un jour, de sept heures du matin à cinq heures du soir, nous avions retraversé la Cordillère.

Le 25 février nous étions de retour, ayant terminé l'étude de la ligne Tiati-Acanti.

A Panama nous eûmes encore le bonheur de pouvoir nous rencontrer avec MM. Wyse et Verbrugghe, qui étaient sur le point de partir pour Bogota.

Le mois de mars fut employé à faire la planimétrie et le nivellément de tous les affluents principaux du *rio* Caïmito. Entre l'embouchure de ce fleuve et la baie de Limon, la largeur de l'isthme n'est que de 56 kilomètres ; les cols permettant de passer des vallées de ces affluents dans les vallées des affluents du Chagres n'ont qu'une élévation variant de 120 à 140 mètres. Sur les deux versants, la pente des Cordillères est rapide, de sorte que ces parages offrent des passages fort appropriés au tracé d'un canal à niveau et avec tunnel.

Cette région a été déjà étudiée par M. Garella, mais, son projet comportant un canal à écluses, le nivellement du thalweg des vallées n'a pas été fait et les données de son travail ne concernent, du reste, qu'un seul affluent, celui du Bernardino.

Le mois d'avril fut consacré à l'étude d'un projet par la baie de Limon et la vallée du Chagres sur l'Atlantique, la vallée du Rio-Grande et la baie de Panama sur le Pacifique. Ici, il n'était point nécessaire de faire la topographie de la région, car les études nécessitées par la construction du chemin de fer de Panama à Colon ont permis d'en dresser une carte excellente.

Il nous fut facile de tracer sur la carte la ligne approchée d'un projet à niveau, puis, rendus sur le terrain, nous relevâmes de nombreux profils en travers des deux côtés de l'axe du canal, de façon à bien déterminer le tracé à suivre et à pouvoir calculer exactement le volume des déblais et établir les devis de construction avec toute la précision nécessaire.

Je partis pour la France, le 1er mai. M. Wyse, qui à cette époque se trouvait encore à Bogota, pour régler quelques détails du contrat, ne put rallier Panama que vers la fin du mois de mai. Il n'y fit que toucher en passant, puis, avec M. Verbrugghe, se rendit au Nicaragua pour y étudier le tracé d'un canal à écluses. Il ne rentra qu'au mois d'août. Nous avions ainsi recueilli tous les éléments nécessaires pour choisir avec connaissance de cause, au milieu de tous les projets, celui qui répond le mieux aux besoins multiples du transit interocéanique, celui dont l'exécution sera la plus facile ou la moins coûteuse.

En ce moment nous dressons les plans de tous ces projets et nous en calculons les devis; ils seront soumis, conjointement avec tous les projets antérieurs, au grand jury international qui, comme vous le savez, Messieurs, se réunira le 15 mai à Paris, sous la présidence de M. de Lesseps.

Je crois ne pas trop m'avancer en disant que les projets qui seront appelés à attirer l'attention du jury et mériteront la discussion sont au nombre de sept, dont :

Trois projets à niveau avec tunnel;

Quatre projets à écluses, dont trois nécessiteront en outre un tunnel.

Voici ces sept projets, avec leurs éléments principaux. Chacun de ces projets présente quelques variantes dont il est inutile de parler.

1° *Projet à niveau avec tunnel de la commission internationale, allant d'Acanti au golfe de San Miguel*, par les vallées Acanti, Tiati, Tupisa, Chucunaque même, dans les provinces de Panama et de Cauca, région du Darien.

Longueur totale, 125 kilomètres d'une mer à l'autre, dont seulement 75 kilomètres de canal proprement dit et 50 kilomètres de navigation dans la Tuyra où il y aurait quelques améliorations à faire. La longueur du tunnel à forer serait de 17 kilomètres.

2° *Isthme de San Blas.* — Projet à niveau de la commission internationale, dans l'État de Panama, district de Chepo. Il partirait de l'île de Chepillo, au fond du golfe de Panama, sur le Pacifique, et aboutirait à la magnifique baie de San Blas sur l'Atlantique, en suivant les vallées du Nercalegua, du Mamoni et du Bayano.

La longueur totale serait de 50 kilomètres, dont 41 kilomètres seulement de canal proprement dit. Il nécessiterait un tunnel de 15 kilomètres de long. Il y aurait des travaux à faire pour creuser un port dans le Pacifique.

3° *Isthme de Panama.* — Canal à niveau, projet de la commission internationale.

Longueur totale, 73 kilomètres, suivant les vallées du Chagres et de l'Obispo sur le versant de l'Atlantique et la vallée du *rio* Grande sur le versant du Pacifique. Il nécessiterait un tunnel de 6 kilomètres de longueur au maximum.

4° *Atrato-Napipi.* — Projet à écluses et à tunnel du *commander* Selfridge. Dans l'État de Cauca, par les vallées de l'Atrato, du Napipi et du Doguado. Longueur totale du canal d'une mer à l'autre, 289 kilomètres, dont seulement 48 kilomètres 700 de canal proprement dit; le reste de navigation dans l'Atrato, dont il faudrait améliorer l'embouchure. Ce tracé nécessiterait en tout vingt-deux écluses et un tunnel de 5 kilomètres 600. La hauteur du plan d'eau au bief de partage serait de 43<sup>m</sup>,60. Il y aurait à créer un port sur le Pacifique.

5° *Isthme de Darien.* — Projet à écluses de la commission internationale. Dans les États de Cauca et de Panama, allant du Havre Darien, dans le golfe de San Miguel, à la bouche Uraba, dans le golfe de Darien.

Longueur totale, 235 kilomètres, dont 120 de canal proprement dit. Les 115 kilomètres de navigation dans la Tuyra et l'Atrato nécessiteraient quelques travaux de dragage.

Ce tracé suivrait les vallées du Tuyra et du Paya, du Tihule, du Caquirri et de l'Atrato. Il y a trois variantes à ce projet.

Vingt-deux écluses seraient nécessaires, et en outre un tunnel.

6° *Isthme du Panama.* — Projet à écluses du commander Lull, par les vallées du Chagres, du *rio* Obispo et du *rio* Grande.

Longueur totale 73 kilomètres, 26 écluses. Rigole d'alimentation de 17 kilomètres, dont 4 kilomètres 200 mètres de souterrain. Les plans et devis de ce canal n'ont pas été encore complétement publiés ; la commission supérieure américaine ne le classe parmi les projets à écluses qu'en second rang, après celui du Nicaragua.

7° *Nicaragua.* — Projet à écluses du *commander* Lull.

291 kilomètres 500 de longueur totale, de San Juan del Norte ou Greytown sur l'Atlantique, à Brito sur le Pacifique. Sur cette longueur totale, il y aurait 99 kilomètres 400 mètres de canal, 91 kilomètres de traversée du lac et 101 kilomètres 100 mètres de rivière canalisée par le moyen de barrages et de dragages dans le chenal.

21 écluses, 10 sur chaque branche, plus une écluse à marées sur le Pacifique : il n'y a pas de ports aux deux extrémités ; à Brito, il faudrait en faire un artificiel, à Greytown, il faudrait essayer de reconstituer l'ancien port actuellement transformé en lagune par un banc de sables mouvants qui se déplacent à chaque coup de vent.

Pour terminer, je donnerai encore les éléments principaux du tracé d'un canal par le Tehuantepec dont il a été si souvent question avant les études des Américains. Les chiffres que nous allons citer démontreront amplement que ce projet ne peut concourir avec les sept autres.

*Isthme de Tehuantepec.* — Canal à écluses. Longueur totale de mer à mer, 290 kilomètres se décomposent ainsi : canal proprement dit, 232 kilomètres ; navigation en rivière à améliorer, 58 kilomètres.

Le bief de partage serait à 223 mètres de hauteur, ce qui nécessiterait pour les deux branches du canal un total de 140 écluses. Il faudrait, en outre, une rigole d'alimentation de 43 kilomètres 900 mètres, dont 5 kilomètres 800 mètres en tunnel.

Aux deux extrémités, il faudrait créer des ports.

Je m'abstiendrai de discuter devant vous, Messieurs, la valeur comparative de ces différents tracés ; cela exigerait un temps considérable, et l'heure déja avancée me rappelle que je ne dois point abuser de votre bienveillante attention ; du reste, quelles que soient mes préférences personnelles, il ne m'appartient pas de préjuger la décision du Jury. J'aurais pourtant beaucoup à dire sur cette entreprise, qui occupera dignement la génération qui a vu M. de Lesseps unir deux mers et deux mondes. Je viens de prononcer le nom le plus illustre ; nous ne prétendons point arriver à la gloire du fondateur du canal de Suez, mais nous avons la joie de le voir partager nos espérances dans le succès de l'œuvre que nous méditons.

Veuillez aussi, Messieurs, continuer à nous prêter votre concours éclairé, et bientôt arrivera l'heure de la réalisation, où les deux plus grandes mers, l'Atlantique et le Pacifique, s'uniront sous nos yeux pour l'éternel honneur de la France.

A. RECLUS, lieutenant de vaisseau,

Membre de la Société.

# LE COMMERCE AU GABON

*(Lu à la séance générale du 28 décembre 1878)*

A mon dernier voyage (1), j'ai trouvé que le Gabon avait beaucoup changé en trois ans : les soins et les travaux de l'administration de la marine ont notablement amélioré l'état de notre colonie. Quand j'y suis arrivé pour la première fois, on ne pouvait aller de Libreville à Glass qu'à marée basse, en suivant la plage ; le sentier qui y conduisait passait au milieu de fondrières et de maringots vaseux, d'où l'on ne sortait que brisé de fatigue, trempé, embourbé des pieds à la tête. Il y avait bien, jadis, une belle route qui partait du Jardin de l'Amiral et passait derrière les habitations, mais la puissante végétation des tropiques en a repris possession, et la forêt vierge l'a envahie. Aujourd'hui, grâce aux travaux qui ont été activement poussés par M. le capitaine de frégate Clément, commandant particulier du Gabon, et par son successeur

---

(1) Ce morceau fait partie du volume qui vient de paraître chez Hachette et Cⁱᵉ sous le titre : *Trois voyages dans l'Afrique occidentale*, par A. Marche.

M. Boitard, on peut à toute heure, non-seulement aller de Glass à Libreville, mais encore pousser jusqu'à la Mission française et jusqu'à la Mission américaine. La route a trois ou quatre mètres de largeur, et sur les marais, sur les maringots, ont été établis des ponts solides, qui permettent la circulation des chariots et le transport commode des marchandises. Le commandant Clément a aussi fait bâtir un poste de douane à Glass, et, à côté, un vaste abri pour les troupeaux du gouvernement ; derrière, s'étend un jardin cultivé par les douaniers, et où l'on a récolté cette année des légumes magnifiques. On en tire aussi du Jardin de l'Amiral, qui a été conservé en partie ; mais nulle part la culture ne réussit mieux que dans les jardins des Missions catholique et américaine et de l'établissement des Sœurs : cela tient à ce qu'elle y est pratiquée en grand et d'une manière suivie, car les bras ne manquent pas. En effet, tous les enfants, en dehors des heures de classe auxquelles ils sont astreints, fournissent quelques heures de travail manuel. C'est une excellente mesure : ces enfants, une fois revenus au village, pourront à leur tour instruire leurs compatriotes, et, s'ils triomphent de l'apathie et de l'insouciance des noirs, contribueront à répandre dans les villages quelques indications et quelques procédés utiles. Presque tous sont jardiniers ; quelques-uns charpentiers ; d'autres maçons, etc. D'anciens esclaves libérés cultivent aussi les légumes, mais leurs produits sont généralement très-médiocres.

Le commerce du Gabon ne donne pas tout ce que l'on avait espéré lors de la fondation de la colonie. Si l'on en croit M. Barthélemy (*Notice historique sur les établissements français des côtes occidentales d'Afrique*), on pensait en rapporter de l'or, du coton, etc. M. Barthélemy dépeint le Gabon comme un pays très salubre ; du reste, je cite : « Débouché d'un pays vaste et assez populeux, « le Gabon offre au commerce tout ce qu'on peut demander à « l'Afrique : l'ivoire le plus beau peut-être de la côte, l'or, le co-« ton, le bois de construction. On n'y est exposé à aucune de ces « fièvres qui désolent les comptoirs européens de la Côte des « Grains et de la Côte d'Or : l'air y est pur, le pays offre une magni-« fique végétation ; le caractère des Gabonais est doux, intelligent, « susceptible même d'une certaine civilisation que nos mission-« naires ont déjà pu développer avec assez de succès. » J'ai fait deux voyages dans ces contrées et j'y ai séjourné quatre ans ; j'ai pénétré fort loin à l'intérieur, et cependant, je n'y ai jamais vu d'or, ni entendu dire qu'on en eût trouvé ; il est présumable que si quelque gisement existait ou que si des lavages avaient permis de constater la présence de sables aurifères, le précieux métal serait depuis longtemps activement exploité. Quelques commerçants l'ont cherché partout avec acharnement ; je ne veux pas dire qu'ils aient étudié des échantillons de minerais ou pratiqué des fouilles ; mais je les ai entendus mainte et mainte fois interroger les nègres, et leur demander s'ils avaient vu *Sica* (l'or) ; à quoi les noirs répondaient invariablement : «Oui, je connais *Sica :* c'est marchandise des blancs. » Quant au coton, j'en ai vu dans l'intérieur, soit sur des arbres de haute futaie, soit sur des arbrisseaux semblables à ceux que j'ai rencontrés à Malacca. Le produit de ces derniers est de beaucoup le plus fin et le plus textile ;

j'ai employé souvent le produit des premiers pour bourrer mes oiseaux et mes pièces d'histoire naturelle, mais je le crois trop court pour qu'on puisse l'utiliser avec avantage. Les commerçants, du reste, n'achètent ni l'un ni l'autre, et ils ont raison : d'abord, parce qu'ils ne pourraient en amener sur le marché d'assez grandes quantités pour que ce fût une marchandise de rapport ; ensuite, parce que les noirs, qui, lorsqu'on leur en demande, l'apportent par poignées, le vendent beaucoup trop cher. Ajoutons que personne ne le cultive, et que si l'on veut jamais en organiser l'exploitation, on aura à compter avec l'apathie et la paresse des noirs et leur horreur des travaux agricoles.

Quelques essais de culture ont été cependant faits au Gabon par les Missions, qui seules le pouvaient ; elles sont arrivées à faire des récoltes, mais encore insuffisantes pour constituer un commerce. MM. Pilastre, chefs de la seule maison française importante que nous ayons eue au Gabon, ont également fait pour obtenir le coton plusieurs tentatives qui ont toutes échoué devant le mauvais vouloir des naturels. Ils ont voulu aussi encourager les naturels à leur apporter des graines oléagineuses ; mais ceux-ci les procuraient en si petites quantités et ils étaient arrivés à en demander un tel prix qu'il a fallu renoncer à ce commerce.

Le seul métier qu'on puisse faire faire aux noirs est celui de pagayeurs ou de domestiques, et encore, si au bout de quelques jours ils ont gagné un peu d'argent, se dépêchent-ils de quitter leur maître, et d'aller s'étendre au soleil en fumant leur pipe. Il n'y a qu'une chose pour laquelle le noir ait réellement du goût, c'est pour le commerce, car en le faisant il peut voler à son aise, d'abord le négociant qui lui fait des avances, et ensuite celui à qui il achète des produits.

Voici comment la chose se passe ordinairement : Quand, après avoir travaillé quelque temps dans un établissement comme domestique ou homme de peine, un noir croit en avoir appris assez et se connaître un peu en marchandises, il va trouver un négociant, et lui dit : « Je connais bien le commerce ; je sais « où il y a beaucoup d'ivoire, de caoutchouc ; donne-moi des mar- « chandises pour payer, et je t'en rapporterai. » Quand le commerçant croit le nègre capable, il lui fait, pour commencer, une avance de cent à cinq cents francs. Le nègre part, et rapporte en général de quoi solder son compte. Cela est bon pour la première et quelquefois pour la deuxième fois ; mais, la troisième, il ne rapporte guère que de quoi payer la moitié des avances qu'on lui a données, et dit alors qu'on lui doit mille ou deux mille morceaux de caoutchouc, et qu'il a fait lui-même des avances pour une grande dent d'éléphant. Le commerçant, qui lui a quelquefois remis jusqu'à deux ou trois mille francs, lui fait encore de nouvelles avances, jusqu'au moment où, perdant patience, il finit par l'envoyer au diable, et passe son compte aux profits et pertes. Quant au noir, il se contente d'aller trouver un autre traitant et de recommencer son manége.

J'ai vu, dans l'intérieur, plus d'un de ces nègres, qui font ainsi le commerce de commission, arriver sur le lieu de la traite, là où les négociants de la côte ne peuvent pas le voir. La première chose qu'ils font, en arrivant, est de déballer leurs marchandises et de prendre ce qu'ils trouvent de mieux, pagnes et perles, pour eux et leurs femmes; après quoi, ils passent aux liquides, dont ils s'adjugent et boivent avec leurs amis le plus possible. Alors, le rusé compère donne des avances pour acheter un petit esclave, — pour lui, bien entendu; puis il prélève un ou deux cabris pour faire bombance, puis des cadeaux pour ses amis et pour les gens dont il a peur et qu'il tient à se concilier; et enfin, tout cela réglé, il s'occupe, avec le reste, d'acheter des produits pour son patron. Ce n'est pas l'un d'eux qui fait cela, ce sont bien les neuf dixièmes. Quelques maisons ont essayé d'occuper des Sénégalais, pour la plupart anciens laptots qui ont fini leur engagement. Ceux-là sont intelligents, actifs et honnêtes, et ils font le commerce avec adresse et probité; ils peuvent réaliser ainsi des bénéfices considérables; j'en ai vu qui étaient au service de la maison allemande gérée par M. Wolber, et dont la part de bénéfices s'était élevée en six mois à deux ou trois mille francs. La difficulté est que les Sénégalais, qui se regardent avec raison comme infiniment supérieurs aux nègres de ces parages, mènent ceux-ci un peu à la baïonnette. Tous les Gabonais ont peur d'eux: il est vrai qu'ils sont aussi lâches que ceux-là sont braves. Ces Sénégalais sont généralement musulmans, et ils rapportent aux indigènes quantité d'amulettes qu'ils vantent beaucoup. Ceux-ci ont bien des fétiches, des gris-gris de toute sorte, mais les Sénégalais savent faire valoir les leurs qui contiennent la véritable parole de Dieu, et sur le compte desquels ils s'entendent très-bien à raconter force histoires extraordinaires et terrifiantes. Aussi les Gabonais croient-ils ces négociants invulnérables, et il arrive rarement qu'ils osent leur résister. Cependant quelques maisons hésitent à les employer, car elles craignent que leur manière de traiter les indigènes ne leur attire des palabres.

Le vrai commerce du Gabon est alimenté en première ligne par l'ivoire et le caoutchouc, puis par l'ébène et le bois rouge de teinture. Ce dernier est surtout accepté comme lest de retour; il revient à cinq centimes la bûche, payée en marchandises. La bûche d'ébène se paie (toujours en marchandises) de cinquante centimes à un franc. Quant à l'ivoire, la concurrence des acheteurs l'a fait renchérir beaucoup, et les noirs deviennent de plus en plus exigeants. Le produit qui donne le plus de bénéfice est sans contredit le caoutchouc. Il est à regretter que la récolte n'en puisse être réglée, car le jour n'est peut-être pas bien loin où il deviendra très-rare. Les noirs ont déjà commencé il y a trois ou quatre ans à y mélanger le suc d'autres lianes, et à y mêler des cailloux quand ils le vendent au poids. Les graines oléagineuses, le n'djavi, le noumga, le dica, la noix de palme, etc., ne peuvent vraiment pas être indiqués comme objets de commerce, étant donnée la quantité minime qu'on en exporte.

Le grand commerce est actuellement entre les mains de deux maisons : l'une anglaise, l'autre allemande, qui, grâce à la disparition des autres maisons qui les entouraient, monopoliseront bientôt le mouvement commercial du Gabon. D'autres maisons de commerce existent à Glass et à Prince-Glass. Le commerce français n'est représenté qu'à Libreville, et par de petites maisons faisant le commerce de détail.

L'élevage des bestiaux est extrêmement difficile et demande des soins constants et multipliés ; il n'y a réellement que les animaux nourris par les Missions française et américaine qui méritent de paraître sur une table. Le troupeau du gouvernement, qui donne pourtant bien du tracas à l'administration et qu'on a essayé de recruter de différents points de la côte, ne fait que dépérir de jour en jour, quoiqu'on le renouvelle constamment. Heureusement les chèvres et les moutons manquent rarement. Ces derniers, quoique de beaucoup inférieurs à leurs congénères de France, sont très-mangeables ; on peut cependant remarquer une différence de goût parfois assez prononcée.

Cet état de choses ne provient de la faute de personne : c'est le climat qui est le coupable. Tous les commandants au Gabon ont tenté des améliorations; on a essayé de tous les systèmes d'élevage et de toutes les variétés de nourriture ; on a introduit des bestiaux de races et de provenances diverses ; rien n'a réussi et tous les efforts ont échoué jusqu'à présent. Les poules sont souvent très-rares et se vendent jusqu'à deux et trois francs; quant aux œufs, je me bornerai à dire qu'on ne les achète pas plus cher chez nos fruitiers parisiens qu'à Libreville. On trouve des fruits au Gabon, grâce surtout à l'importation qui en est faite par le gouvernement et par les officiers venant de colonies plus favorisées; ceux du pays sont peu nombreux et peu succulents ; cependant leur culture réussit bien aux Missions, et les bons Pères sont justement fiers des beaux fruits qu'ils offrent à leurs visiteurs.

ALFRED MARCHE,
Membre de la Société.

---

# CULTURE DE LA VIGNE
## en Algérie

—

*(Rapport adressé au* Foreign-Office, *par* M. L. R. PLAYFAIR,
*consul général d'Angleterre à Alger.)*

—

J'ai présenté, l'année dernière, un rapport sur la culture de l'Eucalyptus; je désire aujourd'hui attirer l'attention générale sur un sujet plus important encore : la culture de la vigne en Algérie. Je suis très-désireux aussi d'offrir quelques résultats d'observation à ceux de mes compatriotes, propriétaires dans ce pays, qui ont l'intention de faire des plantations de vignes.

J'ai visité, dans les trois provinces, plusieurs des vignobles les plus considérables; mais j'avoue que les observations que j'ai pu faire seraient sans grande valeur si elles ne s'appuyaient que sur ma seule expérience personnelle. Aussi me suis-je mis en relations avec les viticulteurs les plus expérimentés de la colonie et j'ai profité tout particulièrement du rapport fait dernièrement par M. Dejernon, professeur d'agriculture dans les Basses-

Pyrénées, et qui, à la demande du Gouverneur général, a reçu du Ministre de l'agriculture la mission de venir en Algérie étudier sur les lieux cette question importante.

M. Dejernon résume ainsi ses impressions générales : « A mes yeux, la « vigne est l'arbuste providentiel pour l'Algérie ; il prospère partout, « sur les plus mauvaises terres, sur les sols les plus brûlants. Je n'ai pas « trouvé un lopin qui ne soit propre à sa culture. Partout aussi, sur le lit- « toral principalement, j'ai pu déguster des vins, tous riches en alcool et « qui offriraient des qualités précieuses, s'ils avaient été mieux fabriqués « et produits par d'autres cépages. La vigne sera la fortune de la contrée. « L'Algérie possède, dans ses éléments géologiques, dans les rayons de « son soleil, dans les courants de son air, dans ses accidents topographi- « ques, ces précieuses qualités qui donnent au produit de la vigne la toni- « cité, l'arome, la couleur, la délicatesse et la limpidité ; elle peut faire « des vins variés à l'infini, qui conviennent à toutes les constitutions, en « même temps qu'ils flattent tous les caprices du goût. »

Quoique M. Dejernon pense qu'il n'existe en Algérie aucun endroit absolument impropre à la culture de la vigne, je crois cependant qu'il y aura toujours une grande différence, aussi bien dans la qualité que dans le prix de revient, entre les vins de plaine et les vins de montagne, tels que ceux du Sahel, près d'Alger, par exemple.

Dans la plaine, la plantation peut se faire à la charrue ainsi que l'entre-tien du vignoble; il y a donc économie et rapidité. Dans les montagnes, au contraire, où les terres disponibles sont éparpillées par petits lopins, le défrichement ne peut se faire qu'à la main, procédé qui entraîne perte de temps et frais considérables. D'un autre côté, les vins de la plaine seront probablement de qualité toujours inférieure, quoique d'un produit plus rémunérateur au point de vue commercial. La différence moyenne en faveur des premiers peut être évaluée à 15 ou 20 0/0.

L'art vinicole est encore, en Algérie, dans des ténèbres profondes, et nous savons fort bien que si la colonie est admirablement propre à la culture de la vigne, en revanche, cette culture a fait bien peu de progrès et a été fort peu étudiée jusqu'à présent.

La plaine la plus considérable est celle de la Mitidja que traverse le chemin de fer d'Oran ; elle est géologiquement formée d'alluvions et de terres provenant des premiers contre-forts de l'Atlas et que les coteaux opposés du Sahel ont empêchées d'être entraînées vers la mer par les torrents d'hiver.

Ces alluvions reposent sur un sous-sol argileux qui met obstacle à une infiltration profonde des pluies. Il s'est donc formé une nappe d'eau qui entretient une humidité fécondante dans les terrains supérieurs, jaillit en sources abondantes dans les parties basses et alimente des puits artésiens peu profonds.

La nature du sol y est très-variée, mais elle offre en grande partie un mélange intime d'alluvions et de petits cailloux facilement perméable à l'air et aux pluies, constituant ainsi le sol le plus favorable à la culture de la vigne.

La ferme de M. Laroque, que nous avons visitée, et qui ne se trouve pas dans des conditions exceptionnellement favorables, comprend un vignoble de 45 hectares, qui ne sont pas encore tous en plein rapport. A la saison dernière, M. Laroque a récolté 1,600 bordelaises (doubles hectolitres) qu'il pensait vendre au prix de 55 francs la bordelaise, obtenant ainsi les résultats suivants :

```
1,600 bordelaises à 55 francs..................  88,000 fr.
Frais de culture .............................  15,000  »
                                               ____________
         Produit net................:........  73,000 fr.
```

En d'autres termes, chaque hectare de vigne a donné un revenu de 1,620 francs. Le vin n'était pas, il est vrai, de très-bonne qualité, mais il s'est vendu facilement, et il n'est pas douteux qu'en introduisant plus de science et de soins dans le choix des cépages, le mode de.plantation et la fabrication du vin, sa qualité puisse être largement améliorée.

La grande valeur de la vigne, dans un pays soumis comme l'Algérie à des sécheresses périodiques, tient à ce qu'elle semble réussir tout aussi bien, que l'année soit très-sèche ou très-humide.

Ce fait me frappa tout particulièrement l'année dernière, après une des saisons des plus sèches que j'aie jamais traversées : dans la plaine du Chélif, les récoltes avaient totalement manqué, et dans la Mitidja elles avaient été fort au-dessous de la moyenne. Eh bien, malgré ces circonstances déplorables, malgré ces récoltes calcinées, des masses .verdoyantes de vignes se détachaient autour de chaque village, et les vendanges furent cette année passablement abondantes. Aussi le colon trouvera-t-il dans l'adjonction d'un petit vignoble sa meilleure assurance, sa meilleure garantie contre la sécheresse, et il faudra que l'année soit bien mauvaise pour que les récoltes et les vendanges manquent à la fois.

La principale cause de l'insuccès éprouvé jusqu'à présent me paraît due à ce que le vigneron français cultive et taille sa vigne exactement de la même façon que ses aïeux l'ont fait depuis des siècles dans son village de France.

Il apporte des habitudes, des traditions, et ne comprend pas qu'en changeant de place, tout a changé avec lui, le climat, le sol et toutes les conditions de la viticulture.

En France, par exemple, après la taille de la vigne, les jeunes pousses sont exposées à la gelée. En Algérie, rien de la sorte, mais, en revanche, le planteur soupire impatiemment après les pluies du printemps, qui doivent gonfler ses grappes, et son plus grand ennemi est le vent du sud, le terrible *sirocco*, qui vient dessécher ses raisins et modifier toutes les conditions de la fermentation., toutes les circonstances particulières auxquelles il a été habitué en France. Aussi les viticulteurs qui auront le plus de chances de succès seront précisément ceux qui n'auront acquis ailleurs aucune expérience étrangère, mais qui achèteront à leurs dépens celle qui est propre à l'Algérie.

A l'appui de mon dire, je puis citer les meilleurs crus que j'aie goûtés dans la colonie et qui appartiennent à deux Anglais et à un Français qui a passé la plus grande partie de sa vie en Amérique, où il n'avait jamais vu un vignoble. L'un des premiers, M. Holmes a obtenu la médaille d'or à l'Exposition agricole de 1875. Les deux autres, MM. Ledgard et Grellet, produisent des vins très-connus et très-estimés. Ce dernier vient, d'ailleurs, de voir ses efforts récompensés par une médaille d'or obtenue à l'Exposition universelle de cette année.

Dans son rapport, M. Dejernon ajoute : « La vigne joue un rôle très-« secondaire en Algérie, alors qu'elle devrait y régner en souveraine. En « France, c'est elle qui a fait la fortune de tout département où elle a « pris racine. En Algérie, la colonisation doit surtout arriver par la vigne. « Les villages anciens lui doivent leur extension et leur prospérité ; les « autres, plus jeunes de création, s'empressent de suivre l'exemple fourni

« par leurs aînés, et déjà ils réconnaissent que la vigne donne les pro
« duits les plus rémunérateurs et les plus certains. Toute l'épargne est
« consacrée à sa plantation, c'est-à-dire à l'extension de la colonisation. »

En effet, quelque fertile que le sol puisse être, le colon ne doit jamais espérer s'enrichir par la seule culture des céréales. Dans l'année moyenne, un hectare planté de céréales ne rendra jamais 200 à 300 francs, tandis qu'un hectare de vignes, après sa quatrième année, ne rendra jamais moins et dans les cas les plus ordinaires rapportera toujours plus d'un millier de francs.

En 1877, la superficie totale des vignes en Algérie était de 19,674 hectares ayant produit 222,424 hectolitres de vin. La province d'Oran passait en première ligne avec une production de 93,173 hectolitres, puis venait celle d'Alger, enfin la province de Constantine, dont l'importance augmente chaque jour. Sur la proposition de M. Dejernon, le conseil général de cette dernière province a voté, dans sa session d'octobre 1877, la création, à Bône, d'une ferme modèle pour la culture de la vigne.

En France, la viticulture a reçu un coup mortel, et chaque jour les ravages du phylloxera font restituer à l'agriculture ordinaire d'immenses étendues de terres, autrefois les plus beaux vignobles du monde. Dans les départements des Bouches-du-Rhône, de l'Hérault, de la Drôme, de l'Ardèche et du Gard, les vignobles ont, paraît-il, presque entièrement disparu, et tout fait craindre que le fléau ne s'arrêtera qu'après la destruction complète de toute vigne en France.

Jusqu'à présent l'Algérie a été épargnée, et le gouvernement a pris les mesures les plus sages en prohibant, de la façon la plus absolue, l'importation de toute plante étrangère, de ceps et même de boutures, de telle sorte qu'à l'avenir nous ne devons compter, non-seulement pour la vigne, mais aussi pour les autres plantes, que sur les variétés existant en ce moment dans la colonie ou susceptibles de se reproduire par semence (1).

Ce désastre incalculable, dont la France est victime, est, au contraire, pour l'Algérie, une cause de ressources nouvelles ; non-seulement il lui ouvre un débouché qu'elle n'aurait jamais pu espérer avec la concurrence de la mère patrie, mais encore il met au service de la colonie des viticulteurs habiles en quête d'emplois, et un matériel d'exploitation à des conditions exceptionnellement favorables.

Les frais de plantation en Algérie varieront beaucoup avec les localités : depuis le simple défonçage à la charrue coûtant de 300 à 400 francs l'hectare, jusqu'à celui fait à bras d'homme et coûtant de 1,000 à 1,200 francs.

Dans la plaine de la Mitidja, des terres favorables à la vigne, déjà défrichées et labourables, n'exigeront que des dépenses peu considérables, tandis que, sur les versants du Sahel où le terrain devra être préalablement débroussaillé et la vigne plantée en terrasses, les frais seront beaucoup plus élevés.

Dans des conditions ordinaires, la dépense moyenne de plantation et de culture, pour une période de quatre années, peut être fixée à 1,000 francs par hectare.

A la fin de la troisième année, la vigne aura un léger rapport ; en quatre ans, elle payera les dépenses et sera, dans la cinquième année, en pleine production.

---

(1) Le phylloxera ayant étendu ses ravages à l'Espagne, il a été rendu un décret défendant l'importation d'Espagne de tous fruits et légumes verts ou secs, de quelque nature qu'ils soient.

Les frais de premier établissement d'une ferme de 50 hectares, d'un rapport probable de 60 hectolitres par hectare, peuvent s'évaluer de la façon suivante :

Pour foudres et tonneaux, le prix minimum est de 8 francs par hectolitre. En accordant 10 francs, on les aura de première qualité.

Les frais de construction ne sont pas aussi faciles à estimer, car ils varient avec les localités. Dans le Sahel, les caves devront être en pierre, ou, mieux encore, creusées dans le tuf tendre.

En plaine, le béton sera nécessaire, quelquefois même la brique pourra être employée avec avantage. Du reste, quelle que soit la nature des matériaux, il sera absolument indispensable que les caves soient en partie, sinon entièrement, souterraines, afin d'assurer autant que possible une température uniforme.

Dans les circonstances les plus habituelles, les frais de construction pourront être évalués à 60,000 francs.

Nous supposerons donc que nous avons à créer dans la plaine un vignoble de 50 hectares, sur un terrain suffisamment défriché et d'une valeur de 700 francs à 1,000 francs l'hectare.

En prenant pour les dépenses les chiffres maxima et pour les produits. les chiffres minima, nous arrivons aux résultats suivants :

### DÉPENSES

| | |
|---|---|
| 50 hectares, à 800 francs.................... | 40,000 fr. |
| Plantation et culture pendant les quatre premières années,......................... | 50,000 |
| Intérêt du capital ......................... | 5,000 |
| Foudres, tonneaux pour 3,500 hectolitres de vin | 35,000 |
| Pressoirs ................................. | 1,000 |
| Cuves, etc............................... | 4,000 |
| Pompes, robinets, etc..................... | 1,000 |
| Caves et dépendances..................... | 60,000 |
| Imprévu................................. | 4,000 |
| Dépense totale............... | 200,000 fr. |

### RECETTES

| | |
|---|---|
| 3,000 hectolitres, à 25 francs.............. | 75,000 fr. |
| A déduire pour culture et fabrication ...... | 20,000 |
| Revenu net.................... | 55,000 fr. |

En d'autres termes, un intérêt net de 27 1/2 0/0.

Ceci n'est pas un calcul de simples probabilités.

Je n'ai avancé aucun fait, aucun chiffre que je n'aie vu non-seulement se vérifier, mais encore être dépassé dans plusieurs exploitations que j'ai étudiées personnellement.

Il existe, pour la plantation de la vigne, plusieurs méthodes différentes. Celle adoptée par M. Grellet, à Kouba, me paraît être la plus simple et la plus économique dans des terrains suffisamment meubles et perméables. On divise tout d'abord le terrain en carrés, offrant chacun une superficie d'un hectare. Entre chaque lot de deux carrés, c'est-à-dire de 2 hectares, circule une route large de 5 mètres. Quand ces lots ont été labourés ou défoncés à la main à une profondeur de 50 centimètres, puis hersés, on dispose sur chacun des deux longs côtés une ligne de piquets espacés de 2<sup>m</sup>,75, puis, avec une chaîne de 100 mètres de longueur, munie de marques tous les 2<sup>m</sup>,75, on réunit les piquets qui se font face, de façon à indiquer avec précision et rapidité le point où chaque pied de vigne doit être planté ; enfin, au moyen d'une pince à extrémité fourchue, on presse le cep dans la terre aussi profondément que possible, on retire la pince, en ayant soin de maintenir le cep de l'autre main, et l'opération est terminée.

Une autre méthode consiste à pratiquer parallèlement des sillons de 60 à 70 centimètres de profondeur, au moyen d'une charrue défonceuse, et à y planter des ceps à distances égales. Les intervalles peuvent être remplis de raquettes de cactus, qui ont l'avantage de maintenir une humidité considérable autour des pieds pendant le premier été et d'engraisser ensuite le terrain par leur décomposition.

Dans la plaine de Bône, à la ferme de M. Nicolas, l'une des plus grandes de la colonie, il a été nécessaire d'adopter un système plus coûteux en raison de l'extrême ténacité du sol. On creuse des tranchées ou fossés larges de 30 centimètres et espacés de 2 mètres. On y plante un roseau tous les 2 mètres, le cep est appliqué et lié au roseau qui lui sert de tuteur, le fossé reçoit une couche de terre de 10 centimètres, on ajoute 10 centimètres de fumier, enfin on recouvre de 30 centimètres de terre. Ce procédé est dispendieux, mais fournit, à ce qu'il paraît, des résultats excellents qui compensent largement les frais.

La méthode la plus usuelle est de planter les ceps, à un mètre les uns des autres, dans des sillons espacés de 2 mètres.

La profondeur des fossés ou sillons doit varier avec la nature du sol. Dans un terrain très-argileux ou granitique, le fossé doit être profond. Il peut l'être moins dans des terres moins argileuses, mais plus compactes et plus fraîches qui retiennent l'humidité de l'hiver et se fissurent sous le soleil d'été, ou encore dans des terrains peu pierreux qui reposent sur des couches glaiseuses imperméables.

Une grande profondeur n'est pas nécessaire dans des terres marneuses ou siliceuses, de 35 à 40 centimètres d'épaisseur, mêlées à de petites proportions d'argile et de cailloux, et elle serait très-nuisible quand la couche végétale est mince, pierreuse, perméable à l'air et à la pluie et s'appuyant sur des roches calcaires.

Le plus grand soin doit aussi être apporté au choix des cépages. C'est une erreur de croire qu'en Algérie les vignes du Bordelais et de la Bourgogne donneront les mêmes crus renommés. Ici, le cultivateur doit s'attendre à produire un vin tout particulier au pays, un vin qui aura à se faire sa propre réputation et à conquérir sa place sur les marchés d'Europe.

Les variétés qui paraissent donner les meilleurs résultats sont :

1° Le balzac ou mournerdre, 2° le morastel, 3° l'alicante, 4° l'œillade.

Ces variétés devront être cultivées séparément par hectare et mélangées aux vendanges en proportions à peu près égales ; elles produiront de cette façon, par hectare, une moyenne de 35 bordelaises d'un vin excellent.

(Traduction de M. J.-E. DE LA CROIX,<br>
membre correspondant de la Société.)

# CORRESPONDANCE

## Les possessions françaises sur la Côte d'Ivoire

A la séance générale du 28 décembre, M. Jules Gros a communiqué une lettre qu'il a reçue d'un des membres de la Société, M. A. Brun, pour le moment sur la côte occidentale d'Afrique. Nous reproduisons les passages les plus intéressants de cette lettre, datée du Cape Coast Castle, le 25 novembre 1878 :

Je crois vous avoir dit que Grand Bassam est situé entre la mer et la rivière, sur une langue de terre où la marche est très-difficile à raison du sable qui la couvre et dans lequel on enfonce jusqu'à la cheville. Ceci rend le travail des factoreries très-dispendieux; il faut employer, pour rouler les tonneaux, deux hommes, quand un seul serait nécessaire sur la terre ferme. La mer est aussi fort mauvaise, et l'on reste souvent plusieurs jours sans pouvoir débarquer ou embarquer, opération toujours dangereuse.

Assinie est à peu près dans la même situation que Grand Bassam, dont elle est éloignée d'à peu près 40 kilomètres. La première de ces localités se trouve en effet aussi entre la mer et la rivière: mais la langue de terre qui la porte est plus étroite, plus allongée que celle de Grand Bassam: sa largeur en quelques endroits ne dépasse pas 10 mètres. Le terrain est sablonneux aussi; mais la couche de sable est moins épaisse et l'on marche avec facilité. Les rivières du Grand Bassam ou Comoé et d'Assinie ou Tendo sont deux cours d'eau magnifiques, le Tendo surtout qui est fort large et a de 12 à 20 mètres de profondeur. Autant je déteste cependant Grand Bassam, autant j'aime Assinie. Sur la rive droite de la rivière, on aperçoit les ruines de l'ancien fort français, avec plusieurs canons. Autour de ce fort existait un parc immense dont les allées ombreuses sont encore belles: les oiseaux des plus belles espèces tropicales y fourmillent. J'y ai fait une bonne chasse sans port d'armes.

On peut remonter la rivière jusqu'à près de 100 kilomètres: les rapides et les cataractes barrent alors le passage. A une journée d'Assinie, on arrive par la rivière qui débouche au fond de la lagune d'Aby, à Krinjabo, la capitale du roi Amatifou, pensionné par la France, et dont les possessions s'étendent jusqu'à la rive gauche de la rivière de Grand Bassam. On ne peut faire à ce chef intelligent qu'un reproche sérieux: c'est de monopoliser les articles de commerce et d'empêcher ainsi les peuplades de l'intérieur de descendre jusqu'à la côte pour les vendre. Ceci serait d'autant plus grave que, d'après ce qui m'est dit, la route suivie par les caravanes allant du Niger à Timbouctou passe à quelques journées de marche d'Assinie. Avec un peu d'énergie, nous pourrons donc obtenir un magnifique débouché pour nos produits et de l'occupation pour notre marine marchande. Nous occupons là deux points fort importants où nous pourrions lutter contre la concurrence anglaise et qu'il ne nous est pas permis d'abandonner. Déjà la plus grande partie du commerce est entre les mains des Anglais, et il n'est que temps pour la France d'affir-mer sa souveraineté pour que le commerce de l'intérieur de l'Afrique, qui est immense, ne lui échappe pas. Une chose dont je me suis assuré, c'est que les indigènes appellent de tous leurs vœux le jour où ils reverront l'uniforme français..... L'or apporté à Assinie et au Grand Bassam n'est pas en poudre, mais bien en pépites quelquefois fort grosses : évidem-ment il provient des monts de Kong, du pays d'Amatifou ou du terri-toire des Achantis qui est voisin. S'il était possible d'établir une commu-nication avec le Soudan par le Comoé et le Tengo, quel magnifique et immense débouché pour notre commerce ! Il n'est que temps de travail-ler pour cela, et pour ma part, je serais disposé à entreprendre ce voyage avec l'aide du gouvernement, de quelques négociants et des chambres de commerce de Marseille, de Bordeaux ou du Havre..... Une maison d'ici possède deux vapeurs qui font le service sur les lagunes et le Comoé, mais ne remontent pas la rivière à plus de 100 kilomètres ou au-delà d'Assépé où se trouvent les premiers rapides. Avec les fonds nécessaires et le concours d'un homme de science, je voudrais aller plus loin.....

# EXTRAIT DES PROCÈS-VERBAUX
## Des séances générales (1)

*Séance générale du 28 décembre 1878* (2).

### Présidence de M. Eug. Cortambert.

La séance est ouverte à huit heures et demie.

Le procès-verbal de la dernière séance est lu et adopté.

Le Secrétaire Général lit la liste des membres présentés à la dernière séance. Ces membres sont admis. Il fait ensuite connaître les noms des personnes présentées pour faire partie de la Société. Ces personnes sont : M. le marquis de Laizer, présenté par MM. Péghoux et Bionne ; — M. Evariste Pimpeterre, présenté par M. le marquis de Croizier et M. Eu-gène Cortambert ; — M. Leprat, présenté par les mêmes ; — M. Fau-queux, présenté par MM. Peghoux et Bionne ; — M. Bonnadier, avocat, présenté par les mêmes ; —M. Alfred de Léonard de Juvigny et M. Paul de Léonard de Juvigny, présentés par MM. Brau de Saint-Pol Lias et Du-puis ; — M. B. des Essarts, présenté par MM. Gros et Robin ; — S. E. Muncho, ministre de Birmanie, à Paris, présenté par MM. Capitaine et Gauthiot ; — M. Rolland, présenté par MM. Robin et Lucy ; — M.L.X. B. Wyse, présenté par MM. Gauthiot et Bionne ; — M^{me} Caroline Klein-hans, présentée par MM. Gauthiot et Levasseur ; — M. Santerre, pré-

---

(1) Procès-verbaux rédigés par M. Gros.

senté par MM. Péghoux et Bionne ; — M. Ch. de Ujfalvy de Mezo-Kövesd, présenté par MM. Gauthiot et de Quatrefages de Bréau ; — M. Armand Reclus, présenté par MM. Gauthiot et Bionne ; — M. J. Jouslain, présenté par MM. Meurand et Gauthiot ; — M. Périgot, présenté par MM. Gauthiot et Gauguet ; — M. J. Karpelès, présenté par MM. Gaboriau et Gauthiot ; — M. Chanoine, présenté par MM. Bionne et Gauthiot ; — M. C. H. Glaenzer, présenté par MM. Brau de Pol Lias et Gauthiot.

Sont ensuite nommés membres correspondants ; M. Hugo Sassen, consul de Venezuela à Amsterdam ; — M. Henri Dorat, agriculteur, à Los Teques, près Caracas (Venezuela) ; — M. de los Santos, commissaire du gouvernement espagnol à l'Exposition Universelle de 1878.

Lecture est donnée de la correspondance. Le secrétaire général soumet à l'Assemblée, qui les approuve, les modifications de détail que le Conseil propose d'introduire dans le règlement. La fondation à Berlin, par M. le D$^r$ Kersten, d'une Société de géographie commerciale qui aura pour titre : *Central Verein für Handelsgéographie* est annoncée. L'Assemblée applaudit à cette nouvelle, après que M. le Secrétaire-Général a rappelé que le promoteur de la nouvelle Société a pris une part active au Congrès de Géographie commerciale de 1878.

Il est procédé au vote pour la nomination des membres du Conseil, tant ordinaires qu'honoraires. Des scrutateurs sont désignés pour dépouiller le scrutin.

M. Gros demande qu'il ne soit pas créé de catégorie spéciale de membres honoraires du Conseil. L'Assemblée, consultée, décide que cette catégorie de membres continuera d'exister.

Le Secrétaire Général donne connaissance d'une lettre adresssée au Président de la Société et qui a trait à l'œuvre de la colonisation de l'Algérie par les enfants assistés de la métropole. Cette lettre, signée de M. Boutard, demande l'intervention de la Société auprès du Président de l'œuvre en question. Sur la proposition de M. E. Cortambert, elle est renvoyée au Conseil de la Société.

M. Bionne annonce, aux applaudissements unanimes de l'Assemblée, que M. de Lesseps, de l'Institut, a accepté le titre de membre fondateur de la Société de géographie commerciale de Paris.

M. Marche, l'ancien compagnon d'exploration de M. le marquis de Compiègne et de M. Savorgnan de Brazza, communique à l'Assemblée un intéressant chapitre du livre qu'il va publier à la librairie Hachette. Sa communication, qui a trait au Gabon et à ses ressources commerciales, lui attire les applaudissements de l'Assemblée et les remercîments du Président. Elle figurera au *Bulletin*.

La parole est alors donnée à M. J. Gros, qui donne lecture de partie d'une lettre qu'il a reçue d'un des membres de la Société. Cette lettre, datée de Cape Coast Castle, a trait à l'importance qu'il y aurait pour le commerce français à s'établir solidement sur les rivières d'Assinie et du Grand Bassam ; elle est renvoyée au *Bulletin*.

Le Secrétaire Général fait ensuite diverses communications relativement à des faits géographiques récents et entretient notamment la Société des premiers résultats favorables obtenus par l'expédition de M. Nordenskiöld qu'on désire voir atteindre bientôt le détroit de Cehring.

L'un des scrutateurs nommés pour dépouiller les votes donne connaissance du résultat du scrutin. Sont nommés membres du Conseil pour 1878-1879, MM. Bivort, Boutard, Brau de Saint-Pol Lias, Capitaine, R. Cortambert, marquis de Croizier, Decaux, Delaire, Dupuis, Fayard de la Brugère, Gauguet, Gazeau de Vautibault, Hausermann, Hertz, Marche, Moulle, Peghoux, Raffray, Quinet, Reclus, Robin, Taylor et Toselli. M. Gros rappelle que les membres du Bureau de la Société, et les membres des Bureaux des Sections qui ne sont pas compris dans cette liste, font de droit partie du Conseil. — Sont ensuite nommés membres honoraires du Conseil, MM. Beauvisage, Boudouresque et Salomon.

Lecture est donnée de la liste des ouvrages offerts à la Société, parmi lesquels on remarque : la 1re livraison, de la *Géographie contemporaine*, par M. Hertz (auteur); l'*Almanach des Voyages* édité par M. Decaux (M. Gros); le 4e volume de l'*Exploration* pour 1878 (M. Capitaine).

. La séance est levée.

*Séance générale du* **28 *janvier* 1879.**
PRÉSIDENCE DE M. LE SÉNATEUR POMEL.

Le procès-verbal de la précédente séance est lu et adopté.

Le Secrétaire Général donne lecture de la liste des membres présentés le 28 décembre. Ces membres sont admis. Il fait connaître ensuite les noms des personnes présentées pour faire partie de la Société, savoir :

M. Spément, présenté par MM. Bionne et Péghoux; — M. L. Bourget, présenté par MM. Robin et Lucy; — M. Th. Preston, — M. L. Jeannin, — M. Pagès de Noyez, — M. F. Gilles, — M. A. Moreau, présentés par MM. Boutard et Gros; — M. Miot, présenté par MM. Deloncle et Robin; — M. Lottin, présenté par MM. Fr. Bazin et Gauthiot; — M. L. Hellion, présenté par MM. Fr. Bazin et Gros; — M. Viot, présenté par MM. Reclus et Gauthiot; — Mme Paulin Talabot, présentée par M. le comte de Latour et M. Bionne.

Lecture est faite de la correspondance.

Une lettre de la Société de géographie de France, après avoir constaté que l'attention du monde entier est portée sur le continent africain, et que chaque nation en particulier fait des efforts pour étendre le cercle de ses connaissances et de ses relations commerciales autour des établissements qu'elle possède en Afrique, dit que la France est spécialement tenue de ne pas rester inactive dans ce grand mouvement. Ses colonies du Sénégal et de l'Algérie lui font un devoir d'organiser des explorations dans la région du haut Niger et dans le Soudan. A cet effet, la Société de géographie de France propose qu'un comité soit organisé dans le but d'étendre et de préparer une ou plusieurs explorations de cette nature. Ce comité comprendrait quatre membres de la Société de géographie de France, quatre membres de la Société internationale africaine, quatre membres de la Société de géographie commerciale de Paris, et quatre membres de la Commission des voyages et missions. La Société, consultée pour savoir s'il y a lieu de renvoyer au Conseil la désignation des quatre membres dont il est question, décide qu'il y a lieu d'y procéder immédiatement. M. Meurand, président, MM. Pomel et Bionne, vice-présidents, et M. Gauthiot, secrétaire général de la Société, sont nommés membres du futur comité d'études. M. le Président remercie M. Bionne, à l'initiative de qui est due la proposition de la Société de géographie de France.

Une lettre adressée au Secrétaire général par le très-révérend lord évêque de Salford annonce qu'il est projeté de créer à Manchester une Société de géographie commerciale et demande des renseignements sur l'organisation de la Société de géographie commerciale de Paris. Les renseignements demandés ont été immédiatement fournis.

L'*Associaçao dos guarda libros* de Rio de Janeiro (Brésil) demande l'envoi des publications de la Société. (*Renvoyé à la Commission de comptabilité.*)

M. le commissaire général du Congrès fait savoir que la carte en relief du département de la Seine offerte au Congrès par M. Jules Chardon, membre de la Société, est restée aux Tuileries. Le secrétaire-général est chargé de la faire retirer.

Par suite à la correspondance, M. le Secrétaire général annonce à la Société que les quatre sections ont constitué leurs Bureaux, dont il fait connaître la composition.

Il fait savoir, en outre, que, conformément à une décision prise par le Conseil dans sa dernière séance, une lettre a été adressée par le Bureau et au nom de la Société à M. le Président de l'Œuvre de l'Adoption Algérienne, pour lui faire savoir que la Société, sur la demande de l'un de ses membres, M. Boutard, a émis le vœu de voir entrer dans une période active cette Œuvre qu'elle a été la première à protéger.

M. Hertz annonce qu'une nouvelle Société de géographie se forme à Lille, sous le nom de Société de géographie du Nord.

A propos de la communication faite par M. Savorgnan de Brazza dans la séance où ce courageux voyageur a été reçu par la Société de géographie de France, M. Hertz fait remarquer qu'un fait important doit être signalé. Entre le point supérieur de l'Ogooué atteint par l'expédition et cette grande rivière, l'Alima, qu'elle a descendue ensuite et qui se jette sans doute dans le Congo, se trouve un vaste territoire à peu près plat, sur lequel des chariots pourraient circuler. Une chaloupe canonnière et des chariots démontés étant transportés sur des pirogues de la mer au Haut Ogooué et reconstitués là, pourraient recevoir les pièces de la canonnière et être traînés jusqu'à l'Alima. La canonnière, remontée, permettrait alors de descendre la rivière jusqu'à son confluent, sans avoir à redouter les attaques des tribus riveraines, puis, s'engageant sur le Congo, elle inaugurerait en quelque sorte la navigation dans l'Afrique centrale.

M. Armand Reclus, lieutenant de vaisseau, membre de la Société, a la parole pour une communication sur le *Canal interocéanique et les explorations dans l'isthme américain.* Cette communication, qui est accueillie par des applaudissements répétés, figurera au *Bulletin*. M. Eugène Cortambert, qui a remplacé M. Pomel au fauteuil de la présidence, remercie M. Reclus au nom de la Société. Le Secrétaire général annonce, au sujet du percement de l'isthme américain, qu'il a reçu de M. Nathan Appleton, délégué au Congrès international de géographie commerciale et membre correspondant de la Société, une lettre qui contient quelques détails intéressants. M. Appleton, pour se conformer à un vœu émis par le Congrès, s'est occupé activement à propager l'idée du percement du canal. Il en a entretenu, dès le mois de novembre, le *Board of trade* de New-York, qui a décidé de se faire représenter dans la Commission internationale qui doit se réunir bientôt à Paris. Il a également fait part à la Société de géographie de New-York de ce qui s'est fait au Congrès à ce sujet et, dans une entrevue qu'il a eue avec le Président des Etats-Unis, M. Hayes lui a témoigné son grand intérêt pour le projet. Le Secrétaire général ajoute qu'il est à désirer que M. Appleton soit désigné pour représenter les Etats-Unis dans le Comité présidé par l'illustre membre de la Société,

M. de Lesseps. La réunion de ce Comité, M. Bionne l'annonce à ce moment, aura le lieu le 15 mai prochain.

Lecture est donnée de la liste des ouvrages offerts, parmi lesquels on remarque : une belle carte originale du Japon (don de M. Jouslain) ; — une livraison de la *Revue de géographie*, contenant un article sur l'Afghanistan, par M. Deloncle, et une carte de ce pays (don de l'auteur); — une brochure de M. Broca sur les invasions des sauterelles en Algérie (don du marquis de Croizier).

La séance est levée à onze heures.

# BIBLIOGRAPHIE

LA GÉOGRAPHIE *appliquée à la marine, au commerce, à l'agriculture, à l'industrie et à la statistique, par* M. BAINIER, *licencié-ès-sciences, sous-directeur de l'Ecole supérieure de commerce de Marseille, etc., etc. (Grand in-8 avec figures, cartes et plans. Paris, Belin, 1877-1878. — Vol. 1 : Géographie générale et France; vol. 2 : Afrique.*

S'il est vrai qu'il ne soit jamais trop tard pour bien faire, nous arrivons encore à temps pour signaler au public l'ouvrage dont le titre précède, même après les nombreuses distinctions dont il a été honoré.

C'est une véritable encyclopédie géographique que ce livre, dont le *Journal of applied science* a dit qu'il ne saurait être trop répandu partout où l'on parle la langue française et qu'il devrait se trouver dans chaque bibliothèque publique et dans tous les établissements d'éducation, car il contient sur la statistique et le commerce une masse de renseignements bien classés et tout récents qu'on ne saurait trouver ailleurs.

La feuille anglaise a tout particulièrement raison à deux points de vue. Oui, l'ouvrage de M. Bainier devrait être répandu partout où l'on parle la langue française, car il est écrit en vrai français, c'est-à-dire avec la simplicité et la clarté qui sont les qualités essentielles de notre langue et qui, dans le sujet traité, trahissent le professeur expérimenté qui sait à fond ce qu'il veut dire et qui l'expose de manière à le graver dans les intelligences les plus rebelles. Oui, il contient des renseignements très-difficiles à réunir et bien classés. Cela n'était-il pas d'une nécessité absolue pour les recherches, la condition *sine quâ non* d'un ouvrage de ce genre ? Comment, en effet, sans un classement logique et clair, se retrouver dans ces volumes où l'auteur a amassé le fruit d'un travail énorme, sans tomber dans l'excès, c'est-à-dire dans la sèche et aride énumération des faits et des chiffres ? Comment, sans ce même classement, étudier avec fruit et lire avec intérêt un livre scientifique ?

La méthode suivie par M. Bainier peut être indiquée en quelques mots. Diviser chaque continent en un certain nombre de régions et chaque région en autant de chapitres qu'elle contient de pays ; subdiviser invariablement chaque pays en six paragraphes comprenant un aperçu général de la contrée, la description de ses productions minérales, végétales et animales, son commerce intérieur, son commerce extérieur et son administration : voilà le système adopté pour tout l'ouvrage et complété, pour chaque volume, par une table des matières et un index alphabétique bien faits.

Nous avons voulu vérifier la valeur de ce système au point de vue des recherches, après avoir fait d'une section complète de l'ouvrage, une lecture qui nous avait démontré sa valeur didactique. Originaire de la Côte-d'Or, nous avons d'abord dirigé notre attention sur les renseignements donnés sur ce département dans le volume consacré à la géographie générale et à la France. Grâce à la table des matières, nous avons bientôt trouvé et reconnu exact ce qui touchait à la production minérale (minerais de fer et de pierre) végétale (orge, avoine, maïs, colza, chanvre, houblon, cassis, pêches, vin, eau-de-vie, bois) et animale (bœufs, moutons) de la région qui nous intéressait. Le chapitre « Industrie » nous a donné l'indication des forges existant dans le département ainsi que les renseignements nécessaires sur la fabrication du fer et de la tôle, des machines agricoles, de la poudre, de la moutarde. Un tableau récapitulatif de l'industrie par départements résumait ces notions en les complétant et d'autres chapitres fournissaient sur les chemins de fer, les voies navigables, les marchés de Dijon (grains, tissus, vins, laines, bétail, épicerie, bois de construction, fonte, sucres, cuir, moutarde, vinaigre et pain d'épice) et de Saint-Jean de Losne (bois, fers, grains, foin, charbons, pierres et draps), les indications utiles aux commerçants. Il ne nous restait plus qu'à recourir à la table alphabétique pour trouver réunies, sous le nom du département, toutes les notions topographiques qui pouvaient encore nous manquer. C'est ce que nous avons fait et cette rapide lecture, nous pouvons le dire nettement, ne nous a rien laissé à désirer.

Mais nous avions consulté là le livre de M. Bainier au sujet d'un pays bien étudié, bien connu ; le trouverions-nous aussi complet, aussi exact, aussi « au courant », qu'on nous permette le mot, si nous lui demandions de nous familiariser avec l'état d'un pays éloigné, où la civilisation en est à ses premiers pas, que les explorateurs n'ont pas encore parcouru qu'incomplétement, ou il n'existe qu'une administration rudimentaire, et sur lequel les renseignements statistiques sont des plus rares?

Nous avons voulu en faire l'épreuve. Préoccupés que nous

étions de la guerre commencée par les Anglais sur la frontière de leur colonie du Cap et qui menace Natal et le Transwaal, nous avons ouvert le beau volume dans lequel M. Bainier a rassemblé tout ce que l'on sait à ce jour sur l'Afrique. Plus de cinquante pages sont consacrées à ces colonies, qui, quelque jour sans doute, formeront une *Dominion* comme celle du Canada, ayant à sa tête un grand personnage anglais comme vice-roi. Une belle et bonne carte met sous les yeux la contrée décrite. Le texte nous raconte l'histoire de ces contrées jusqu'à nos jours ; l'annexion du Transwaal à la colonie du Cap le 12 avril 1877, la formation de Natal comme colonie indépendante en 1856, la création des Etats de Transwaal et d'Orange par les Boers hollandais, rien de cela n'est oublié. Configuration physique et climat de ces contrées, superficie, population, races, langue, religion, cours d'eau, productions, tout est examiné. Si vous ne savez pas ce qu'il a été recueilli de diamants en dix ans, ce que valent les blés et les vins du Cap, quel capital considérable représente le bétail, combien il y a de kilomètres de chemins de fer construits, quels sont les moyens de communication avec l'Europe et l'Angleterre, M. Bainier vous le dira, sur la foi des plus récentes et des meilleures autorités. Il vous prend par la main, tantôt vous conduisant dans les anciennes villes, tantôt vous faisant, pour ainsi dire, assister à la création des nouvelles, ayant soin toujours de vous renseigner sur la situation géographique des localités, leur altitude, leurs conditions atmosphériques et sanitaires, la profondeur des ports et des rivières, et l'aspect du pays. Ecoutez-le, par exemple, parler de Natal ; et demandez-vous si la description ne vous laisse pas une idée exacte de la configuration du pays :

« La colonie de Natal se compose de trois terrasses : la pre-
« mière, celle du littoral, qui est la plus basse et la plus chaude,
« est propre aux cultures tropicales : le climat, tempéré par les
« vents alizés, n'engendre pas les fièvres. La seconde terrasse,
« élevée de 300 à 500 mètres et d'une salubrité parfaite est une
« zone de forêts ou de pâturages qui convient à l'élève du bétail.
« La terrasse supérieure, haute de 800 à 900 mètres, est favo-
« rable à la culture des céréales et de la vigne. En arrière de
« celle-ci s'élève la chaîne du Drakenbrg au Kathlambo, haute
« de 1,500 mètres avec des sommets de 2,000 à 2,700 mètres. Le
« pays, auquel le ciel donne des pluies inconnues sur le versant
« opposé des montagnes de la chaîne de ... l'ouest et qui sont assez
« bien réparties sur les saisons, est bien arrosé par de nombreux
« cours d'eau dont le plus grand est, au nord, le Tugela, qui coule
« dans une vallée sauvage, encaissée entre des rochers boisés. A
« peu de distance de la mer, on se trouve déjà au milieu des grès
« et des basaltes, d'où tombent des torrents qui ne tarissent jamais
« Le terrain, s'élevant rapidement, ne laisse à la zone torride que

« le bord du rivage et les vallées profondes. C'est l'une des pos-
« sessions importantes de l'Angleterre. »

On comprend, après avoir lu ces lignes, que le gouvernement
anglais soit décidé, pour conserver cette belle colonie, a soumettre
les Zoulous indépendants à son autorité.

Mais laissons ce sujet. Aussi bien en avons-nous assez dit, ce
nous semble, pour faire apprécier la valeur du beau livre de
M. Bainier. Au moment où l'exemple donné par la Société de
géographie commerciale de Paris est suivi sur tant de points de la
France et de l'étranger, où Berlin et Manchester, l'Allemagne et
l'Angleterre entrent dans le mouvement parti de Paris et favorisé
par le succès du premier Congrès international de géographie
commerciale, ce livre est venu fournir à toutes les Sociétés qui
s'occupent de cette géographie le *compendium* des connaissances
qu'elles veulent développer, répandre et appliquer. Il a sa place
marquée sur la table des jeunes gens qui veulent entrer dans le
commerce ou dans l'industrie sur le comptoir du négociant, et
le bureau de l'homme du monde, dans la cabine du marin et la
bibliothèque du savant. Que son auteur veuille bien accepter les
remerciements et les félicitations que nous lui adressons pour
son beau travail, et qu'il ne nous en fasse pas trop attendre la
suite.

Ch. Gauthiot.

# FAITS GÉOGRAPHIQUES

M. Eugène Cortambert, le savant si aimé que la Société de
Géographie commerciale a l'honneur d'avoir à sa tête comme
vice-président, vient de ramener l'attention, par un article publié
dans un recueil scientifique sur le projet d'adoption d'un méridien unique, commun à toutes les nations. On sait que beaucoup
des géographes actuels sont favorables à ce projet, dont la réalisation est peut-être réservée à l'un des prochains congrès de
géographie. Voici quelques détails à ce propos :

Le plus grand nombre des calculs de longitude ont été établis
en partant du méridien de l'île de Fer, que les travaux des géographes français Delisle et d'Anville et les cartes de Cassini avaient
parfaitement déterminé. L'Angleterre refusa d'adopter le méridien
de l'île de Fer et adopta pour le sien celui de Saint-Paul, de Londres, puis de Greenwich. La conséquence de cette mesure regrettable fut que les géographes français Capitaine et Debelleyme con-
struisirent leurs nouvelles cartes en les rapportant au méridien de
Paris.

Chaque nation suivit l'exemple que lui donnaient les deux

grandes puissances maritimes, et chaque capitale détermina un méridien initial, qui fut adopté par les géographes et les marins intéressés à ce choix par leur seul point d'honneur national.

Depuis quelques années, plusieurs savants, désireux de sortir de cette extrême confusion, ont proposé de revenir à un seul méridien initial. En 1874, M. de Chancourtois, professeur à l'Ecole des mines de Paris, proposait l'adoption du méridien de Saint-Michel des Açores, qui a l'avantage de séparer assez exactement l'ancien et le nouveau continent.

M. Henri de Longpérier avait proposé de déterminer un méridien coupant la Dalmatie et l'Adriatique, et séparant assez convenablement le monde oriental et le monde occidental.

Le projet le plus récent, celui auquel M. E. Cortambert se rallie complétement, est dû à M. Bouthillier de Beaumont, président de la Société de Géographie de Genève. Il a fait l'objet d'une intéressante communication au Congrès international de géographie de Paris, en 1878. M. de Beaumont donne le nom de *médiateur* à ce nouveau méridien, qui serait établi exactement à 10° à l'est de Paris, passant par le détroit de Behring, et séparant en deux parties le monde occidental et le monde oriental. C'est une excellente idée que de placer le méridien initial précisément à 10° de Paris, puisque toutes les conversions des mesures établies avec les méridiens de Paris et de l'Ile de Fer seraient ainsi très-facilitées.

M. E. Cortambert fait remarquer que le *médiateur* passerait par l'île de Levanzo, à l'ouest de la Sicile, et propose que les différentes nations s'entendent avec l'Italie pour neutraliser cette petite terre et y établir, à frais communs, un observatoire international. On ne peut que souhaiter bonne chance à ce projet.

---

La Société géographique commerciale de la Suisse orientale, présidée par M. Scherrer Engler et ayant son siége à Saint-Gall, vient de publier son premier compte rendu annuel. Fondée le 18 janvier 1878, par vingt-huit personnes, cette Société comptait le 2 février suivant cent cinq membres. Elle a organisé des conférences qui ont eugrand succès, et va essayer de faire passer dans la pratique les idées qui tendent à créer de nouveaux débouchés à l'industrie suisse.

Voici l'un des moyens qu'elle a trouvés : Deux commerçants établis dans la colonie anglaise du Cap lui ayant offert de venir en Europe traiter de la création, dans leur pays, d'une entreprise commerciale de placement des produits suisses, elle a accepté, et les négociations avec ces personnes ont abouti. Aux termes du contrat préparé entre la Société de Saint-Gall d'une part, et MM. Hofmann et Walser, de l'autre, il doit être créé une Société d'industriels suisses ayant pour but spécial l'exportation et la vente des produits de l'industrie suisse. Les membres de la Société auront la priorité pour la souscription du capital fixé à 100,000 francs et qu'une commission spéciale est chargée de réunir.

Nous tiendrons nos lecteurs au courant de cette entreprise.

---

Il s'est fondé le 20 novembre 1878, à Berlin, sous le nom de *Société centrale de géographie commerciale et de développement des intérêts allemands à l'Etranger* (Centralverein für Handelsgeographie und Forderung deutscher Interessen im Auslande) une nouvelle Société à laquelle, dans l'intérêt du but qu'elle poursuit et qui est le même que le nôtre, nous devons souhaiter le succès. Le président de cette Société est M. Jannasch, membre du bureau statistique de Berlin, et son secrétaire général, M. Kerstern un travailleur zélé, qui a déjà fait beaucoup pour la géographie et qui a pris part au Congrès international de géographie commerciale de 1878, à Paris.

Ouvrir de nouveaux débouchés à l'industrie et au commerce allemands; travailler à répandre la géographie commerciale, notamment en créant pour elle un musée spécial ; conseiller les émigrants et rester en rapports avec eux, afin qu'ils ne se détachent pas de la mère patrie : voilà une partie de la tâche que la nouvelle Société s'est donnée. Elle l'accomplira sans doute, grâce à son président et à son secrétaire-général, grâce aussi à l'appui d'hommes tels que M. Henry Lange, M. Glaser, M. Schœnlank, M. Liebenow, M. Marcker dont le nom est connu en Allemagne, est celui d'amis de la géographie, de la statistique, de l'histoire naturelle et de la cartographie.

---

# AVIS DIVERS

Un jeune homme, présentant les meilleures garanties comme travail et honorabilité, désirerait entrer en relations avec des personnes qui, ayant séjourné aux Etats-Unis de Colombie, le mettraient en mesure d'aller s'y établir.

— Un commis négociant, dans les affaires depuis onze ans, âgé de 28 ans, ayant habité l'Angleterre et l'Allemagne et voyagé dans tout le Nord de l'Europe, voudrait partir pour l'Afrique, soit à la suite d'une Expédition, soit pour le compte d'une maison ayant ou désirant établir des comptoirs en ce pays. Il parle anglais et allemand et connaît un peu l'espagnol.

S'adresser au Secrétaire général de la Société.

---

*Le rédacteur gérant responsable,* GAUTHIOT,

7337 — Paris. — Typ. Tolmer et Cᵉ, 43, rue du Four-St-Germain.

# VOYAGE EN NOUVELLE-GUINÉE

Par M. A. Raffray, membre de la Société (1).

Il est une grande terre océanienne obliquement couchée au-dessous de l'équateur et traversant le 135e degré de longitude orientale de Paris, c'est la Nouvelle-Guinée. Bien que la France n'en revendique aucune portion, elle ne peut se désintéresser de ce qui la concerne, car sa marine a pris la plus grande part aux découvertes qui y ont été faites. Les trois navires, la *Coquille*, l'*Astrolabe* et la *Zélée* ont donné les renseignements les plus complets que l'on ait encore sur ce pays, le moins connu du monde. Sur un grand nombre de points les côtes elles-mêmes n'ont pas été relevées : l'intérieur est bien plus ignoré encore. Des deux expéditions italiennes récentes dont a fait partie M. d'Albertis, l'une, au S.-O. sur le fleuve Fly, a pu pénétrer assez loin dans l'intérieur : l'autre au N., plus spécialement due à l'initiative du D$^r$ Beccari, a pénétré dans les monts Arfaks, mais sans dépasser les premières chaînes de montagnes qu'on aperçoit de la mer.

M. Achille Raffray fut chargé par M. le Ministre de l'Instruction publique d'une mission pour aller explorer ce pays si intéressant et y recueillir pour nos musées des échantillons de la faune et de la flore. L'histoire naturelle est étroitement liée à la géographie; il ne suffit pas en effet de connaître la conformation d'un pays : il faut aussi savoir quelles sont les espèces vivantes et quels sont les végétaux qui s'y trouvent. La Nouvelle-Guinée offre particulièrement à l'étude un singulier phénomène. Elle est située entre l'Australie et les Moluques. Or, ces dernières îles indo-malaises ne sont pas sans quelques points de ressemblance avec l'Indo-Chine et surtout avec les îles indiennes de Java, Bornéo et Sumatra. L'Australie, au contraire, apparaît comme isolée de tout le reste du monde par la singularité de sa faune et de sa flore. La Nouvelle-Guinée participe de ces deux régions par ses produits et ses habitants et présente elle-même des types spéciaux qui n'ont rien d'analogue avec ceux des autres pays.

Avant les récentes expéditions italienne, allemande et hollandaise, nos musées étaient les plus riches du monde en ce qui concerne cette intéressante contrée, mais ils avaient été depuis considérablement distancés et il y avait une lacune à combler. M. Raffray partit pour remplir cette mission en juillet 1876; il emmenait avec lui M. Maurice Maindron, préparateur au Muséum.

---

(1) Compte rendu, dû à M. Gros, l'un des secrétaires de la Société, d'une communication faite à la séance générale du 22 février 1879.

Ils visitèrent successivement, mais sans s'y arrêter longtemps, Java, Celèbes et Ternate.

En décembre, une flotille de schooners malais fait chaque année une expédition maritime et commerciale de Ternate à la presqu'île Dorey au nord-est de la Nouvelle-Guinée et va échanger les produits asiatiques et européens contre de la nacre, de l'écaille, du tripang et des plumes d'oiseaux de paradis.

M. Raffray et son compagnon partirent à bord d'un de ces petits schooners vers le mois de janvier et arrivèrent à Dorey après avoir touché à l'île Salwatty. Les missionnaires établis sur la côte de la Nouvelle-Guinée les reçurent avec une hospitalité charmante et les explorateurs fixèrent sur ce point le quartier général de leurs expéditions.

Les habitants de Dorey et les Papous en général peuvent se décomposer en trois sous-familles de nègres océaniens : les Mafors, originaires de l'île de ce nom, les Arfaks habitants des montagnes qui vivent dans l'intérieur de la grande terre et enfin les insulaires répandus dans les petites îles voisines.

Les Papous mafors, qui forment l'élément principal de la population de Dorey, sont des nègres bien différents de ceux qui peuplent le continent africain ; ils s'en distinguent par la douceur de leur caractère et surtout par l'absence de prognathisme. Leur crâne, au lieu d'être déprimé sur le front et proéminent dans la partie de la mâchoire, est d'une forme très-ogivale ; leur nez aquilin rappelle par la forme des narines un as de pique ; leurs lèvres n'offrent en rien le développement charnu qu'on remarque chez les nègres d'Afrique ; leurs cheveux sont crépus, mais non laineux ; leur torse est beau, mais leurs membres sont un peu grêles.

Le Papou en général est au moral absolument dépourvu de loyauté et d'une paresse sans égale. Le voyageur a cité plusieurs anecdotes qui font ressortir ces côtés de leur caractère. Une fois, il avait loué pour un mois un jeune homme de Dorey ; au bout de douze jours le nouveau serviteur réclamait trois mois de solde sans qu'il fût possible à son maître de lui démontrer quelle était son erreur de calcul. Les indigènes sont d'ailleurs dépourvus de toute notion sur la valeur des nombres ; leur arithmétique ne dépasse pas le nombre dix, c'est-à-dire le nombre formé par la réunion des doigts de leurs deux mains. Ils n'ont de même aucune notion exacte sur le temps et sur la durée.

M. Raffray fut obligé de se faire construire une habitation spéciale à Dorey pour s'y installer, aucune de celles existant ne pouvait remplir cet office. Les maisons des Papous de ce pays sont bâties sur pilotis, en pleine mer, très-loin du rivage. On y pénètre par des sortes de ponts formés de troncs d'arbres non équarris et qui atteignent parfois cinquante mètres de longueur : les Européens, peu habitués à la gymnastique océanienne, ne peuvent sans danger s'aventurer sur ces passerelles primitives ni s'y maintenir en les franchissant. Les maisons elles-mêmes, fort haut perchées sur les pilotis qui leur servent de fondations, sont aussi chancelantes que les ponts qui les relient au rivage ; elles sont très-vastes ; le passage qui y conduit s'y continue sous la forme d'un vestibule, à droite et à gauche duquel s'ouvrent de petites chambres au nombre de cinq ou six. Par ce vestibule on pénètre sur une terrasse donnant sur la pleine mer.

Chacune de ces chambres est habitée par une famille distincte. Il n'a pas été possible à M. Raffray de savoir exactement quelles sont les relations qui unissent ces familles entre elles. Toujours est-il que leur chef est une sorte de *pater familias* qui exerce sur les siens une autorité sans contrôle, mais plus nominale que réelle.

En Nouvelle-Guinée, il n'y a pas de gouvernement à proprement parler en dehors de celui de ces pères de famille. Les diverses maisons plus ou moins rapprochées forment un village dont le chef ne jouit en réalité d'aucune autorité. Dans les circonstances graves les habitants se réunissent et décident entre eux des mesures à prendre. Une grande solidarité existe entre les Papous de la Nouvelle-Guinée et forme l'essence de l'existence politique parallèlement avec une liberté individuelle absolue. Aucun lien ne retient un habitant au lieu qu'il habite ; s'il s'y déplaît, il va ailleurs, s'y construit une maison et y jouit de toutes les prérogatives des anciens occupants. Vienne un danger, les Papous se réunissent tous contre l'ennemi commun.

Dans le pays de Dorey, il y avait plusieurs villages qui, en raison de leur situation respective, étaient divisés par des intérêts très-différents. Dans l'un d'eux, placé sur la côte, un habitant possédait des femmes esclaves ; l'une de ces captives fut volée par un habitant d'un autre village. Le volé, même aidé de ses compatriotes, n'était pas de force à lutter contre le voleur ; il abandonna donc la partie pour le moment, mais il n'en rêva pas moins au moyen de se faire rendre justice. Il existait dans la montagne une tribu très-forte et très-belliqueuse qui, par exception, entretenait des relations d'amitié avec les Papous du village volé. Un jour que deux personnages de cette tribu étaient descendus isolément chez leurs amis des bords de la mer, ceux-ci les déclarèrent prisonniers. Les montagnards descendirent tous en armes, mais avant de commencer le combat, suivant la coutume de tous les insulaires de la Nouvelle-Guinée, on parlementa. Un vieux chef des riverains, à qui sa réputation d'éloquence et de sagesse avait fait une popularité, se présenta devant les agresseurs.

Pourquoi en viendrions-nous aux mains ? dit-il. Puisque vous voulez vous battre, aidez-nous plutôt à arracher à nos voisins la captive qu'ils nous ont dérobée, comptant sur notre faiblesse.

Quand vous leur aurez fait rendre leur proie, nous remettrons entre vos mains nos deux captifs, et rien ne pourra plus troubler la paix entre nous.

Les choses eurent lieu comme le demandait l'orateur, et l'harmonie recommença à régner entre les montagnards et les riverains.

La religion chez tous les peuples papous est bien difficile à étudier, les renseignements manquant tout à fait en raison du silence que les indigènes gardent à ce sujet. A Dorey, il existe un temple, mais il est absolument impossible à un Européen d'y pénétrer. M. Raffray a pourtant pu s'assurer que les Papous professent le culte des ancêtres et le pratiquent sous forme de fétichisme. Quand un fils a perdu son père, il fabrique en bois une figurine grossière qui représente à ses yeux le défunt ; il la place dans sa maison et l'invoque dans toutes les circonstances graves. Si à son tour le fils vient à mourir, ses enfants façonnent de nouvelles images et le culte de l'ancienne cesse tout à fait. C'est ce qui a permis à M. Raffray de se procurer quelques-unes de ces sculptures primitives et d'en enrichir nos musées ethnographiques.

Pour terminer ce tableau des populations mafors des bords de la mer, disons qu'elles cultivent très-peu le sol et vivent presque exclusivement de pêche : cela s'explique non seulement par le lieu de leur habitation, mais encore par la nature du terrain qui est madréporique et très-peu fertile.

M. Raffray désirait aller visiter les populations qui habitent dans les monts Arfaks et qu'on lui dépeignait comme plus farouches, plus belliqueuses que celles de Dorey. C'était là d'ailleurs que l'expédition italienne s'était procuré ces beaux oiseaux de paradis que le naturaliste allait surtout rechercher sur cette terre lointaine où ils se trouvent exclusivement. Il chercha des guides et trouva deux hommes qui consentirent à le conduire, non chez les Arfaks des montagnes, mais chez une colonie de cette tribu établie non loin de la mer au village d'Aiambori ; ces deux guides étaient deux vieux Papous connus l'un sous le nom de Mayor, l'autre sous celui plus prétentieux de *Capitaine des mers*. Le naturaliste et ses deux compagnons partirent à travers la forêt. M. Raffray trouva sur une petite colline trois maisons construites sur pilotis comme celles de Dorey. Ce qui donnait à ces maisons un aspect particulier, c'est qu'elles étaient établies, non sur la mer, mais sur la montagne, et que les pieux sur lesquels elles reposaient étaient plus élevés encore que les pilotis des autres. Ces pieux atteignaient de douze à quinze mètres de haut.

Les habitants qui étaient en effet des Arfaks reçurent les voyageurs avec assez de bienveillance. Grâce à quelques cadeaux qu'il leur fit, l'explorateur obtint l'autorisation de chasser sur leur territoire et put ainsi enrichir ses collections.

Les Arfaks sont plus grands, plus forts, plus robustes que les peuples de Dorey. Leurs armes diffèrent peu : ce sont des arcs avec de très longues flèches en bambou, des piques, des lances dont la pointe est ordinairement en bambou, quelquefois en fer, ce qui est un grand luxe. Ils se servent aussi du péda, sorte de sabre malais qui a été importé par les habitants de Ternate. Les Arfaks sont très-redoutés : M. Raffray a dit d'une façon spirituelle que, comme lui, ils réunissaient des collections anthropologiques, mais que, opérant sur le vif, ils décapitaient les gens des autres tribus et faisaient, dans leurs maisons, collection de têtes. Pendant son séjour à Dorey, notre compatriote put se convaincre de la vérité de ce fait. Un missionnaire avait un petit Papou qu'il avait racheté de l'esclavage; l'enfant aimait à faire l'école buissonnière. Un jour il s'écarta plus loin que de coutume de la demeure de ses protecteurs et il ne revint pas. On trouva son cadavre décapité dans les champs; sa tête était allée grossir le musée particulier d'un Arfak.

M. Raffray, qui désirait de plus en plus voir ces peuples dans leurs montagnes, se rendit par mer, quand il fut revenu à Dorey, au village d'Andaï, placé sur les bords de la mer non loin de la contrée qu'ils habitent ; malheureusement les habitants d'Andaï étaient en ce moment-là brouillés avec les Arfaks et il ne put trouver un guide pour se faire conduire près de ceux-ci. Il se consola de cet échec en pensant que cette région avait déjà été visitée et que la science n'aurait qu'à gagner à ce qu'il allât faire ses investigations dans un pays inconnu : il rentra donc à Dorey.

Les habitants de la presqu'île parlaient souvent du pays des Amberbaki ; c'était là, suivant eux, que se trouvaient les plus beaux et les plus brillants oiseaux. Or ce pays n'avait encore jamais été visité par des blancs. Après son retour à Dorey, M. Raffray entreprit de s'y rendre. Les moyens de communication étaient difficiles ; on ne pouvait se servir que des barques indigènes creusées dans un tronc d'arbre. Ces barques sont pourtant quelquefois assez grandes pour contenir vingt-cinq ou trente hommes. A cet effet, on en exhausse les bordages avec des clayonnages de palmier qui suffisent à préserver l'embarcation des paquets de mer soulevés par le vent. L'explorateur se procura deux de ces grandes barques et une plus petite. Il emmena avec lui deux chasseurs malais et un petit domestique (*boy*). L'expédition visita la petite île d'Aori, puis le vent l'obligea à relâcher dans la baie de Saobeha. Continuant alors à côtoyer la grande terre et n'apercevant partout que d'immenses forêts qui venaient baigner leurs pieds dans les flots et s'étendaient sans interruption dans l'intérieur, les voyageurs arrivèrent dans la baie de Manseni. M. Raffray trouva là la solution d'un problème contesté et rectifia même une erreur géographique jusqu'à ce jour généralement admise. On confondait le cours de deux rivières le Prafi et l'Oiori, et leur position respective. Aujourd'hui on est certain de l'existence bien distincte de ces deux cours d'eau et l'on sait que l'Oiori se jette dans la mer beaucoup à l'est du Prafi.

Après plusieurs jours d'une navigation difficile, les voyageurs arrivèrent au cap Saokorem, où ils atterrirent. Le fameux village d'Amberbaki ne se montrait pas, et M. Raffray apprit que, pour trouver des habitants, il fallait s'enfoncer dans la région montagneuse. En effet, la population d'un village, ayant appris l'arrivée de ces visiteurs, descendit des hauteurs où elle demeurait et guida les étrangers vers ses habitations. Après une marche pénible de sept heures pour franchir une distance de dix à douze kilomètres, on arriva à Mémiaoua. Le village se composait de quatre maisons isolées, construites chacune sur un mamelon différent et plus haut perchées encore que celles des villages déjà visités. Celle où pénétra M. Raffray atteignait la hauteur d'un troisième étage et il fallait, pour y parvenir, faire des miracles d'équilibre en suivant un plan incliné rapide formé de troncs d'arbres abrupts sur lesquels des entailles avaient été faites pour servir d'échelons.

Le séjour de l'expédition dans ce pays fut fort agréable; la peuplade qui l'habite, composée de Papous mafors, se montra très douce et très hospitalière. C'étaient des gens craintifs, se livrant exclusivement à l'agriculture, à l'encontre de leurs congénères de la côte qui vivent uniquement de leur pêche. La contrée est magnifique; M. Raffray profita de son séjour pour visiter le massif élevé d'Ouosaqni et pour y faire une ample récolte d'oiseaux et d'insectes magnifiques.

Pendant son séjour dans le pays d'Amberbaki, il reçut la visite d'une intéressante tribu qu'il put étudier; c'étaient des Papous karons. Il put s'assurer que ces naturels ne sont pas en réalité des Papous, mais des Négritos. Des photographies qu'il a rapportées sont de nature à lever à ce sujet tous les doutes. Il fut frappé dès l'abord de leur aspect. Ils sont moins grands, plus forts, plus gros que les autres indigènes; leur visage est moins allongé; leur tête plus ronde n'affecte pas la forme ogivale du crâne, comme celle des Papous. Ils sont anthropophages, mais ce vice tient plutôt à la nécessité de leur existence qu'à la férocité de leurs instincts. Ils font peu de culture, et par suite ils sont misérables. L'un d'eux avoua à M. Raffray, sans que cette confidence parût le gêner, qu'il avait déjà pour sa part mangé quinze hommes au moins.

A leur dire, la partie la plus délicate et la plus recherchée du corps humain est la cervelle. On la mêle à de la pâte de sagou et on en fait une sorte de purée que les gastronomes karons déclarent délicieuse.

Ces hommes avaient des ornements de toilette assez curieux; ils se faisaient surtout remarquer par l'ampleur des anneaux qu'ils portaient suspendus à la cloison nasale et qui dépassaient parfois le bas du visage. Leurs cheveux étaient arrangés aussi d'autre manière que ceux des Papous de Dorey. Au lieu de la chevelure hérissée et immense de ceux-ci, et des cheveux tombants ou disposés en boucles dont le nombre varie de deux ou trois jusqu'à vingt et qui caractérisent les Arfaks, les Karons tressent les leurs.

M. Raffray trouva dans cette région la plupart des paradisiens qu'il cherchait, et il y aurait peut-être prolongé son séjour, si un accès de fièvre redoutable ne l'avait obligé à la retraite. Vingt-cinq jours après, l'expédition reprit le chemin de Dorey. Le retour fut marqué par un incident curieux.

Près de la baie de Manseni, les voyageurs rencontrèrent des pirates papous. Ceux-ci en effet ne sont pas rares dans ces parages. Ils partent sur leurs barques emmenant avec eux toute leur famille. Ils appartiennent à la tribu des Biaks et viennent d'une grande île située au sud-ouest de l'île de Korido. Ces pirates comprirent qu'il y aurait quelque imprudence à lutter contre des armes européennes, et ils se contentèrent de demander du tabac.

En rentrant à Dorey, M. Raffray trouva M. Maindron, son compagnon, dans un déplorable état; une écorchure à la jambe s'était, comme cela a lieu sous cette latitude, convertie en une multitude de plaies douloureuses : la fièvre, escortée d'anémie et de dyssenterie, était arrivée mettre le comble à cette terrible situation. Un domestique avec lequel le pauvre malade était resté seul avait été lui-même atteint par une maladie de foie et il était grand temps qu'un secours extérieur arrivât. Les deux malades furent guéris, grâce aux bons soins des missionnaires d'Andaï, chez qui M. Raffray les envoya se faire traiter.

Les Mafors qui avaient accompagné l'explorateur dans ses précédentes excursions refusèrent de le conduire davantage ; sans doute, grâce à sa libéralité, ils se trouvaient assez riches : l'imprévoyance et la paresse sont, avec la vanité naïve, le fond du caractère papou. M. Raffray dut songer à se procurer d'autres guides ; il en découvrit un que le gouvernement hollandais avait reconnu chef de la petite île de Mansinam; c'était un homme voleur, trompeur et d'une avidité sans pareille. Bien que riche, puisqu'il avait des esclaves et même des pièces d'argent, ce qui est, en Papouasie, le comble de l'opulence, il vit dans les propositions de notre compatriote un moyen d'agrandir sa fortune et moyennant un très fort salaire il consentit à l'accompagner.

On se mit en route dans le but d'aller visiter l'île Mafor et l'île Korido. Dans l'île Mafor, le naturaliste eut la bonne fortune de rencontrer un oiseau que les récits des naturels et les descriptions fantaisistes qu'ils en faisaient lui avaient vivement fait désirer de conquérir. Ce phénix extraordinaire n'était en réalité qu'une variété jaune d'un perroquet vert et ne méritait en rien toutes les poétiques amplifications que l'imagination orientale avait faites à son sujet.

L'île Mafor est habitée par des Mafors auxquels elle a donné son nom. Ces pauvres gens, assez doux et hospitaliers, émigrent en grand nombre et vont se réfugier à Dorey parce qu'ils sont constamment dépouillés par des pirates. La peur de voir se renouveler ces éternelles incursions empoisonne littéralement leur existence. Pendant le séjour de M. Raffray dans l'île, les pirates n'osèrent pas se hasarder à aborder; mais, quelques mois auparavant, ils avaient détruit, pillé et massacré un village tout entier. Une alerte eut pourtant lieu : on vit s'avancer de la pleine mer deux grandes barques qui abordèrent en plein jour. Les habitants épouvantés s'enfuirent dans l'intérieur; l'explorateur, moins timide, s'approcha des nouveaux venus et reconnut ces mêmes pirates avec lesquels il avait déjà fraternisé dans la baie de Manseni. Après quelques cadeaux échangés, les Biaks se rembarquèrent et disparurent dans les brumes de l'horizon.

M. Raffray et ses compagnons reprirent à leur tour la mer et se dirigèrent vers l'île de Korido. Les abords n'en étaient pas faciles à cause du caractère inhospitalier et féroce des habitants. Le petit « prau » sur lequel les voyageurs étaient montés aborda sur une petite île sans nom, afin d'y attendre les indigènes et d'entrer en relations avec eux avant de chercher à pénétrer dans l'île de Korido.

On a, par erreur, souvent désigné cette île sous le nom d'île Sowek, tandis que ce dernier nom s'applique à un grand village lacustre, dont l'importance explique cette erreur des navigateurs. En réalité, Sowek désigne le village et une toute petite île. Un grand nombre de petites embarcations, précédées de deux grandes barques armées en guerre, se présentèrent aux voyageurs. Les chefs montèrent à bord du petit prau et entrèrent en pourparlers. Quand M. Raffray eut expliqué le but de sa mission, on consentit à lui faire les honneurs du village. Derrière l'îlot portant le nom de Sowek, s'ouvre un immense cirque tout bordé de collines verdoyantes et ayant l'aspect d'un vaste lac. Au milieu s'élève le village; les habitations y sont construites, comme celles de Dorey, sur des pilotis, mais elles sont complètement isolées de la côte et l'on n'y peut arriver qu'en bateau; c'est d'ailleurs le centre de population le plus nombreux qu'on trouve dans ces régions : il compte de mille à douze cents habitants. M. Raffray put y entrer, mais il n'obtint pas l'autorisation d'y séjourner pendant toute une journée. Heureusement un chef du village de Korido, situé dans la grande île, lui offrit l'hospitalité dans sa propre maison, et les voyageurs purent enfin atterrir.

Cela eût été tout à fait une bonne fortune pour l'explorateur sans les superstitions des habitants. On lui refusa la permission

d'aller chasser ou cueillir des insectes dans les endroits défrichés..
La présence et le seul contact d'un Européen, disaient les indigènes,.
porteraient malheur à leurs récoltes. La région boisée était bien,
ouverte aux investigations de M. Raffray, mais il n'y a absolument:
rien à trouver dans ces grandes forêts vierges. Force lui fut.
d'acheter les insectes que lui apportaient les Papous, et la plupart;
de ces précieux échantillons de la faune ne lui arrivaient que·
mutilés et incomplets. Néanmoins, grâce à une excursion qu'il:
put faire le long d'un cours d'eau, il n'en fit pas moins une·
moisson très-remarquable.

Notre compatriote put se convaincre là que ces collections de
crânes dont on lui avait parlé à Dorey n'étaient pas un mythe, et il
lui fut donné de voir dans plusieurs demeures de véritables chapelets de crânes humains.

M. Raffray aurait bien voulu aller visiter les Biaks, mais on.
lui représenta cette population de pirates comme si remuante, si
féroce et si inhospitalière qu'il jugea inutile de tenter l'aventure..
Les Mafors eux-mêmes refusèrent de le conduire. Il avait néanmoins pu observer les caractères physiologiques qui les distinguent de leurs voisins. Leurs cheveux à peine frisés tombent
autour de la tête et sur les épaules en boucles ondulantes; leur
visage est encore plus allongé que celui des Mafors; leurs lèvres
sont très-minces et leur nez souvent fortement aquilin.

L'expédition songea au retour. L'explorateur avait espéré pouvoir toucher une fois encore à l'île de Mafor; mais un vent impé-
tueux jeta la barque hors de sa route, et ce ne fut qu'après une
navigation de cinq jours et cinq nuits que trois heures de vent
favorable permirent aux navigateurs d'aborder à Dorey. Un plus
long séjour en Nouvelle-Guinée était devenu impossible; M. Raffray
et son compagnon, M. Maindron, guéri, reprirent la route de
Ternate, où ils arrivèrent vers le mois d'août. Quelques mois plus
tard, ils étaient de retour en France.

M. Raffray a terminé sa communication en étudiant rapidement
les ressources que ces terres lointaines pourraient fournir à la
colonisation et au commerce. Sur beaucoup de points, le sol
de la Nouvelle-Guinée est peu fertile; cependant, sur d'autres, les
cultures sont très-favorables. A Andaï, on cultive le riz; à Amberbaki on récolte du tabac de première qualité, et le riz vient très-
bien, malgré l'insuffisance de la culture. A Dorey, à Aiambori,
dans l'île Mafor et sur un grand nombre de points le sol est
madréporique et peu fertile. De nombreux obstacles s'opposeront
longtemps encore à ce que la colonisation trouve là d'utiles
débouchés : l'insalubrité du climat, la rareté et la paresse incu-
rable de la population, l'hostilité des habitants forment déjà toute
une série de difficultés presque invincibles. D'autre part, le sol de
la Nouvelle-Guinée est tout entier couvert d'immenses forêts vierges
dont le défrichement coûterait la vie à bien des générations avant

de produire des résultats utiles. La partie du côté nord, la plus fertile, est inabordable aux grands navires, souvent même aux simples schooners, à raison du peu de fond qu'on y rencontre ; les ports y sont absents et les moyens de communication avec l'Europe très-difficiles.

Mais si la colonisation dans ces pays offre peu d'avantages, il est loin d'en être de même du commerce qu'on y pourrait faire. Les Malais seuls en ont profité jusqu'à présent ; et il n'est pas douteux que les Européens trouveraient profit à aller eux-mêmes échanger leurs produits de mince valeur contre les richesses que leur offriraient les Papous pêcheurs ou chasseurs : plumes brillantes, belle écaille, nacre, etc.

# LE VOYAGE
## Dans la presqu'île indo-chinoise
### ET
### les Productions et le Commerce de cette contrée
#### Par le D<sup>r</sup> Harmand (1).

MESSIEURS,

« J'ai pensé qu'il y aurait peut-être quelque intérêt, pour les membres de la Société de géographie commerciale, à entendre un explorateur qui a vu les choses et les hommes de près, leur exposer quelles sont les difficultés d'un voyage dans l'intérieur de la presqu'île indo-chinoise. Je voudrais aussi que cette causerie pût servir aux voyageurs qui se lanceront sur nos traces, et leur évitât ainsi la masse de déboires qu'ils ne peuvent manquer d'éprouver, s'ils ignorent beaucoup de petits détails pratiques qui peuvent en apparence sembler puérils, mais qui sont en réalité d'une importance capitale.

« Pour ne citer qu'un exemple, n'avez-vous pas vu l'expédition du marquis Antinori être réduite aux abois par suite de l'ignorance où étaient les Italiens de la dimension des caisses qu'on charge sur le dos des chameaux?

« Je désirerais même, à ce propos, que la Société de géographie chargeât les explorateurs qui ont fait leurs preuves de rédiger, chacun pour le pays qu'il a parcouru, une sorte de *bréviaire*, si je puis m'exprimer ainsi, qu'on joindrait aux instructions à donner à tous ceux que tente le goût des explorations dans les contrées lointaines.

« Désireux, comme je viens de vous le dire, de donner à ma communication un caractère pratique, je ne m'occuperai pas des voies maritimes qui mènent en Indo-Chine, non plus que de la forme des barques de mer ou des habitudes des marins indigènes. Beaucoup de voyageurs ont déjà rempli cette tâche d'une façon satisfaisante.

« Nous allons, si vous le voulez bien, supposer un voyageur

---

(1) Communication faite à la Société de Géographie commerciale dans sa séance générale du 25 mars. Nous devons cette analyse à notre zélé secrétaire, M. Gros, qui regrette de ne pas avoir pu reproduire aussi complètement qu'il l'aurait voulu, le rapide et si intéressant discours de notre savant collègue.

européen qui désire aller explorer l'intérieur de l'Indo-Chine, et
j'espère qu'il s'en présentera encore, car il n'est peut-être pas de
contrée au monde plus pleine de promesses pour l'exploration
scientifique, quel que soit le point de vue auquel on se place.
Il y a une infinité de découvertes à faire en géographie, en géolo-
gie, en botanique, en histoire naturelle, en minéralogie, en
anthropologie. Les monuments du Cambodge sont toujours là qui
attendent les observations et les études de l'artiste, de l'archéolo-
gue, de l'épigraphiste. Tout cela n'est qu'ébauché, et le champ des
découvertes est immense. Enfin, il ne faut pas oublier, dans cette
enceinte, que l'Indo-Chine toute entière peut-être, à coup sûr toute
sa partie orientale, doit appartenir à la France, qui n'a encore
planté son pavillon qu'à la pointe du Delta de Cambodge, et qu'il
importe à nos intérêts de connaître les productions, les ressources
et aussi les dangers et les difficultés, les valeurs et les non-
valeurs de l'immense presqu'île.

« Nous prendrons donc notre voyageur à Paris, encore tout
échauffé des encouragements qu'il a reçus, et se mettant à faire
des achats pour son voyage.

« Il ferait ce que j'ai fait moi-même, hélas ! si nous n'étions là
pour l'arrêter. Il s'encombrerait d'une foule de choses inutiles,
pesantes, volumineuses qui le gêneraient tellement qu'il serait
peut-être obligé de les jeter dans les bambous après quelques jours
de marche.

« Passons donc en revue ce qu'il faut emporter :

« *Armes personnelles.* — 2 ou 3 fusils de chasse se chargeant
par la culasse, mais pouvant se transformer en fusils à piston;
une carabine à balles explosibles, si l'on se propose d'attaquer
l'éléphant ou le rhinocéros. Pour tout le reste, y compris les
tigres, un fusil ordinaire est préférable, d'autant plus que, dans
les rares occasions où l'on peut se servir de ces armes exceptionnelles, on ne les a jamais sous la main. Ne pas négliger
d'emporter des crosses et des batteries de rechange.

« Un bon revolver, cela va sans dire, — 2 coutelas bowie-knife,
— des provisions de cartouches : calculer une moyenne de
3 coups par jour, les conserver dans des boîtes soudées, et les
choisir de première qualité.

« *Cadeaux.* — Acheter pour les mandarins d'importance des
revolvers de pacotille d'une valeur de 6 à 8 francs; 5 ou 6 fusils
de chasse à deux coups, *à silex;* 12 poignards à garde en galvanoplastie ou dorés, mais tranchant au moins d'un côté; sabres
de fantaisie.

« Nous recommandons de ne pas acheter de la poudre de France qui est très-chère. On trouvera dans des poires rouges à Ceylan ou à Singapore de la poudre anglaise d'excellente qualité et à très-bon compte. Il conviendra d'en faire une ample provision.

« *Pacotille de cadeaux.* — Pour les porteurs, les bateliers, les petits mandarins, les bonzes, etc.

« Éviter de s'encombrer de toutes sortes de verroteries qui ne seraient guère prisées au Laos et chez les sauvages. Ces populations n'apprécient véritablement que les choses qu'elles connaissent déjà : tout ce qui, comme forme et aspect, est hors de leurs habitudes, n'a pour eux que peu de valeur. C'est ainsi que moi-même, j'ai dû renoncer à utiliser les kaléidoscopes, les stéréoscopes, les jouets, les gravures, etc., etc., dont j'avais eu le tort de m'encombrer.

« La première chose et la plus importante dont il faille se munir , est du gros fil de cuivre et de laiton de 3 ou 4 millimètres de diamètre. On le fera couper en morceaux d'une coudée et d'un empan qui formeront de petits cylindres faciles à arrimer et à diviser. Les gros rouleaux sont incommodes et faciles à voler. Plus on aura de cette marchandise dont les indigènes font des bracelets et des objets de parure et qu'ils utilisent même comme monnaie, mieux cela vaudra.

« Viennent ensuite les couteaux de poche; ne pas prendre de de trop mauvais fer, car le fer usité au Laos est un fer aciéreux excellent, et les indigènes s'y connaissent assez bien. J'avais emporté des couteaux de Saint-Claude, à virole et à manche de bois; mais c'était un article peu prisé.

« D'autres articles, recherchés ceux-là, sont les briquets : on s'en sert dans le pays, mais on n'en a que de grossiers et de rudimentaires; les miroirs ronds de pacotille, comme ceux qu'emploient les soldats; des pièces de 20 centimes ou des médailles d'une valeur plus minime encore; des pipes en terre ou des fourneaux de terre sans tuyaux, cet article est médiocre; des pierres fausses taillées, non montées : rubis, émeraudes, saphirs. On emportera aussi du papier écolier des crayons noirs et de couleur pour cadeaux à faire aux bonzes, qui sont à ménager. Pas d'images, pas de jouets, pas de photographies, si ce n'est une bonne provision de photographies personnelles.

« Ne pas oublier de la parfumerie pour les femmes des mandarins : emporter ces parfums en petites bouteilles de forme bizarre.

« Boîtes en galvanoplastie, et c'est tout.

« Il importe de se munir, avant le départ, de lettres de recommandation particulières et surtout de lettres du Ministre des affaires étrangères pour le Consul de France à Bangkok et pour les autorités françaises appartenant à la marine, qui dirigent la Cochinchine. »

L'orateur, après cet exposé, s'est occupé du voyage proprement dit.

Pour se rendre à Singapore, le voyageur prendra la voie des paquebots qui sont commodes et offrent une installation confortable. Arrivé à Bangkok, il se préoccupera des moyens d'obtenir des passeports spéciaux ; au moyen d'un cadeau en argent au mandarin chargé des provinces de l'Est, il aura des passeports qui lui permettront de passer auprès des mandarins pour un ami personnel du roi. Qu'il insiste pour qu'il y soit spécifié qu'il faudra le conduire jusqu'aux mines ; sans cette précaution, il risquerait fort de passer auprès d'elles sans les voir, car, bien que les indigènes croient que les Européens ont le privilége de deviner les gisements des minéraux, ils ne les mèneraient jamais aux mines sans un ordre spécial et formel. — Un autre sacrifice qu'il importe de s'imposer dès l'arrivée, c'est de se procurer un interprète ; on peut le choisir parmi les Siamois dont la langue diffère peu de celle des Laotiens ; mais, faute d'interprète, on ne pourrait se procurer en route aucun renseignement et on manquerait complètement le but du voyage. Cette nécessité oblige à une grosse dépense.

Quand l'explorateur quitte Bangkok il a deux routes différentes à prendre suivant les intentions qu'il a : celle du Mé-nam et celle du Mé-Khong. Supposons qu'il ait adopté cette dernière voie et qu'il arrive à Saïgon. Après s'être assuré l'appui de l'administration française, il songera à se procurer des domestiques et des aides. Il aura pour cela à choisir parmi les représentants de populations diverses : les Annamites, les Chinois et les Malais. Ces derniers sont les meilleurs compagnons de route, mais ils coûtent fort cher et sont très difficiles à entraîner ; il importe d'ailleurs de choisir tout son personnel dans les représentants d'une même race, et de ne pas mélanger les nationalités.

Les Chinois sont très chers, très voleurs, et rares à trouver dans de bonnes conditions ; ils sont intelligents ; mais, quand on s'en sert, il y a toujours danger de les voir s'enfuir et déserter. Restent les Annamites.

Les Annamites, de leur côté, sont paresseux, vaniteux, menteurs, voleurs, mais ils sont obéissants et philosophes ; ils supportent sans se plaindre les difficultés du voyage et se montrent

résignés. Comme Panurge, ils craignent naturellement les coups
et les corrections. De plus, on peut être assuré qu'une fois qu'ils
seront entrés dans le Laos, ils ne vous abandonneront pas.

Il faut être avec eux sévère et les tenir à grande distance ; on
peut être doux, mais la fermeté' ne doit jamais manquer. On ne
plaisantera jamais avec eux, tout en s'intéressant à leurs affaires,
à leur famille, à leurs projets. L'homme qui se familiarise avec
l'Annamite est perdu; il doit à tout jamais renoncer à se voir obéi
et même respecté.

Le voyageur emmènera avec lui 5 aides : le cuisinier sera
chargé en même temps de l'entretien des armes et des souliers et
chaque serviteur devra connaître d'avance la nature exacte
de ses fonctions, sans quoi on risquerait fort de les voir se rejeter
mutuellement la besogne, et tout irait de travers. On prendra
outre le cuisinier, 2 aides-naturalistes ; on arrive vite à dresser
les Annamites à des préparations difficiles, et ils deviennent aisément empailleurs et préparateurs de peaux d'oiseaux ou d'animaux. Ces aides-naturalistes devront savoir lire au moins les
chiffres, les divisions d'un mètre, et les secondes d'une montre.
On emmènera encore un petit garçon ou *boy* pour le service
personnel et enfin un cooli, chargé de grimper aux arbres. Si
vous négligiez cette dernière précaution, vous risqueriez d'être
obligés de grimper vous-mêmes, car on ne décide que très difficilement les Laotiens et les Cambodgiens à faire cette besogne.

A ces 5 aides, le voyageur naturaliste fera bien de joindre un
chasseur.

M. le D<sup>r</sup> Harmand à passé ensuite en revue les objets d'habille-
ment dont l'explorateur en Indo-Chine devra se munir.

Il ne faut pas s'encombrer d'objets inutiles, mais emporter de
bons vêtements en toile solide, avec des tricots de coton comme
en ont les matelots. C'est une erreur de croire qu'il faille se couvrir outre mesure. Un vêtement léger se mouille aisément, c'est
vrai, mais il sèche vite. Il est donc inutile d'emporter des che-
mises ou des ceintures de flanelle ainsi que des tricots de
laine. Ce dont il faut se munir surtout, c'est de souliers solides
et nombreux; les chaussures dont se servent les soldats, quand
elles sont de bonne qualité, font un excellent service. On y join-
dra une paire de bottes montant haut pour se garantir des sang-
sues, et on portera des bas de laine cerclés en haut de caoutchouc.

Il est inutile d'emporter des vivres. On trouve partout dans ces
contrées du riz et de la volaille. Cependant on fera bien d'avoir
quelques boîtes de conserve en cas de maladie, du sel et quelques

bouteilles de vin généreux. Il est utile de placer dans ses bagages quelques bouteilles de bonne absinthe. Cette liqueur renferme beaucoup d'alcool sous un petit volume, et il suffit d'en employer quelques gouttes pour corriger l'eau et la rendre potable. M. le D$^r$ Harmand en avait emporté 12 litres qui lui ont rendu, à ce qu'il dit, de très grands services. L'absinthe a encore sur le cognac un avantage qui n'est pas à dédaigner, c'est que les indigènes, toujours prêts à boire de l'eau-de-vie, ne demandent pas cette liqueur, ne la connaissant pas.

Les caisses qu'on emportera seront en bois ou en tôle; ces dernières ont l'avantage d'être parfaitement étanches et de pouvoir être mouillées sans que les objets qui y sont enfermés aient à souffrir. On évitera avec soin d'employer comme fermeture des cadenas faisant saillie, qui ne sauraient résister aux allures des buffles et des éléphants, et on se munira de clefs de rechange. Les caisses seront numérotées avec soin et on aura la note détaillée des objets qu'elles renferment.

Les dimensions des caisses seront 60 centimètres de long sur 30 centimètres de large et 35 centimètres de haut. On évitera d'emporter des caisses peintes de couleurs vives. M. Harmand a vu un éléphant jeter par terre et presque tuer son cornac, parce qu'il avait été effrayé par la couleur rouge d'un colis.

Quand l'explorateur arrivera à Phnôm-penh, il commencera par visiter le représentant du protectorat français ainsi que le roi Norodom et ses ministres. Puis il s'occupera de louer une barque d'un certain volume, pour continuer son voyage par le Mé-Khong. Autant que possible, il choisira une pirogue, à cause des rapides qu'il aura à traverser.

La location des hommes à Phnôm-penh est assez difficile : les Cambodgiens ont un orgueil considérable et refusent absolument de se louer pour un salaire déterminé. Si l'on veut trouver les hommes nécessaires, il faut avoir des ordres pour les mandarins chargés de vous les procurer. Ces hommes vous accompagneront seulement jusqu'au prochain village, où vous serez obligé de les remplacer; encore sera-t-il utile de ne pas les perdre de vue pendant la route de peur qu'ils ne s'échappent. C'est pour cela que dans les haltes, il importe de ne pas communiquer avec la rive et de s'arrêter sur les bords d'une île. Quand on arrivera au terme indiqué, il faudra redoubler de surveillance et ne laisser partir ces hommes que lorsqu'ils auront été remplacés, et si l'on a à passer la nuit, il ne faudra jamais dormir ailleurs que dans les barques mêmes, de peur que les pagayeurs ne désertent pendant votre sommeil. — Les Cambodgiens ne travaillent jamais de nuit ; vous les ferez nager de 6 heures du matin à 9 heures ou 10 heures, et le soir de 1 heure à 6 heures. L'intervalle sera consacré au repos.

Les voyages à terre se font avec des voitures à buffles. Ce sont des véhicules très pesants qui portent néanmoins une charge qui peut dépasser un tonneau ; les buffles sont lents et ne font pas plus de 25 kilomètres par jour. Les voitures, très-primitives, sont construites tout en bois, sans fer, aussi sont-elles aisées à réparer. Un essieu se casse-t-il ? on le remplace sur le lieu même, dans la forêt, et il en est de même de toute autre partie avariée du chariot.

M. Harmand dit qu'il ne parlera pas des éléphants comme mode de transport et il renvoie ses auditeurs aux nombreux récits qui ont été faits à leur endroit. Il constate néanmoins que ces animaux sont malheureusement, dans le Laos et le Cambodge, très mal utilisés ; on pourrait aisément les charger deux ou trois fois de plus qu'on ne le fait. De plus, le bât est mal installé, et d'une mauvaise forme. C'est à tout prendre le mode de voyage le plus pénible et le plus ennuyeux. Le seul avantage qu'on y trouve est que la marche est très régulière et qu'on peut compter exactement le chemin qu'on a fait. Ce chemin est de 6 kilomètres à l'heure en terrain horizontal.

Quand le voyageur arrive chez un mandarin, celui-ci accepte presque toujours de le recevoir, à moins qu'il ne soit *thâm*. Il y là une superstition qui rappelle le *tabou* des Polynésiens. Le mandarin *thâm* ne doit parler à personne et surtout à des étrangers. M. Harmand, dans les provinces du Sud, n'a pu un jour obtenir ni barque ni pirogue parce que le mandarin était *thâm*. Pour faire cesser cette sorte de comédie, il fallut procéder par intimidation.

Une recommandation précieuse est de ne pas se laisser dépouiller dès le commencement du voyage. On est toujours, surtout quand on part, tenté d'être généreux ; il faut ne donner qu'à bon escient, toujours promettre et ne tenir qu'en vertu du service rendu. On fait ordinairement un petit cadeau en arrivant et on réserve le cadeau important pour le moment où on a obtenu ce que l'on demandait.

Si, partant de chez un mandarin, vous avez à parcourir une rivière présentant de nombreux rapides, le choix des pirogues devient important ; il faut en prendre de très légères. On leur fait franchir les passages difficiles à l'aide de bonnes cordes de rotin, aussi longues et aussi fortes que possible. Les caisses qu'on em-

barque ainsi doivent être très légères et très étanches, parce que
pendant le trajet elles seront souvent immergées.

Il convient d'emporter avec soi, dans ces voyages à travers les
rapides, 3 ou 4 fois plus de vivres qu'il n'en est nécessaire et
encore les surveiller avec soin. Vous n'en serez pas moins le plus
souvent pillés par les nageurs qui mangent avec avidité.

Quand on arrive chez les sauvages, ceux-ci se sauvent en
vous voyant et abandonnent leur village. Ce village est palis-
sadé et on ne pénètre dans son enceinte qu'avec la plus grande
difficulté. Les portes en sont barricadées et on est obligé de les
démolir de force. Ces pauvres gens sont tellement malheureux et
pourchassés, que tout pour eux est un sujet de terreur. Quand on
a pénétré dans l'habitation, on n'y trouve que quelques vieillards et
quelques enfants trop faibles pour avoir pu prendre la fuite. Ce n'est
qu'à force de patience et de douceur qu'on parvient à les rassurer
et qu'on finit par obtenir les renseignements nécessaires.

Quand vous quittez un lieu, n'écoutez jamais les conseils de vos
guides. Si vous les croyiez, vous reviendriez toujours sur vos pas;
suivant eux, il n'y a plus de route tracée ; les plus grands dangers
vous menacent, vous ne trouverez en avant rien de ce qui est
nécessaire à la vie. Partez quand même ; mettez-vous à la tête de
la troupe et continuez votre route.

M. le docteur Harmand, passant à un autre ordre d'idées, s'est
occupé alors des médicaments à emporter et des précautions
hygiéniques à prendre. Trois sortes de remèdes suffisent : du sul-
fate de quinine, de l'ipéca et du laudanum. — Il recommande
de prendre tous les soirs dans les contrées marécageuses une
bonne dose de quinine.

Enfin, traitant la question commerciale proprement dite, le
voyageur s'est occupé des objets de production et de consommation de ces contrées peu connues.

Le Laos et le Cambodge sont peuplés d'une nation paresseuse
qui vit au jour le jour et produit juste assez pour se nourrir et
pour payer l'impôt. Les objets du règne animal qu'on y rencontre
sont peu nombreux. On y trouve de l'ivoire, mais les éléphants du
Laos en produisent moins que ceux de l'Afrique, et il coûte très
cher : les cornes de rhinocéros sont très communes, mais coûtent
sept ou huit fois plus cher qu'à Paris. On y trouve aussi d'autres
sortes de cornes, mais de peu de valeur, cornes de buffles, cornes
de cerf, etc. Ajoutez-y le musc provenant du chevrotin porte-
musc, et les animaux domestiques, buffles, bœufs, éléphants et
chevaux, vous aurez presque tout ce que le pays renferme d'im-

portant dans le règne animal. Au point de vue des objets de cette
nature à acquérir ou à exploiter, les Européens n'ont rien à faire
en cette contrée.

Les productions du règne végétal sont le riz, qui se vend au Làos
et au Cambodje à prix égal, mais plus cher qu'en basse Cochinchine; de bons légumes, du tabac et des textiles, coton, soie et cor-
chorus. — Une matière qui pourrait donner lieu à un commerce est
une laque en bâtons qui est le produit d'un insecte du genre cro-
cus; on pourrait également tirer quelques bénéfices de la fabrication des alcaloïdes. Les strychnos ou noix vomiques, dont on
tire la strychnine, sont très abondants; les Chinois emploient la
strychnine en grande quantité, sans qu'il soit possible de bien
déterminer à quel usage.

Les teintures de l'Indo-Chine sont très variées, mais très fugaces;
les matières dont on se sert sont le carthame, le sappau, l'indigo, etc.

Les condiments et les épices offrent peu d'intérêt, sauf une
espèce de cadamame qui se vend assez cher, le curcuma et les
piments.

Les produits industriels consistent en barques ou pirogues de
bois, en sacs faits de nattes et de rotin, en cordes de bambou et
en nattes.

Le sol est riche en minerais, surtout en fer; on trouve des
monticules d'oxyde de fer contenant 70 ou même 75 0/0 de métal
pur. On y rencontre aussi du cuivre et de l'or. Dans la région
d'Attopeu, les sauvages n'ont d'autre occupation que de laver le
sable des rivières, et ils sont tenus de payer leurs impôts en poudre d'or. Cette poudre renferme fréquemment des pépites assez
volumineuses. M. Harmand, supposant que la région d'où descen-
dent ces cours d'eau contient de grandes quantités du précieux
métal, voulait aller la visiter, mais il ne put y parvenir à cause
du choléra qui avait dispersé la population et fait le vide dans
toute la contrée.

Le docteur se résumant constate qu'en somme, il n'est
pas possible au commerce européen de faire des affaires dans ce
pays.

Les monnaies y sont la barre d'argent, le tikal, boule d'argent
qui vaut 3 fr. 50, et des lingots de fer en forme de fers de lance
qui pèsent 300 grammes. Il y a, en outre, une sorte de monnaie de
cuivre, valant 7 ou 8 sous et qu'il y aurait bénéfice à contrefaire.

Les échanges en Indo-Chine se font en nature contre du riz, des
cordes de rotin, des nattes, etc.; il n'y aurait donc absolument rien

à y faire sans employer le système des traitants de la côte d'Afrique.

Le grand commerce de ces pays est le trafic des esclaves ; les peuples de l'intérieur sont éternellement pourchassés et vendus. Un esclave adulte y vaut 2 à 3 barres d'argent et atteint au Cambodge une valeur double ou triple. Si nous devenons possesseurs de ce pays, il ne nous sera pas difficile de supprimer ce honteux commerce, car la contrée est restreinte et les routes par lesquelles se mènent les esclaves sont peu nombreuses; il n'y en a, en réalité, que deux, une qui va vers le Cambodge, l'autre qui va vers le royaume de Siam. Il serait donc facile d'interdire ces routes aux trafiquants d'esclaves, et de supprimer ainsi l'esclavage.

L'avenir de la colonie indo-chinoise, si elle devenait une possession française, dépend surtout de la tendance qu'ont les Annamites à s'enfoncer dans les terres et à s'y établir. Le jour où, par exemple, nous aurons remplacé au Tonkin par la protection française la tyrannie de la cour de Hué, les Annamites quitteront ce pays, où la population est surabondante, et notre Indo-Chine se peuplera davantage. Déjà tout le bord des fleuves est occupé par ces populations qui y exercent tout le petit commerce. Tout le grand commerce, au contraire, est entre les mains des Chinois. — Il y a là pour la France un superbe empire colonial à créer.

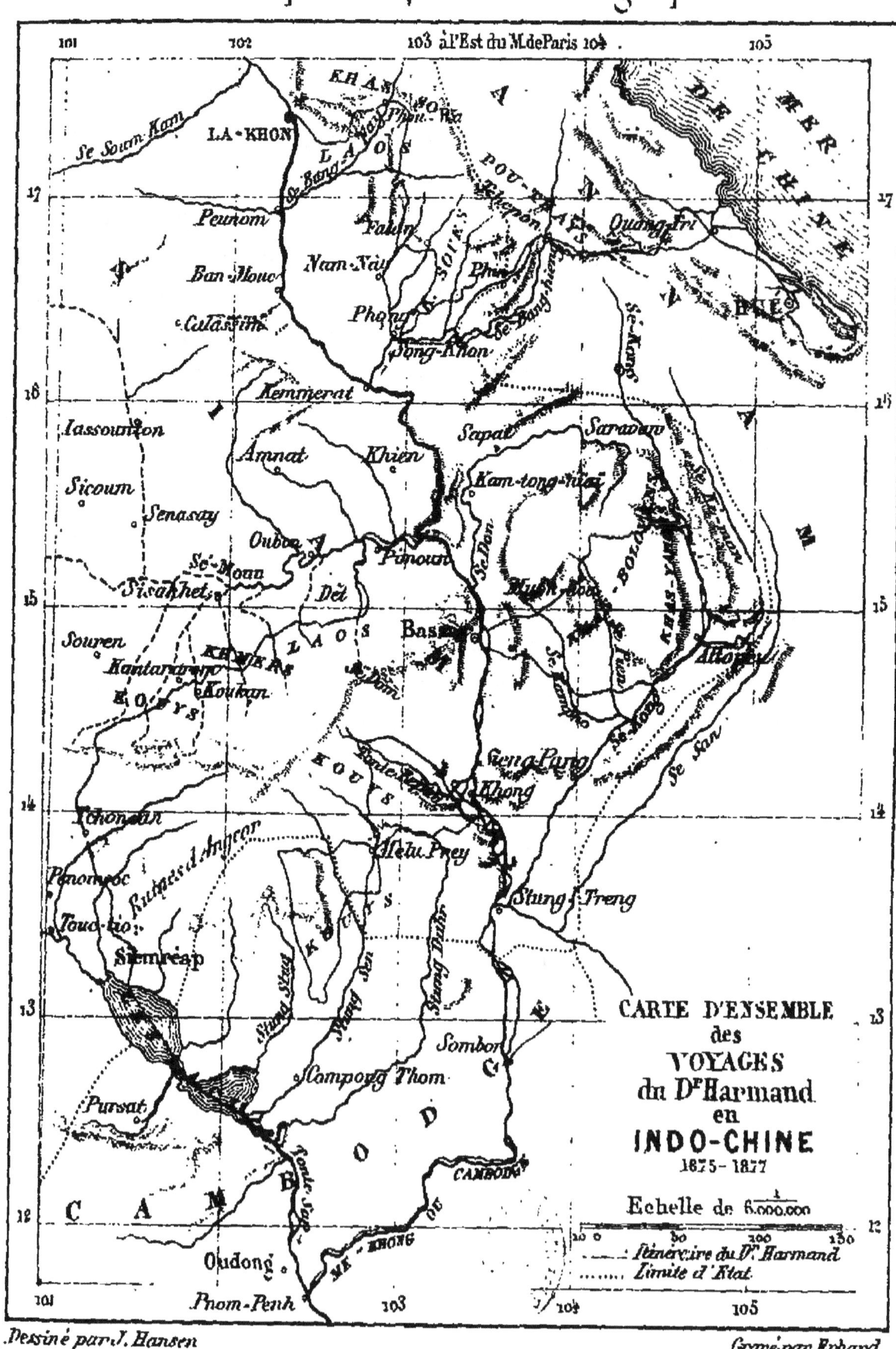
101
102
103 àl'Est du M.deParis 104
105
MER DE CHINE
KHAS WORA
LAOS
LA-KHON
Se Soum Kam
Se Bang Mou
Peunom
Falen
Nam Nai
POU-THAIS
Theron
Quang-Tri
ANNAM
17
Ban-Mouc
Phong
S. SOIAS
Se Bang
Se-Kong
Culaihith
Song-Khon
Kemmerat
18
Iassouthon
Amnat
Khien
Sapat
Saravan
Sicoum
Kam-tong-hai
Senasay
Oubon
Panom
Se-Moun
Se Don
BOLO
Sisakhet
Deï
Muth-Hom
M
Souren
Bassac
Attopeu
Kantarouro
KHMERS
LAOS
Se Kong
Koukan
KOUYS
A Don
Se San
KOUYS
Route Royale
Sieng Pang
Tchonean
Khong
Route Royale
Melu Prey
Penomooc
Ruines d'Angcor
Touc-ho
Stung-Treng
Siemreap
13
Sombor
Kompong Thom
CARTE D'ENSEMBLE
des
VOYAGES
du Dr Harmand
en
INDO-CHINE
1875-1877
Pursat
CAMBODGE
C A M B O D G E
Echelle de 1/6.000.000
12
Oudong
MÉ-KHONG
Phom-Penh
104
105
Itinéraire du Dr Harmand
Limite d'État

# HISTOIRE DU COMMERCE

L'histoire du commerce du monde, son état actuel, l'histoire du commerce français nous ont paru être des sujets à traiter avant tous autres dans le *Bulletin de la Société de Géographie commerciale de Paris.* Nous étions convaincu que les lecteurs de notre publication ne pourraient que nous savoir gré de leur rappeler des faits dont les conséquences se font sentir encore fréquemment ou de leur fournir un point de départ pour les études que nécessitent les questions actuelles. Aussi nous sommes-nous adressé, pour obtenir sur ces matières les meilleurs renseignements, à un savant dont l'autorité est actuellement reconnue partout, à un maître dont les leçons sont recherchées, à l'un des vice-présidents de notre Société, M. Levasseur, de l'Institut. Le hasard nous a singulièrement servi. M. Levasseur venait en effet de faire paraître, dans un excellent livre en cours de publication (1) un article sur les sujets en question. Il a bien voulu nous le communiquer et, après l'avoir lu, nous avons demandé à l'éditeur la permission de le reproduire, permission qui nous a été gracieusement accordée. Les lecteurs du *Bulletin* se féliciteront, nous l'espérons, de notre bonne fortune. — (Ch. G.)

## *HISTOIRE DU COMMERCE DU MONDE*

La civilisation dont nous sommes les héritiers est née dans la haute Asie et sur les bords du Nil; c'est autour du bassin de la Méditerranée qu'elle s'est épanouie. Les grandes nations commerçantes de l'antiquité ont habité sur ses bords. Les Phéniciens, qui ne possédaient qu'un très petit territoire, médiocrement fertile, ont eu cependant une grande puissance, parce que leurs ports, Sidon, Tyr, étaient précisément situés à l'extrémité orientale de cette mer, sur la côte où les caravanes, venues de l'intérieur de l'Asie, apportaient les produits de l'Orient, et d'où les navires partaient pour les distribuer dans les comptoirs phéniciens et dans les contrées riveraines de la Méditerranée; Carthage était un de ces comptoirs. Plus tard, les villes grecques d'Asie Mineure, entre autres Milet, et quelques-unes des républiques de la Grèce, Athènes surtout, se substituèrent aux Phéniciens et héritèrent en partie de leur puissance commerciale. Alexandrie, ville grecque fondée par Alexandre le Grand à peu de distance des bouches du Nil, devint, après la destruction de Tyr, le principal entrepôt entre l'Europe et l'Asie, et resta, pendant toute la durée de l'empire romain et pendant le moyen âge, une grande place de commerce.

A l'époque où les Arabes étendirent leur domination sur toute l'Asie occidentale et sur le nord de l'Afrique, le commerce fut

(1) *Dictionnaire de pédagogie et d'instruction primaire*, publié sous la direction de F. Buisson. Paris, Hachette et C<sup>ie</sup>.

florissant dans leur empire; le Caire, la Mecque, Damas, Bagdad, Bassora, Samarcande furent de riches marchés.

Les croisades contribuèrent à ramener en Europe le commerce maritime et à renouer les relations de l'Occident avec l'Orient. L'Italie, péninsule avancée au centre de la Méditerranée, dut en grande partie à sa situation géographique de recueillir presque tous les profits de ce trafic. Amalfi, Pise, Florence, surtout Gênes et Venise, ports situés l'un à l'ouest, au fond de la mer Thyrrhénienne, l'autre à l'est, au fond de la mer Adriatique, près des routes qui conduisaient à travers les Alpes dans l'Europe centrale, devinrent de grandes cités. Le commerce y développa l'industrie, comme il arrive d'ordinaire, et l'Italie fut la contrée la plus riche de l'Europe. Les marchands italiens allaient non-seulement à Alexandrie et sur les côtes de l'Asie Mineure, mais jusqu'au fond de la mer d'Azow, d'où partaient alors tous les ans des caravanes pour la Chine. D'autres foyers d'activité commerciale s'étaient formés sur les côtes des mers du nord de l'Europe, à Lubeck, à Hambourg, à Brême, à Anvers, à Bruges, etc. Ces villes s'étaient unies pour former une puissante confédération sous le nom de Hanse teutonique. En France, Marseille et Montpellier dans le midi, Lyon sur le Rhône, Paris, étaient aussi de grandes cités commerçantes, et les foires de Champagne, qui se tenaient à Troyes, à Reims, à Provins, étaient renommées.

La découverte de l'*Amérique* par Christophe Colomb en 1492, et celle de la *route maritime des Indes* par Vasco de Gama en 1497-98, changèrent la direction du grand commerce. La Méditerranée perdit une partie de son importance, et les républiques italiennes déclinèrent ainsi qu'Alexandrie. La prépondérance commerciale passa aux *Portugais* et aux *Espagnols*, qui ne surent pas la conserver longtemps. Mais elle resta à des nations riveraines de l'océan Atlantique.

Les Portugais dans l'Inde et dans les mers de la Chine, les Espagnols dans l'Amérique centrale et dans l'Amérique du Sud, avaient fondé des comptoirs et de vastes *colonies*, et ils avaient écarté toute concurrence commerciale en réservant d'une manière absolue à la mère patrie le monopole des produits naturels à exporter des possessions d'outre-mer et celui des produits de tout genre à y importer.

Les *Hollandais*, qui s'étaient affranchis de la domination des Espagnols et auxquels l'Espagne fermait par représailles les ports de l'Espagne et du Portugal, allèrent eux-mêmes chercher dans les Indes les produits de l'Orient, et s'emparèrent d'une partie des colonies portugaises; ils créèrent la Compagnie des Indes orientales, qui ne se montra pas moins jalouse de son monopole que ne l'avaient été les Portugais et les Espagnols, et ils restèrent pendant plus d'un siècle la puissance prépondérante sur les mers: Amsterdam devint le plus grand marché de l'Europe.

Louis XIV et son ministre Colbert s'appliquèrent à multiplier les manufactures et à développer la marine en France. Ils pensèrent y réussir en établissant un tarif de douanes qui, d'une part, permettait, aussi largement que possible, l'entrée des matières premières et des denrées et en interdisait la sortie, qui, d'autre part, facilitait la sortie des produits manufacturés et en gênait l'entrée par des droits élevés, afin de favoriser les fabriques nationales. C'était le *système mercantile*, qui est moins propre que la liberté commerciale au progrès des échanges. Louis XIV fonda des colonies et chercha à affaiblir la Hollande dont il jalousait la prospérité. Il l'envahit en 1672 et la força ainsi à se jeter dans l'alliance anglaise. Il n'en eut pas le profit. Ce fut l'*Angleterre* qui hérita de la suprématie des mers et qui commença à fonder au xviie et au xviiie siècle son vaste empire colonial dans l'Inde et en Amérique.

Pendant la Révolution française et sous l'Empire, la France soutint contre l'Angleterre une guerre maritime de vingt-trois ans ; elle y perdit ses dernières colonies. Napoléon essaya de ruiner son ennemie en établissant (de 1806 à 1814) le *blocus continental*, par lequel il interdisait l'accès de tous les ports du continent soumis à son influence à la marine anglaise et prohibait toute marchandise de provenance britannique. Il ne réussit pas. A la chute de l'Empire, les relations commerciales se rétablirent entre les États européens.

Depuis le commencement du xixe siècle, les conditions générales du grand commerce ont été profondément modifiées :

1° Les colonies anglaises de l'Amérique du Nord se sont émancipées, et ont formé, en 1776, la république des *États-Unis*, qui est devenue une grande nation, comptant, après cent ans, plus de 40 millions d'habitants, ayant une marine importante, un commerce considérable, une industrie puissante et approvisionnant les marchés européens de matières premières, principalement de coton.

2° Dans les vingt-cinq premières années du xixe siècle, les *colonies espagnoles* de l'Amérique et le *Brésil*, colonie portugaise, se sont également émancipés et ont formé des empires ou des républiques. Leurs marchés, jusque-là exclusivement réservés à la métropole, se sont ouverts à tout le commerce européen ; l'Angleterre et la France y ont pris la première place.

3° Le commerce européen a pénétré aussi, quoique moins complètement, dans l'intérieur de l'Afrique. Au sud, les Anglais se sont substitués aux Hollandais pendant les guerres de l'Empire et ont fondé l'importante colonie du *Cap*. Au nord, les Français occupent l'*Algérie*, dont la conquête a commencé en 1830 ; les Anglais, qui tenaient déjà Gibraltar, ont acquis, depuis 1801, par la prise de possession de Malte, un nouvel entrepôt en face de la côte d'Afrique ; l'*Égypte*, devenue presque indépendante, a pris un notable développement de richesse : son territoire et son commerce se sont étendus jusque sous l'équateur. Les marchandises anglaises et américaines sont portées par les marchands arabes et par les tribus nègres dans l'*intérieur de l'Afrique*, dont les voyageurs ont exploré en partie les régions mystérieuses.

4° L'*Australie*, qui a eu ses premiers colons en 1788, est aujourd'hui, avec la Tasmanie et la Nouvelle-Zélande, un pays civilisé qui fournit à l'Europe une grande quantité de laine et d'or.

5° Les relations avec l'Asie sont devenues aussi beaucoup plus importantes. L'Angleterre a achevé la conquête de l'*Inde*, dont tout le territoire lui est directement ou indirectement soumis ; elle y a construit des chemins de fer et encouragé la culture du coton et même l'établissement de manufactures. La *Chine*, où les commerçants européens n'étaient tolérés que dans un seul port, à Canton, a été ouverte par deux guerres suivies de traités : le traité de 1842, qui autorise le commerce dans cinq ports; celui de 1860, qui l'autorise dans treize ports. L'Angleterre, l'Amérique, l'Allemagne et la France ont surtout profité de ces relations nouvelles. Les Russes, qui ont étendu leur domination dans le nord de l'Asie, ont pris une part importante au commerce de la Chine en rendant aux routes de terre une partie de l'activité qu'elles avaient eue durant le moyen âge. Le *Japon* s'est ouvert également depuis 1854 au commerce, et il s'est appliqué à transformer sa constitution intérieure à l'image des nations civilisées de l'Europe.

6° Ces marchés lointains où a pénétré l'Europe ont été rendus plus facilement accessibles à la *navigation à vapeur*, qui a commencé sur l'Océan après les guerres de l'Empire, et qui, depuis la substitution de l'hélice aux roues à aubes, tend de plus en plus à remplacer la navigation à voiles.

7° La création des *chemins de fer*, qui ont sur le roulage le triple avantage de déplacer rapidement et à moins de frais des quantités beaucoup plus grandes, a produit dans les transports par terre des changements plus considérables encore que la vapeur dans les transports par mer. Ils peuvent être considérés à juste titre comme une des causes qui ont exercé la plus grande influence sur les changements qui se sont produits de notre temps dans la condition économique des personnes et dans les relations du commerce intérieur.

8° Le *télégraphe électrique*, qui met presque toutes les grandes contrées de la terre en relation immédiate et qui permet aux négociants de conclure dans le même jour des achats et des ventes dans les cinq parties du monde, a changé les anciennes habitudes et donné une force nouvelle au grand commerce

9° Le *canal de Suez*, en faisant communiquer la Méditerranée et l'océan Indien, a changé et abrégé pour la navigation à vapeur la route d'Europe en Orient; il a ramené le commerce dans la direction suivie avant la découverte du cap de Bonne-Espérance, mais en substituant une ligne de navigation continue à l'ancien transport, qui se faisait partie par navires et partie par caravanes.

Le commerce consiste à transporter et à échanger : le développement qu'il a pris au xixᵉ siècle, est nécessairement dû en grande partie à l'ouverture de marchés aussi vastes et à la création de moyens de communication aussi avantageux.

10° Le développement des banques et des moyens de *crédit* a donné aussi au commerce international des facilités qu'il était loin de posséder au même degré dans les siècles précédents.

11° Après la période des guerres de l'Empire, qui avaient placé le commerce dans une situation anormale, la plupart des grandes nations de l'Europe établirent des tarifs de douanes qui gênèrent le développement des affaires, par des droits élevés et des prohibitions : c'est ce qu'on appelait le système protecteur, lequel fut pendant longtemps dominant en Angleterre, en France et dans la plupart des États du continent. L'Angleterre, qui, par la nature de sa grande industrie et de son commerce, sentait plus que d'autres le besoin d'élargir les débouchés pour son approvisionnement en substances alimentaires et en matières premières et pour l'exportation de ses produits manufacturés, fut la première à adopter le principe de la *liberté commerciale* ; elle le fit, à l'instigation de Cobden, par la réforme de Robert Peel (1846). La France entra en 1860 dans la même voie par les *traités de commerce* qu'elle signa avec les principales nations d'Europe (la Russie exceptée), et l'ensemble du commerce de ces nations prit un plus grand essor. Depuis la guerre de 1870-71, les défiances causées par l'état politique du monde et par les crises commerciales ont de nouveau poussé les gouvernements à rendre l'accès de leurs marchés plus difficile aux étrangers, et à chercher dans l'augmentation des droits de douanes le moyen de couvrir une partie des dépenses croissantes de l'État.

Cette tendance est regrettable. Les droits protecteurs peuvent plaire au petit nombre des industriels dont les produits, couverts contre la concurrence étrangère, sont vendus plus cher sur les marchés nationaux qu'ils ne le seraient sur les marchés étrangers ; ces industriels peuvent en effet être portés à confondre les considérations de l'intérêt privé avec celles de l'intérêt général. Mais de tels droits ne sauraient plaire à tous les industriels ; car la protection ne s'adresse toujours qu'à un nombre restreint de produits et un droit même très élevé (de 30 à 50 0/0), qui frapperait également les importations de toute nature, constituerait un droit fiscal très onéreux et impolitique, mais non un droit protecteur. Ils ne sont pas favorables aux ouvriers, parce qu'en principe le taux du salaire se règle sur l'état général de la richesse et des habitudes d'un pays, et qu'en fait les journées ne sont pas mieux rétribuées dans une filature de coton, industrie qui jouit d'une certaine protection, que dans une fabrique de soieries, qui n'est pas protégée. Ils doivent déplaire aux consommateurs, qui payent plus cher; or ceux-ci représentent un beaucoup plus grand nombre d'individus que certains groupes d'industriels. Ils sont désapprouvés par la grande majorité des économistes, parce que l'économie politique enseigne que le bon marché et l'abondance des produits sont le but principal de la production, que la concurrence est un des moyens les plus sûrs de l'atteindre, et que la liberté du travail, qui est à la fois un droit de l'homme et une cause de richesse, comprend non-seulement la liberté de produire, mais aussi la liberté de vendre et d'acheter.

---

## ÉTAT DU COMMERCE ACTUEL DU MONDE

Le commerce du monde a son foyer principal dans l'*Europe occidentale* et dans une partie de l'Europe centrale (Prusse occidentale, Saxe, Suisse, Bohême), qu'habitent les nations les plus riches par la production manufacturière et par l'étendue de leurs relations. A la tête de ces nations est l'*Angleterre*, qu'aucune autre n'égale. Sa marine marchande forme à peu près la moitié de toutes les marines de l'Europe; car l'ensemble de ses bâtiments de commerce atteint une capacité de plus de huit. millions de tonneaux (un tonneau équivaut à un mètre cube), et l'ensemble des autres marines de l'Europe a une capacité d'environ sept millions et demi de tonneaux. Son commerce dépasse seize milliards de francs; celui du reste de l'Europe est d'environ quarante-huit milliards. Au second rang parmi les nations commerçantes se place la *France*, avec un commerce général de plus de neuf milliards. Au troisième, l'*Empire allemand* (7 milliards et demi), puis la *Belgique* (4,300 millions), qui fait un commerce considérable relativement à son petit territoire. Vers ce foyer occidental convergent des substances alimentaires et des matières premières de toute espèce venues de l'Europe centrale, méridionale et orientale, et des quatre autres parties du monde, ainsi que les métaux précieux; de là partent quelques produits agricoles, de la houille, et surtout des produits manufacturés avec les matières fournies par l'importation ou par la culture et par les mines des pays mêmes.

L'Europe centrale, orientale et méridionale fournit à l'Europe occidentale, comme substances alimentaires, les *céréales* de Russie et de Hongrie, les *bestiaux* d'Allemagne, d'Autriche et de Suisse, les *fruits*, les *vins* et l'*huile d'olive* de la région méditerranéenne, le *lin* et le *chanvre* de Russie, la *laine* d'Allemagne, d'Autriche, de Russie, de Turquie, les *bois de construction* de Scandinavie, de Russie, d'Allemagne et d'Autriche, les *graines oléagineuses* d'Allemagne, de Russie, les *cuirs* d'Allemagne, de Russie, de Turquie, l'*alcool* de l'Europe orientale. L'Europe occidentale vend en retour aux autres régions de l'Europe la *houille*, le *fer* et les autres métaux de l'Angleterre, le *sucre* raffiné de France et de Belgique; les *produits exotiques* (café, coton, métaux, etc.), que le commerce maritime a introduits dans ses ports et qu'elle réexporte; les *produits manufacturés* de ses fabriques, tissus et fils de coton, tissus de laine, de lin et de chanvre, de soie, machines, métaux ouvrés et quincaillerie, armes, mercerie, vêtements confectionnés.

L'Europe et surtout l'Europe occidentale reçoit des quatre autres parties du monde les *céréales* et la *farine* des États-Unis et du Canada, les *viandes salées* ou *conservées* des États-Unis et de la Plata, le *sucre* des Antilles, de la Malaisie, du Brésil, le *café* du Brésil, de Java, de Sumatra, de Ceylan, des Antilles, du Venezuela, le *thé* de la Chine, du Japon, de l'Inde, le *coton* des États-Unis, de l'Inde, de l'Égypte, du Brésil, la *soie* de la Chine, du Japon, de l'Inde, les *métaux précieux* des États-Unis, de l'Australie, du Mexique, de l'Amérique du Sud, les *métaux usuels*, cuivre, étain, etc., du Chili, des États-Unis, de la Malaisie, de l'Australie, les *bois de construction* et les *bois d'ébénisterie* du Canada, des États-Unis, du Brésil, de l'Amérique centrale, des Antilles, de l'Inde et de l'Indo-Chine, les *graines oléagineuses* et les *huiles* de la côte d'Afrique, de l'Inde, le *pétrole* des États-Unis, les *cuirs*, *peaux, cornes* et dépouilles d'animaux de la Plata, de l'Uruguay, du Brésil, des États-Unis, les *fourrures* de Sibérie et du Canada, l'*ivoire* de l'Égypte, des côtes d'Afrique, de l'Indo-Chine, le *caoutchouc* du Brésil, de l'Inde, de la Malaisie, des Antilles.

L'Europe reçoit directement la majeure partie de ces produits lointains dans un petit nombre de ports: Glasgow, Liverpool, Southampton, Londres, en Grande-Bretagne; Marseille, Bordeaux, Saint-Nazaire, le Havre, en France ; Anvers, Rotterdam, Amsterdam, Brême, Hambourg sur la mer du Nord, auxquels il faut ajouter Gênes et Trieste dans la Méditerranée. Ces ports sont eux-mêmes des marchés et des entrepôts d'où les marchandises se répandent, par voie de mer ou de terre, dans le reste de l'Europe.

Hors d'Europe, les foyers de commerce les plus importants sont : les *États-Unis*, qui ont une nombreuse marine, une industrie et une agriculture florissantes, et qui, exportant surtout des substances alimentaires et des matières premières en Europe, font concurrence en Orient et en Afrique aux produits manufacturés des nations européennes: l'*Inde* et la *Chine* avec le *Japon*, qui par leur très nombreuse population (près de 700 millions d'habitants), sont des centres importants de production et de consommation.

Voici le tableau comparé du commerce des nations pour l'année 1876 et années voisines :

| | Milliards de francs. | | Milliards de francs. |
|---|---|---|---|
| Angleterre | 16.5 | Asie russe | 0.13 |
| Pays-Bas | 2 | Asie britannique | 3 |
| Belgique | 4.5 | Empire chinois | 1.2 |
| France | 9.3 | Japon | 0.22 |
| Empire allemand | 7.5 | Le reste de l'Asie | 0.75 |
| Suisse | 2 | *Asie* | 5.3 |
| Autriche-Hongrie | 2.7 | | |
| Portugal | 0.3 | | |
| Espagne | 0.9 | Colonies des Pays-Bas | 0.40 |
| Italie | 2.3 | Colonies britanniques | 2 |
| Grèce | 0.2 | Le reste de l'Océanie | 0.02 |
| Turquie | 0.7 | *Océanie* | 2.42 |
| Serbie | 0.06 | | |
| Roumanie | 0.22 | | |
| Russie | 3.7 | Dominion du Canada | 1 |
| Danemark | 1.1 | États-Unis | 5 |
| Suède et Norvège | 0.52 | Mexique | 0.27 |
| *Europe* | 54.5 | Antilles | 0.9 |
| | | Brésil | 1 |
| Égypte | 0.4 | République Argentine | 0.61 |
| États barbaresques | 0.1 | Chili | 0.4 |
| Algérie et colonies françaises | 0.3 | Pérou | 0.28 |
| Colonies britanniques | 0.3 | Le reste de l'Amérique | 1.56 |
| Le reste de l'Afrique | 0.4 | *Amérique* | 11.02 |
| *Afrique* | 1.5 | | |

Le total est de 75 milliards de francs. Ces nombres ne doivent pas être pris comme l'expression exacte de la vérité. Les relevés ne sont pas faits dans les divers pays sur les mêmes bases; ils manquent absolument de précision pour certaines contrées et pour plusieurs le commerce de mer seul est compté. Si chaque nombre était exact, il ne faudrait pas en conclure que la somme des marchandise échangées dans le commerce extérieur du monde, soit de 75 milliards; car toute marchandise doit nécessairement être comptée deux fois, une première fois à l'exportation d'un État, une seconde fois à l'importation d'un autre État; le total se réduirait à 37 milliards environ. D'autre part, chaque nombre, fût-il exact, ne donnerait encore qu'une idée approximative de l'activité commerciale d'une population; en effet, dans une région où les États sont de médiocre étendue, le commerce dans les échanges journaliers franchit beaucoup plus souvent des frontières que dans un très-grand État comme la Chine, qui possède plus d'habitants que toute l'Europe.

Toutefois ces chiffres indiquent d'une manière approximative l'importance relative des États de la terre au point de vue commercial; ils assignent à l'Europe le premier rang parmi les parties du monde; à l'Angleterre le premier rang en Europe et à la France le second; ils placent ensuite l'Amérique, dans le commerce de laquelle les États-Unis figurent pour près de moitié.

Comme l'Amérique civilisée ainsi que les îles britanniques de l'Océanie sont peuplées par la race européenne, c'est à cette race qu'appartient aujourd'hui la suprématie commerciale dans le monde, parce que plus que toute autre elle a eu le génie de l'industrie, de l'invention et de l'entreprise, qu'elle produit beaucoup de richesse, et qu'elle s'est répandue par la colonisation et par la navigation sur presque tout le globe en cherchant des terres à cultiver, des matières à acheter et des marchés à approvisionner.

---

## HISTOIRE DU COMMERCE FRANÇAIS

Dans l'antiquité, le principal centre commercial de la Gaule barbare a été Marseille, colonie fondée par les Grecs de Phocée sur la côte de la Méditerranée : Marseille est resté pendant de longs siècles l'entrepôt des produits de l'Orient et de la Grèce, que les marchands distribuaient ensuite dans l'intérieur du pays en remontant le Rhône et en rapportant des matières premières ; après la conquête romaine, Lyon, bâti au confluent de la Saône et du Rhône, au débouché des routes des Alpes, entre l'Italie et la Gaule, a disputé la suprématie commerciale à Marseille.

Au moyen âge comme dans l'antiquité, les cours d'eau navigables ont été très-fréquentés par le commerce en gros, parce qu'ils sont des chemins tout faits sur lesquels le transport est peu coûteux. Montpellier et Marseille, Beaucaire, célèbre par sa foire où venaient les marchands de l'Afrique et de l'Asie, étaient les principaux marchés de la région méditerranéenne ; Bordeaux, qui entretenait des relations très-suivies avec l'Angleterre, la Rochelle, Nantes, Saint-Malo, Rouen, Dieppe, étaient ceux de la région océanique. Dans l'intérieur des terres, la ville d'Orléans, entrepôt naturel du commerce de la Loire avec Paris, et les foires de Champagne où les marchandises, venues d'Italie et d'Orient par le Rhône et la Saône, s'étalaient à côté des produits de la Flandre, avaient alors une importance qu'elles ont perdue aujourd'hui.

Colbert est le premier ministre qui ait suivi avec persévérance une politique systématique dans les questions de commerce : favoriser l'importation des matières premières et l'exportation des produits manufacturés, créer de grandes compagnies privilégiées à l'imitation des Hollandais, fonder des colonies, conclure des traités de commerce, telle a été, comme nous l'avons dit plus haut, sa politique. Il ne réussit pas dans toutes ses entreprises, mais les relations extérieures des négociants français se développèrent sous son administration.

Peu dè temps avant la Révolution, la France avait conclu avec l'Angleterre (1786) un traité qui modifiait considérablement le système restrictif de Colbert; pendant la Révolution, elle adopta un tarif général (1791) inspiré également par un esprit libéral. Mais la guerre avec l'Angleterre l'amena à publier un acte de navigation (1793) calqué sur la législation maritime de sa rivale et tout opposé aux tendances de la liberté ; puis, sous l'empire, à décréter (1806 et 1807) le blocus continental, qui fut plus désastreux encore pour le commerce européen que pour la marine britannique. La plupart des ports du continent furent ruinés.

Sous la Restauration les manufacturiers et les propriétaires fonciers, redoutant une concurrence à laquelle le régime de guerre ne les avait pas habitués, conservèrent, malgré la paix, le tarif prohibitif de 1806 et l'aggravèrent en votant, de 1816 à 1826, une suite de lois de finances qui mirent des droits ou élevèrent les droits déjà établis sur les produits de l'agriculture et sur la plupart des produits de la grande industrie; ils constituèrent le *système protecteur.*

Le commerce français atteignait presque un milliard de francs vers la fin du règne de Louis XVI. Depuis 1827, date à laquelle le relevé du commerce a été fait d'une manière suivie et par des procédés qui permettent la comparaison, le commerce spécial s'est élevé par une progression continue, quoique lente, jusqu'en 1847 inclusivement, de 920 millions à près de 1,800 millions, doublant ainsi dans l'espace de 20 ans ; la progression n'a été momentanément interrompue que par quelques crises commerciales, comme celle de 1830-31, celle de 1837 et celle de 1847. 1848 a amené une crise beaucoup plus forte : le commerce est tombé au-dessous de 1,200 millions. Mais il s'est promptement relevé et, en 1859, il dépassait 3,900 millions : il avait au moins doublé dans l'espace de dix ans. Deux causes avaient particulièrement contribué à ce rapide développement : quelques adoucissements apportés au tarif restrictif du système protecteur, et surtout le développement du réseau des chemins de fer et de la navigation à vapeur. Le commerce avait, durant cette période, subi la crise de 1857-58.

En 1860, la France rompit avec le régime protecteur ; elle conclut avec l'Angleterre d'abord (23 janvier 1860), puis avec d'autres nations des traités de commerce qui facilitèrent les échanges et exercèrent une influence analogue à celle qu'avaient eue la transition des anciens modes de transport à l'emploi de la vapeur. De 3,900 millions le commerce spécial s'éleva en dix ans à plus de 6,200 millions. Il ne doublait pas ; mais il augmentait de 2,300 millions, tandis que durant la période précédente, il avait augmenté de 2,100 millions environ.

Les révolutions et les guerres occasionnent toujours des crises. Le commerce français qui avait ressenti, en 1867, le contre-coup de la güerre allemande de 1866, s'affaissa en 1870, mais pour se relever promptement en 1872 et 1873 et atteindre presque 7,600 millions en 1876.

Il ne faut pas accepter sans certaines réserves la progression qui résulte de la comparaison de ces nombres. Jusqu'en 1847, on évaluait le commerce d'après les '« valeurs officielles » qui avaient été fixées en 1827 et qui restaient les mêmes quels que fussent les prix réels des ventes ; depuis 1847, on évalue le commérce d'après les valeurs actuelles, c'est-à-dire d'après les prix du marché tels qu'ils sont relevés pour chaque année par une commission spéciale. Or, les prix ont pour la majeure partie des marchandises augmenté sensiblement depuis 1847, et des valeurs doubles ne correspondent pas à des quantités doubles.

Après la stagnation causée par la guerre de 1870-71, l'essor avait été trop rapide pour être durable : les événements politiques et économiques de l'Europe et de l'Amérique ont de nouveau ralenti le progrès. Les négociants sont en général prompts à s'alarmer et à attribuer à la concurrence les défaillances qui ont lieu de temps à autre dans le négoce : le spectacle du mouvement général des affaires durant une longue suite d'années est propre à ramener l'esprit à un jugement plus sain. Le commerce extérieur de la France est en progrès, comme celui de toutes les grandes nations : c'est un point auquel il faut s'attacher. En dix-huit ans, de 1859 à 1878, il a augmenté de plus de 3,700 millions ; dans les dix huit années précédentes, il avait augmenté de 2,400 millions. Comme celui de toutes les nations aussi, il est exposé à être arrêté par des obstacles et traversé par des crises ; ces crises sont d'autant moins intenses d'ordinaire que le crédit est plus solidement assis, et le mal se répare d'autant plus vite que les débouchés sont plus nombreux et plus faciles.

Le commerce se compose d'importations et d'exportations. C'est un préjugé de croire qu'une nation puisse exporter, sans importer ; elle doit nécessairement recevoir soit en numéraire, soit en marchandises, l'équivalent de ce qu'elle a livré sur les marchés étrangers ; le numéraire n'est pas un objet de retour plus avantageux en lui-même que les marchandises, puisqu'il sert à les acheter, et il ne figure dans la balance que pour la part la moins considérable (347 millions en moyenne d'excédant des importations de numéraire sur les exportations dans la dernière décade sur un commerce général de 8,464 millions). En principe, les importations et les exportations, en y comprenant le numéraire, devraient se balancer, les importations dépasseraient même les exportations d'une certaine quantité, parce que les produits à leur entrée valent le prix payé sur le marché étranger et augmenté des frais de transport, tandis que les produits exportés ne sont pas encore grevés de la totalité des frais de transport. Dans la pratique, ce sont tantôt les importations et tantôt les exportations qui l'emportent, sans qu'on puisse en inférer que le commerce souffre ou prospère ; par exemple, de 1840 à 1847 et de 1867 à 1871, l'avantage a été à l'importation ; il a été à l'exportation de 1848 à 1854 et de 1862 à 1866.

La balance s'établit non pas dans le cours d'une même année, mais dans une période plus ou moins longue.

Si les exportations sont profitables à la richesse publique, parce que les producteurs nationaux de tout genre ont intérêt à trouver le placement le plus avantageux de leurs produits, les importations ne le sont pas moins, puisqu'elles fournissent aux consommateurs les marchandises dont ils ont besoin pour leur travail ou pour leur consommation personnelle. Une bonne politique doit moins s'occuper d'un équilibre qui s'établit naturellement, que de la largeur et de la facilité des débouchés par lesquels s'accroissent l'importation et l'exportation.

E. LEVASSEUR,
de l'Institut, vice-président de la Société.

# FAITS GÉOGRAPHIQUES

—

Le 16 octobre 1876, la Direction et le Conseil central de la Société de géographie de Lisbonne, demandaient à S. M. le roi de Portugal et à son gouvernement d'encourager une expédition scientifique ayant pour but l'exploration de ce continent africain où les Portugais ont laissé tant de traces. Cette expédition devait se composer de major A.-A. de Serpa Pinto, du capitaine de vaisseau H. du Brito Capello et du lieutenant R. Ivens, membres de la Société de géographie.

Le voyage projeté en 1876 a commencé en 1877 et vient de se terminer.

Les détails nous manquent encore en ce qui concerne la première partie de l'itinéraire de M. Serpa Pinto et de ses collègues. Nous savons cependant qu'après avoir quitté Benguela le 12 novembre 1877 ils se dirigèrent d'abord sur N'gola au sud, puis, gagnant le nord-est, atteignirent Caconda le 8 janvier. Le 18 mai 1878, par Dombe et Quillengues, ils arrivaient à Bihé, à l'est de Benguela et de Catumbela où le lieutenant Cameron a touché la mer après avoir traversé l'Afrique de l'est à l'ouest. A Bihé, les explorateurs se séparèrent : MM. Capello et Ivens marchant vers le nord, et M. Pinto vers l'est, celui-ci dans l'intention de gagner d'abord Zumbo sur la rive gauche du Zambèze et ensuite la côte orientale. En route, il projetait d'explorer, avec l'appui du chef de Lui ou Ungenge, un grand ami des Portugais, la région sise entre ce fleuve et le Kubango, dont on ne connaît pas encore exactement le cours.

Dans le voyage de Benguela à Bihé, les explorateurs avaient vérifié la position des sources du Kubango, du Cunene, du Catumbela et du Cutato qui se jette dans le Quanza ; mais, par contre, ils paraissent avoir renoncé à l'exploration complète du Cunene dont le cours est encore partiellement inconnu. Assisté de MM. Capello et Ivens, ainsi que d'un membre de l'expédition pour les travaux publics d'Angola, M. Duarte Coelho, le major Pinto avait pu déterminer la longitude, la latitude et la hauteur de Benguela, de Dombe Grande, de Quillengues, de Caconda et de Bihé. En ce qui concerne les altitudes, il avait trouvé Benguela à 7 mètres, Dombe Grande à 98, Quillengues à 900, Caconda à 1,678 et Bihé à 1,670. Avant de quitter Bihé, il avait désigné comme le seul homme capable de le retrouver mort ou vivant sur la route qu'il voulait suivre l'un de ses collègues de la Société de Lisbonne, M. Sarrea Prado, qui n'aura pas eu heureusement à s'acquitter de cette tâche.

En effet, après avoir quitté Bihé, M. Pinto, prenant la direction de Zumbo, est entré dans le cœur du continent. On n'avait plus, depuis le 18 mai, entendu parler de lui lorsqu'une dépêche venant de Pretoria, le chef-lieu de cette république de Transvaal que l'Angleterre a annexée en 1877, dépêche adressée au ministre des colonies, est arrivée à Lisbonne par Aden d'où elle a été transmise le 16 mars. Elle était signée Serpa Pinto et annonçait l'arrivée à Pretoria de cet explorateur, après une lutte constante contre tous les obtacles, des pertes d'hommes très-sensibles, mais avec tous ses manuscrits et ses notes.

Il résulte de ce message que M. Serpa Pinto aurait considérablement dévié de sa route, puisque Pretoria est à 10 degrés 1/2 au sud de Zumbo, qu'il s'était proposé d'atteindre. Le voyage, très-pénible, aurait duré du 12 novembre 1877 si l'on prend comme point de départ Benguela, ou du 18 mai 1878 si l'on compte de Bihé, ce qui est plus exact, jusqu'au 16 mars 1879, c'est-à-dire seize mois et près de dix mois dans le second.

Quoi qu'il en soit, Cameron et Stanley ont trouvé un premier émule en attendant le second qui sera, nous l'espérons, M. Debaize. Félicitons sincèrement la Société de géographie de Lisbonne de l'honneur que fait rejaillir sur elle le succès de M. Pinto. Les résultats scientifiques de la nouvelle traversée du continent seront bientôt connus ; mais dès à présent on peut les regarder comme importants puisque tout le haut Zambèze a été exploré, et que « le secret du Kubango », c'est-à-dire la direction de l'embouchure de cette rivière, a été découvert. Honneur aussi au courageux soldat qui, au prix de périls et de fatigues sans nombre, vient de renouveler la gloire des explorateurs des XVIe et XVIIe siècles en traversant du nord-ouest au sud-est le continent africain entre les 11e et 31e degrés de longitude est et les 12e et 26e degrés de latitude sud, de Benguela sur la côte occidentale, à la baie de Delagoa sur la côte orientale ! Les descendants des Bougainville, des Lapeyrouse et des Caillé sauront bien encore cueillir des lauriers après ceux des Cam et des Souza, des Hudson et des Cook. — C. G.

La Société de Géographie d'Anvers a délégué près de la Commission organisatrice du 2e Congrès de géographie commerciale qui doit avoir lieu à Bruxelles du 24 au 27 septembre, son président, M. le lieutenant-colonel Wauvermanns, et son secrétaire général M. Génard.

Le 22 février a eu lieu à Milan l'assemblée générale de la Société pour l'exploration de l'Afrique, sous la présidence de M. Erba assisté du capitaine Camperio et de M. Pirelli, rapporteur de la commission chargée de rédiger les statuts:

Ces statuts ont été adoptés.

# EXTRAIT DES PROCÈS-VERBAUX
## des séances générales (1)

*Séance générale du 22 février 1879.*
Présidence de M. Meurand.

M. *Gros*, l'un des secrétaires, donne lecture du procès-verbal de la séance précédente, qui est adopté.

Il est procédé à l'admission des membres proposés à la dernière séance.

Le Secrétaire général donne lecture de la correspondance. Il résulte notamment d'une lettre émanée de MM. les Président et Secrétaire du Comité international pour le percement de l'isthme interocéanique que la réunion de ce Comité aura lieu le 15 mai 1879, au siége de la Société du Canal de Suez.

M. *Raffray* fait une communication relative à son voyage à la Nouvelle-Guinée. (*Voir au Bulletin.*)

M. le Président remercie M. Raffray au nom de l'assemblée, qui applaudit.

Le Secrétaire général fait connaître les ouvrages offerts à la Société et signale, parmi eux, le livre de M. Marche : *Trois voyages dans l'Afrique occidentale*, qui vient de paraître. Il ne croit pas pouvoir mieux dire ce qu'il en pense qu'en citant quelques passages d'une lettre adressée à l'auteur, et dans laquelle M. de Quatrefages, de l'Institut, rend un hommage indiscutable à la modestie et au courage du voyageur.

M. *Bionne*, vice-président de la Société, annonce qu'il se propose de parler, dans une prochaine réunion, des résultats que les explorations de l'Ogooué peuvent amener pour la France.

M. *Ménier* fait savoir que la Commission nommée par la 1ʳᵉ Section pour examiner le projet de chemin de fer Transsaharien a fait son rapport. Il en fait connaître les conclusions favorables et sollicite de l'assemblée générale la confirmation des pouvoirs donnés à la Commission. L'assemblée, consultée, confirme ces pouvoirs.

Le Secrétaire général rend compte de la célébration, par la Société de Géographie de France, de l'anniversaire de Cook ainsi que du dîner offert par les missionnaires scientifiques du Ministère de l'Instruction publique à M. le baron de Watteville, directeur de la section des sciences et des lettres à ce ministère. Il félicite la Société d'avoir été invitée à se faire représenter à ces deux fêtes.

M. *Deloncle* donne des détails sur des entreprises géographiques en cours d'exécution.

Le Secrétaire général fait connaître les noms des membres présentés pour être admis dans la Société. Ce sont :

M. le Dʳ Harmand, présenté par MM. Gauthiot et Bionne; — M. le baron de Watteville, présenté par les mêmes; — M. A. Barbeau, présenté par MM. François Bazin et Gauthiot; — M. L.-V. Wegmann, présenté par MM. Gros et Robin; — M. B. Bourgeois, présenté par MM. Fr. Bazin et Cortambert; — M. A. Stinville, présenté par MM. Fr. Bazin et Gauthiot;

— M. P. Lefebvre, présenté par MM. J. Gros et Pasdeloup ; — M. Ch. de Rouvre, présenté par MM. Robin et Lucy.

Lecture est faite de la liste des ouvrages offerts. La séance est levée.

*Séance générale du 25 mars 1879.*

Présidence de M. Eugène Cortambert.

Le procès-verbal est lu et adopté, et les membres présentés à la dernière séance sont admis.

Le Secrétaire général annonce à la Société, aux applaudissements de l'auditoire, qu'une dépêche de Lisbonne du 17 mars fait savoir que M. Serpa Pinto, l'explorateur portugais, parti de Benguela le 12 novembre 1877, est arrivé à Pretoria, dans le Transvaal, après avoir traversé le continent de l'ouest à l'est. Après avoir donné sur ce sujet des explications et reçu mandat de féliciter de ce résultat la Société de Géographie de Lisbonne, au nom de la Société de Géographie commerciale, M. Gauthiot lit une note relative à une expédition que M. Menotti se proposerait de faire en Nouvelle-Guinée, en vue de la colonisation de ce pays.

Lecture est donnée ensuite de la correspondance.

La Société belge de Géographie, qui a accepté d'organiser la deuxième session du Congrès international de géographie commerciale, annonce qu'elle a confié les fonctions de Secrétaire général de cette session à M. A. Bamps, membre correspondant de la Société de Géographie commerciale de Paris, et ancien délégué au Congrès de cette ville. M. Bamps sera chargé avec le Secrétaire général, M. J. du Fief, de tout ce qui concerne la prochaine session qui se tiendra à Bruxelles, du 27 au 30 septembre prochain.

M. Bamps fait savoir, d'autre part, que la Société belge a composé le comité d'organisation de ce Congrès de délégués, 1° de la Société belge de géographie ; 2° de la Société de géographie d'Anvers ; 3° du Ministère des affaires étrangères de Belgique; 4° du Cercle du commerce et de l'Industrie, à Bruxelles ; 5° de l'Institut supérieur du commerce, à Anvers ; 6° du Syndicat de la Presse; 7° des principales associations commerciales et industrielles du pays.

La Société de Géographie commerciale de Bordeaux communique le programme d'un concours ayant pour but d'obtenir des renseignements complets sur : 1° la possibilité d'améliorer la canalisation actuelle de la Gironde à la Méditerranée ; 2° la possibilité d'ouvrir à la marine une voie directe entre les ports du Nord ou de l'Ouest et ceux du Midi. Ce concours donnera lieu à des prix dont elle se propose d'élever la valeur par une souscription publique. La Société de Bordeaux demande, pour l'exécution de ses plans, leur examen par la Société de Paris et l'adhésion de celle-ci, dont le concours contribuera à affermir la solidarité morale de toutes les Sociétés françaises de Géographie. — Le programme en question est renvoyé à l'examen de la première section, qui devra faire son rapport.

Lord Herbert, évêque de Salford, annonce que la fondation de la *Manchester Society of commercial geography* a été définitivement décidée dans une assemblée tenue le 12 mars, sous la présidence du maire de Manchester. Il témoigne le désir de la Société nouvelle d'entretenir avec celle de Paris d'amicales relations.

Le président du *Central Verein für Handelsgeographie* de Berlin, D<sup>r</sup> Jannasch, notifie officiellement la fondation de la nouvelle Société, dont il demande de seconder les efforts.

M. Peghoux, membre du Conseil, prie d'excuser son absence pendant un voyage qu'il va faire en Russie.

La parole est donnée à M. le D<sup>r</sup> Harmand, pour une communication sur les voies de communication et le voyage dans la basse Cochinchine et le Laos. L'improvisation de M. Harmand est suivie d'applaudissements répétés : elle figurera, du moins en substance, au *Bulletin*.

Le Secrétaire général annonce que le Conseil de la Société a décidé de le charger de la révision des procès-verbaux de section du dernier Congrès. L'observation faite par lui que cette tâche n'était point la sienne et qu'il ne saurait la bien remplir, puisque, comme président fort occupé de la première section, il n'avait pu suivre les travaux des autres, n'a point été accueillie. M. Gauthiot fait ensuite un court résumé des travaux des sections jusqu'au 28 mars.

Sont présentés pour faire partie de la Société : M. Albert Grévy, vice-président de la Chambre des députés, chargé du gouvernement général de l'Algérie, par MM. Gauthiot et Meurand ; — M. Joussemet, par MM. Gauthiot et Harmand ; — M. le Barrois d'Orgeval, par MM. Lelong et Gauthiot ; — M. Bouvier, par MM. Gauthiot et Marche ; — MM. Pierre Détrée et Célestin Détrée, par MM. Fr. Bazin et Bionne ; — M. J.-H. Kessler, par MM. Brau de Saint-Pol Lias et Bionne.

Le Secrétaire général lit la liste des ouvrages offerts à la Société. On y remarque : *le Chemin de fer transsaharien*, par M. Duponchel, membre correspondant (don de l'auteur) ; *Navigazione dei Porti del Regno* et *Movimento dello stato civile* (offerts par M. Bodio, membre correspondant, directeur de la statistique italienne) ; *The River Kwara* (Niger) *from the Town of Kabba to the See* by Lieutenant Allen (carte offerte par M. Marche).

La séance est levée.

# EXTRAIT DES PROCÈS-VERBAUX
## des séances des sections
*Décembre 1878-Avril 1879.*

1<sup>re</sup> *Section.*

Du 5 *décembre* 1878. — Après la nomination du Bureau, M. Gauthiot, ancien président de la section, cède la place à M. Brau de Saint-Pol-Lias, président élu, qui remercie de l'honneur qui lui a été fait par une allocution dans laquelle, après avoir signalé le développement des Sociétés de géographie et le rôle important qu'elles ont à jouer, il précise la mission de la 1<sup>re</sup> section. « Notre section, dit-il, doit faire ses « efforts pour attirer à elle tous nos explorateurs, pour leur former un « centre sympathique, où ils se rencontrent, où ils se sentent chez eux, « où ils puissent échanger leurs idées... Que de choses ont à se conter et « à s'apprendre des hommes qui viennent des pays les plus lointains et « les plus divers, de l'hémisphère Nord et de l'hémisphère Sud, de « l'équateur et des pôles! — Ils ne sauraient trouver un terrain qui leur « fût plus spécial, puisque ce sectionnement très-heureusement inauguré « dans notre Société n'existe pas ailleurs, ni un motif qui fût mieux fait « pour les rassembler puisqu'ils peuvent venir rendre, ici, à notre pays, « de véritables services. — Si savant que soit un explorateur, — ou « plutôt, par cela même qu'il est savant, qu'il a un esprit large et élevé, « — il a certainement recueilli, dans ses voyages, des observations utiles « sur les mœurs agricoles, industrielles et commerciales des habitants, et « la nature des produits des pays qu'il a parcourus : il peut nous « fournir, par conséquent, des renseignements précieux, qui éveillent « l'esprit d'entreprises coloniales, encore trop engourdi chez nous, — et « il sera heureux de les fournir, lorsqu'il saura qu'ils pourront être utile-« ment recueillis, recevoir une publicité, être transmis à qui devra en « profiter. » En terminant, M. Brau de Saint-Pol-Lias assure la section de son dévouement aux idées qu'elle veut défendre et réclame le bienveillant concours de tous ses collègues, notamment des vice-présidents.

Après ce discours, la Section a émis le vœu que le Bureau de la Société fît les démarches nécessaires pour que le compte rendu des travaux de la première section pendant le Congrès fût, si faire se pouvait, adjoint au compte rendu des séances générales dudit Congrès.

2 *janvier* 1879. — (Pas de séance).

6 *février* 1879. — M. le président Brau de Saint-Pol-Lias ouvre la séance en souhaitant la bienvenue au compagnon de M. de Brazza dans son voyage sur l'Ogooué, le D<sup>r</sup> Ballay, qui a bien voulu se rendre à son invitation et apporter à la Section des renseignements sur les pays qu'il a explorés.

M. Gazeau de Vautibault fait une communication sur le chemin de fer transsaharien, dont il indique l'importance commerciale et nationale en s'appuyant sur le travail de M. Duponchel. Après avoir répondu par avance aux objections qui pourraient être faites au projet, il demande qu'il soit nommé une Commission pour l'examiner. La demande est accordée, et MM. Gazeau de Vautibault, Dupuis, Ménier, Marche, Ballay, Capitaine et Ringier sont nommés membres de cette Commission.

M. le D<sup>r</sup> Ballay parle ensuite de son voyage sur l'Ogooué et l'Alima. Il donne d'utiles renseignements sur les productions de la contrée qu'il a parcourue, productions qui seraient plus facilement exploitables si l'on renonçait aux transports à dos d'homme et qu'on employât des pirogues montées par les indigènes. C'est surtout l'ivoire qui est un objet de commerce; il s'échange contre des étoffes, des fusils et de la poudre. Le manioc, cultivé par certaines peuplades des bords de l'Alima, sert aussi aux échanges; on pourrait cultiver dans le pays le cacao et le café et tirer parti de la gomme copal, de l'huile de palme et des arachides.

Sur la proposition de M. Gaulhiot, qui annonce que la Société africaine allemande a tenu à remercier les explorateurs de l'Ogooué, MM. de Brazza et Ballay, des services qu'il ont rendus à M. Büchner lorsqu'ils ont rencontré en Afrique ce voyageur, la section s'associe tout entière aux remerciments adressés par le président au D' Ballay qui, encore fatigué et souffrant, a bien voulu venir faire une si intéressante communication.

*6 mars 1879. Présidence de M. Brau de Saint-Pol-Lias.* — La section nomme comme secrétaire M. Ménier, en remplacement de M. Ballut.

M. Ménier, au nom de M. Capitaine, encore souffrant, met la section au courant des travaux de la Commission chargée d'examiner le projet de chemin de fer transsaharien. Cette Commission s'est prononcée pour la création d'une Société qui organisera une expédition destinée à étudier le tracé du chemin de fer ; mais cette Société étant industrielle se trouvera, par cela même, en dehors de l'action de la Société de géographie commerciale ainsi qu'il résulte des statuts. La Commission tiendra néanmoins la Section au courant de ce qui sera fait.

Le Président exprime tout l'intérêt que la communication de M. Ménier inspire à la section. Il voit, dans l'expédition projetée, une source de renseignements précieux et signale comme un des obstacles que la nouvelle Société aura à vaincre l'inconnu que présentent encore les contrées que le chemin de fer devra traverser.

M. Gazeau de Vautibault fait remarquer que le Congrès de géographie commerciale de 1878 et la Commission ont demandé seulement l'exécution du chemin d'Alger au Touat et que la contrée à parcourir par ce chemin est connue, grâce aux voyages de M. Soleillet et aux marches de nos colonnes expéditionnaires.

Le Président soumet à la section une lettre et un programme envoyés par la Société de géographie de Bordeaux et qui lui ont été transmis par le Conseil, à fin de discussion et de rapport. (*Voir l'extrait du procès-verbal de la séance générale du 25 mars 1879.*)

Le Secrétaire général engage la section à demander à tous ses membres un dévoué concours afin de répondre d'une manière aussi complète que possible aux questions posées par la Société de Bordeaux.

M. Ménier regarde comme peu exécutable un canal maritime; il pense que l'Etat devrait racheter le canal du Midi, affermé encore pour longtemps, ce canal et le chemin de fer pouvant suffire aux transports de Bordeaux et Marseille.

M. le Président pense qu'une discussion approfondie doit être remise à la prochaine séance. D'ici là, toutes les personnes compétentes seront priées d'étudier le programme de la Société de Bordeaux.

Le Secrétaire général exprime le désir que le bureau de la section fasse dresser une liste des membres qui suivent habituellement les séances et de ceux qui, connaissant une ou plusieurs langues étrangères, peuvent rendre des services au Bureau.

## 2° Section.

*12 décembre 1878. Présidence de M. Gros.* — Il est procédé à l'élection des membres du Bureau. La discussion s'ouvre sur la question du Musée, et se termine par l'adoption d'une proposition aux termes de laquelle M. Pomel, sénateur, président de la Commission du Musée, sera remercié par le Président de la section du concours qu'il a donné en cette affaire à la deuxième section qu'il présidait, et sera prié de faire une nouvelle démarche auprès de M. le ministre de l'agriculture et du commerce en faveur du Musée projeté.

M. Lucy offre de classer les objets provenant de la Nouvelle-Galles du Sud, et M. Peghoux de faire des démarches pour obtenir du Comité de la section coloniale à l'Exposition les objets dont elle pourrait se défaire.

*9 janvier 1879. Présidence de M. le comte Meyners d'Estrey.* — Le Président adresse ses remercîments à la section qui l'a élu et promet son cordial concours.

M. Robin, au nom de la Commission du Musée, rend compte de l'audience accordée à cette Commission par M. le Ministre de l'agriculture et du commerce, qui a déclaré que la question du Musée était résolue en principe, et qu'il n'attendait plus, pour désigner l'emplacement du musée dans les bâtiments du Champ-de-Mars que l'entente de la Ville de Paris et de l'État en ce qui concernait la conservation de ces bâtiments.

Il est donné lecture d'une lettre de M. Hertz relative au rôle de la Commission italienne dans la formation du Musée. Il résulte de cette lettre que cette Commission a dédoublé, au profit du musée, 400 à 500 échantillons de graines provenant de l'Italie et de l'Inde ; qu'elle a fait cadeau de quelques doubles des produits obtenus par elle des divers exposants, et que M. le comte Telfener a promis de fournir au musée, dès que la Société aurait un emplacement, une collection complète de tous les produits de l'Italie, de la Sardaigne et de la Sicile. M. Hertz ajoute que la question des collections préalables est secondaire, la possession d'un emplacement devant faciliter l'obtention de tous les produits désirables.

M. Gros déclare, à propos du rétablissement dans leur forme primitive des vœux acceptés au Congrès, que ces vœux, en ce qui concerne les 2ᵉ et 5ᵉ sections ont été exactement reproduits par le *Journal officiel.*

*13 février 1878. Présidence de M. Gros.* — Le Président, précisant un passage du dernier procès-verbal, déclare que la fusion de la Commission du musée avec la section a été repoussée.

M. Lucy lit une notice sur les productions de la Nouvelle-Galles du Sud. Il signale les ressources offertes par cette contrée à l'agriculture ; l'immense étendue des terres favorables à l'élève du bétail ; les bœufs innombrables qui fournissent à l'industrie la viande conservée, les peaux et les cornes ; les moutons qui fournissent une bonne laine ; les excellents vins qu'on obtient dans certaines localités ; l'extension de l'*Eucalyptus globulus* ; les gisements de houille, de fer, de cuivre et de plomb. Des remercîments sont adressés à M. Lucy pour sa communication.

*13 mars 1879. Présidence de M. Meyners d'Estrey.* — M. Gros demande qu'il soit dressé une liste particulière des membres qui désirent prendre part aux travaux de la section, afin qu'ils puissent être convoqués spécialement. Il demande aussi, et sa proposition est approuvée, que rapport soit fait sur le projet de formation d'une Chambre de commerce internationale autrefois formé et soutenu par un membre que la mort a enlevé à la Société, M. Farrenc.

### 3ᵉ Section.

*16 décembre 1878. Présidence de M. Robin.* — Le Président ayant appelé l'attention sur la façon inexacte dont ont été rapportés au *Journal officiel* les vœux de la 3ᵉ section adoptés par le Congrès international, M. Capitaine dépose sur le bureau l'original des procès-verbaux de cette section, et donne lecture des vœux dans leur forme exacte. Ces vœux sont insérés au procès-verbal, et il est décidé qu'il en sera remis copie au Bureau central de la Société, afin que celui-ci en poursuive l'impression par tous les moyens en son pouvoir.

Le Président propose ensuite de reprendre le travail relatif à l'émigration qui a été commencé l'année précédente, et de demander à ce sujet aux différents gouvernements les renseignements nécessaires. MM. Robin, Capitaine, Gauguet, Lucy, Gazeau de Vautibault et Brau de Saint-Pol-Lias sont chargés de ce qui concerne différents pays.

*20 janvier 1879. Présidence de M. Robin.* — La section s'occupe de nouveau des études relatives à l'émigration. M. John Lelong se charge de ce qui concerne les républiques de l'Amérique centrale. M. Jules Rolland est nommé secrétaire.

*17 février 1879. Présidence de M. Robin.* — M. Capitaine étant

malade, la lecture du travail sur le Japon est remise à un autre jour.
M. Lucy entretient la section de la Nouvelle-Galles du Sud, qu'il se propose d'étudier encore au point de vue administratif et en ce qui concerne l'histoire naturelle et les dernières explorations.

M. le commandant Delagrange passe rapidement en revue le régime des Compagnies de colonisation, s'attache à les justifier des reproches adressés au monopole qu'elles ont exercé, et constate qu'elles ont fondé la plupart des colonies. Il cite la plus ancienne de toutes ces compagnies, la Compagnie hollandaise qui, de 1495 à 1830, a joui d'une autonomie à peu près complète et a donné à la Hollande Java, cette île qui, la période de la guerre contre les Atchinois mise à part, a fourni chaque année d'immenses revenus à la mère patrie. Il cite encore les Compagnies Acadie sous Henri IV, Saint-Christophe, des Indes occidentales, des Indes orientales, du Sénégal, de la Guyane, et de la côte Barbaresque.

Des remerciments sont adressés à M. Delagrange qui est prié de donner une suite à son intéressante communication.

*17 mars 1879. Présidence de M. Robin.* — M. le commandant Delagrange continue la communication commencée dans la précédente séance. Il est décidé, après des observations de MM. Brau de Saint-Pol-Lias et Ménier que la discussion au sujet des compagnies de colonisation sera continuée.

## 4ᵉ Section.

*24 décembre 1878. Présidence de M. Gauguet.* — Le Président remercie la section de l'honneur qu'elle lui a fait, et promet de remplir ses fonctions avec zèle.

A la suite d'une longue discussion relative à la publication des travaux des sections pendant le Congrès, discussion à laquelle M. Robin, M. Fr. Bazin, M. Bonnavoy de Premot et M. Richard Cortambert prennent part, M. Bazin est chargé de faire des démarches pour que ces travaux soient publiés dans le plus bref délai possible.

M. Fr. Bazin demande l'admission gratuite aux conférences organisées par la Société, à titre de récompense, des élèves les plus studieux des écoles secondaires et constate le bon effet produit par la conférence de M. Robin sur ceux de ces élèves qui ont pu y assister. Il est pris, au sujet de ces conférences, diverses résolutions tendant à les rendre aussi utiles que possibles.

*27 janvier 1879. Présidence de M. Gauguet.* — La fusion proposée de la Commission des conférences avec la section est repoussée. M. Ringier est nommé membre de cette Commission.

M. Bazin rend compte de la mission dont il s'est chargé dans la dernière séance et annonce la prochaine publication des travaux du Congrès.

M. Rauber, secrétaire, fait un compte rendu favorable d'une conférence faite par M. Miot sur « les commis-voyageurs et la Société de géographie commerciale ».

*24 février 1879.* — (Pas de séance).

*24 mars 1879. Présidence de M. Gauguet.* — Après discussion de quelques détails de règlement intérieur, M. Gros présente à la section le Dʳ Rivière qui propose de préparer, avec l'appui de la Société, un formulaire médical pratique applicable aux différentes régions du globe. Cette proposition est acceptée. Une Commission formée des membres du bureau avec le Dʳ Rivière se préoccupera de réunir les renseignements nécessaires.

M. Gazeau de Vautibault annonce qu'il ne sera plus fait qu'une conférence par mois à la salle des Capucines.

Sur la demande de M. Robin, M. Fr. Bazin est chargé de faire des démarches auprès des directeurs des collèges municipaux pour obtenir des salles où seraient faites des conférences gratuites auxquelles seraient admis les élèves de ces collèges avec leurs parents.

M. Robin exprime le désir que la section délègue un ou plusieurs de ses membres au prochain Congrès de géographie commerciale de Bruxelles, afin de s'y faire représenter plus particulièrement.

. Mlle Kleinhans demande que l'on s'occupe par avance des questions d'enseignement à étudier et à traiter dans ce Congrès. Sur la proposition de M. Gros, cette question est mise à l'ordre du jour de la prochaine séance.

# BIBLIOGRAPHIE

*Trois Voyages dans l'Afrique occidentale par M. Alfred Marche.*
*1 vol. in-12. Hachette et C^ie. Paris.*

M. Marche est un voyageur d'exception; il raconte fidèlement ce qu'il a vu, — il décrit les faits tels qu'ils sont, en honnête homme. Juger sans parti pris, toujours avec sa raison, c'est là une qualité maîtresse que nous signalons trop rarement même chez les grands voyageurs  Qu'on ne s'y trompe pas, — M. Marche n'est pas, en effet, un touriste ordinaire qu'un caprice ou quelque passion fortuite ont jeté loin de son pays; c'est un explorateur au premier chef. Dans la curieuse histoire des découvertes africaines, il occupe un rang distingué, et, disons-le franchement (dût sa modestie en souffrir), il serait beaucoup plus en évidence si, précisément, la plus charmante des modesties ne l'engageait trop souvent à s'effacer.

Tout jeune, M. Marche s'est formé à la rude école des voyages; à l'âge où d'autres sont encore sur les bancs du lycée, le sort le lançait dans les entreprises les plus périlleuses en Malaisie. A cette dure existence, son style n'a peut-être pas gagné toutes les grâces athéniennes, mais son esprit d'observation s'est singulièrement développé, — et aujourd'hui nous considérons à bon droit notre compatriote comme un des hommes sur lesquels la géographie peut le plus compter.

Ce fut en 1871, qu'il commença la série vraiment importante de ses explorations; en effet, à partir de cette époque, elles eurent un but : les recherches scientifiques et particulièrement la zoologie. Il débuta par l'Afrique occidentale, par le Sénégal. Il n'emportait aucune illusion. Il ne s'attendait pas à des aventures extraordinaires, à des découvertes prestigieuses; il partait en chasseur déterminé, sachant bien que, même dans les pays les plus giboyeux, ces grandes luttes avec la nature sont pénibles et dangereuses.

Sa première mission dans les parages de la Casamance étant terminée, M. Marche revint en France et ne tarda pas à s'y préparer à un nouveau voyage. Le marquis de Compiègne l'accompagna. Les peuples, les retraites inconnues des environs du Gabon et de l'Ogôqué, tentaient ces deux courageux jeunes gens, dont le premier devait mourir, quelques années plus tard, au Caire, de

la façon la plus déplorable, dans un duel, à la suite d'un bal ! Déjà
les mêmes régions avaient été exploitées par de hardis naturalistes ; mais leurs récits passés au dramatique autorisaient une
sage défiance ; cette fois, nous pouvions croire aux rapports que
nous traçaient les voyageurs. — Pendant plusieurs années, en
dépit de la fièvre et des faibles ressources dont ils disposaient, ils
ne se lassèrent pas de remonter l'Ogôoué et de pénétrer le plus
loin possible dans l'intérieur. Victor de Compiègne, le premier,
abandonna ce côté de l'Afrique, plus marqué, en somme, par des
retraites glorieuses que par de complets succès. M. Marche, moins
ébranlé par le climat et plus tenace dans ses idées, demeura encore
plusieurs mois dans les parages Gabonais. Sa troisième expédition
fut exécutée avec le concours de MM. Savorgnan de Brazza et Ballay.

Nos lecteurs se souviennent de l'accueil enthousiaste fait dernièrement à ces deux voyageurs. M. Marche pouvait prendre pour lui
une large part de ce petit triomphe ; — en effet, il a jalonné une
partie de la route suivie par MM. Savorgnan de Brazza et Ballay.
Nul doute que, si la santé lui eût permis de demeurer plus longtemps en Afrique, il ne fût parvenu au moins aussi loin que ceux
qui l'ont remplacé.

Son livre — livre de bonne foi — est un journal agréablement
écrit de la vie d'un chasseur doublé d'un anthropologiste.
M. Marche n'a aucune prétention ; il dépeint sans couleurs bien
vives ce qu'il a vu, — il rapporte, sans jamais vouloir les dramatiser à l'excès, les scènes auxquelles il a assisté ; la vérité — voilà
son objectif ; nous l'en félicitons. Être sincère doit être la première vertu du voyageur-écrivain. ·     *RICHARD CORTAMBERT.*

---

*Het Bataviaasch Genootschap van Kunsten en Wetenschappen,
gedurende de eerste Eeuw van zij Bnestaan. 1778-1878. Gedenkboek. Batavia. Ernst et Cᵒ.*

Nous venons de recevoir de la Société des Arts et des Sciences
de Batavia une fort belle médaille commémorative qu'elle a fait
frapper à l'occasion de son centenaire arrivé au mois de juin de
l'année dernière.

Cette médaille est accompagnée du premier volume d'un
album luxueux contenant l'histoire et les actes de la Société pendant sa longue existence. Des gravures représentant l'hôtel de la
Société, l'intérieur de la bibliothèque, du musée, etc., enrichissent cet album, dont le second volume paraîtra d'ici à quelque
temps.

Nous regrettons vivement que l'invitation de la Société des
Arts et des Sciences de Batavia nous soit parvenue trop tard
l'année dernière pour que nous eussions le temps de nous faire
représenter au centenaire de cette Société, qui a été célébré à

Batavia avec magnificence. Beaucoup de Sociétés savantes de l'Europe avaient envoyé des délégués. Le président, M. T.-H. der Kinderen, a prononcé, à cette occasion, un discours remarquable, dans lequel il a tracé en couleurs très vives l'histoire de la Société, qui est la plus anciennes des société savantes de l'extrême Orient. Son Excellence le gouverneur général des Indes Néerlandaises, protecteur de la Société, a ensuite félicité le président de la manière la plus chaleureuse, au nom de Sa Majesté le roi des Pays-Bas et de Son Excellence le ministre des colonies, en faisant l'éloge de la Société et en insistant sur le mérite des administrateurs qu'elle possède et qui lui assurent le plus bel avenir.

Meyners d'Estrey.

# AVIS DIVERS

Un jeune homme, présentant les meilleures garanties comme travail et honorabilité, désirerait entrer en relations avec des personnes qui, ayant séjourné aux États-Unis de Colombie, le mettraient en mesure d'aller s'y établir.

— Un commis négociant, dans les affaires depuis onze ans, âgé de 28 ans, ayant habité l'Angleterre et l'Allemagne et voyagé dans tout le nord de l'Europe, voudrait partir pour l'Afrique, soit à la suite d'une Expédition, soit pour le compte d'une maison ayant ou désirant établir des comptoirs en ce pays. Il parle anglais et allemand et connaît un peu l'espagnol.

S'adresser au Secrétaire général de la Société.

*Le rédacteur gérant responsable :* Gauthiot.

Paris. — Typ. Tolmer et C°, 43, rue du Four-St-Germain.

# LES VOIES COMMERCIALES

## en Asie centrale (1)

### Par M. Ch. E. de Ujfalvy

« Permettez-moi, messieurs, de vous exposer aujourd'hui l'importance des voies commerciales en Asie centrale, en me réservant de vous parler, dans une prochaine conférence, du commerce de cette même contrée, commerce qui se rattache intimement au développement des débouchés.

Les voies commerciales sont de deux natures : voies fluviales et voies terrestres; nous allons donc passer rapidement en revue les cours d'eau navigables et les routes postales en Asie centrale, et nous nous étendrons particulièrement sur les chemins de fer qu'on pourrait construire dans la région (2). L'Amou-Daria, le Syr-Daria et l'Ili sont navigables; les deux premiers fleuves débouchent dans la mer d'Aral et il ne sera pas impossible de mettre cette mer en communication directe avec la Caspienne. L'Ili, qui se jette dans le lac marécageux de Balkach, n'aura jamais qu'une importance locale. L'Amou et le Syr sont, eux, parfaitement navigables, mais comme leur cours n'a pas été régularisé, le transport des marchandises, de Tchinâz jusqu'à Kazalinsk et de Djardjouï jusqu'à Noukouz, ne s'effectue qu'avec beaucoup de lenteur et ils ne sont d'aucune utilité pour le transport des voyageurs. Le jour où la régularisation de ces deux puissantes voies fluviales sera effectuée, le commerce du Turkestan possédera des débouchés plus que suffisants.

Les routes postales sont nombreuses, généralement assez bien entretenues, et le service s'y fait avec promptitude et avec régularité; les nombreuses caravanes qui transportent les marchandises à Orenbourg suivent généralement ces routes. La poste se charge du transport des marchandises d'un poids inférieur ainsi que de l'expédition de l'argent, et il est à noter que les musulmans sédentaires de l'Asie centrale s'en servent généralement.

Les principales routes postales sont : celle qui relie Tachkend à Orenbourg, en passant par Tchemkend, Turkestan et Kazalinsk; celle qui conduit de Tachkend par Tchemkend, Oulié-Ata, Wernoïé, Kopal, Sergiopol à Semipalatinsk et Omsk dans la Sibérie occidentale; celle qui relie Tachkend à Samarkand, et Altyn-

---

Imel à Kouldja. Outre ces routes postales, il faut signaler une série de voies, le plus souvent parfaitement carrossables, qui conduisent de Kazalinsk à Khiva, de Samarkand à Bokhara, du Ferghana dans le Turkestan oriental, etc.

Il est certain que la prospérité des possessions russes en Asie centrale augmenterait considérablement, si ces possessions étaient en communication directe et rapide avec la mère-patrie, au moyen d'un chemin de fer.

Examinons les différents projets, qui tous émanant d'hommes remarquables, souvent illustres, méritent la plus sérieuse attention. Ces projets sont au nombre de cinq : 1° Le projet Baranowski; 2° le projet Lesseps-Cottard; 3° le projet Bogdanovitch; 4° le projet Hochstetter; et 5° le projet du grand-duc Nicolas Constantinovitch. . .

Le projet Baranowski part de Saratoff, traverse le plateau de l'Oust-ourt, passe par le Khiva, Balkh et Kaboul pour aboutir à Péchawer. Il est certain que cette ligne est la plus courte entre Londres et Calcutta; mais elle présente une série d'inconvénients assez graves. A partir de Saratoff, le chemin de fer traverserait un pays peu habité, difficilement colonisable et nul au point de vue commercial; le plateau de l'Oust-ourt, une des contrées les plus désolées de l'Asie, manque d'eau et de bois; la ligne laisse en outre Tachkend, le centre du commerce russe en Asie, absolument de côté; enfin elle serait beaucoup plus avantageuse pour le commerce anglais que pour le commerce russe, et c'est ce dernier qu'il faut considérer avant tout.

Chaque fois qu'il s'agit d'une œuvre internationale gigantesque, on est sûr de rencontrer le nom de notre illustre collègue M. de Lesseps, ce nom cher à tous les Français soucieux de la gloire nationale. Quand il n'y a pas d'isthme à percer, M. de Lesseps songe à relier Paris aux Indes au moyen d'un chemin de fer qui, comme utilité, laisserait loin derrière lui le Transatlantique. Les trois tracés proposés par M. de Lesseps sont les suivants :

1° Orenbourg, le mont Moukhadjar, Kazalinsk, Turkestan, Tchemkend, Tachkend;

2° Orenbourg, Kara-Boutak, Irghiz, Kazalinsk, etc.;

3° Orenbourg, Orsk, le long du Sari-Sou, monts Kara-Tau, Turkestan, Tchemkend, Tachkend.

Au point de réunion de ces trois tracés, la ligne se prolongerait par Khodjend, Samarkand, Karchi (laissant Bokhara de côté), Balkh et Kaboul jusqu'à Pechawer. L'éminent collaborateur de M. de Lesseps, notre collègue M. Cottard, donne la préférence à cette dernière ligne, parce qu'on éviterait, dit-il, le steppe aride qui entoure la mer d'Aral, et parce que les environs de Tchemkend, dans les monts Kara-Tau, renferment de puissants bassins houillers.

Nous avons cependant certaines réserves à faire, quant à ce troisième tracé de M. Cottard qui laisserait de côté l'embouchure de Syr-Daria dans la mer d'Aral, point stratégique et commercial d'une grande importance. Les colonies russes actuelles de Kazalinsk, de Karmaktchi et de Perowski resteraient entièrement à part, de même que les bords du Syr-Daria, qui ont un avenir certain au point de vue agricole. Quant au bassin houiller des environs de Tchemkend, il serait d'une égale importance pour les trois tracés; il existe d'ailleurs un bassin houiller non loin d'Irghiz. Le projet Lesseps-Cottard a éprouvé, dans ces derniers temps, une quatrième modification : il s'est fondu avec le projet Bogdanovitch, dont nous parlerons tout à l'heure, et qui part de Yekaterinenbourg ou de Tiumène pour aboutir à Turkestan. Nous essayerons d'en démontrer les inconvénients. Les différents tracés de M. de Lesseps ne rencontreraient de sérieux obstacles qu'au sud de Tachkend. D'abord, il faudrait construire un pont sur le Zerafchâne, rivière qui, à la fonte des neiges, atteint une puissance et une largeur extraordinaires; ensuite, il y aurait à franchir la passe de Bamian, obstacle beaucoup plus sérieux, mais certainement non insurmontable. M. Cottard a joint à son projet une série de calculs très-intéressants; les distances depuis Calais jusqu'à Calcutta sont les suivantes : de Calais à Orenbourg : 4,730 kil.; d'Orenbourg à Samarkand : 2,390 kil.; de Samarkand à Pechawer : 1,350 kil.; de Pechawer à Calcutta : 5,430 kil. Total : 11,900 kil., dont 8,160 kil. sont en exploitation, de sorte qu'il ne resterait que la ligne d'Orenbourg à Pechawer, c'est-à-dire 3,740 kil. à construire. M. Cottard a calculé que cette ligne coûterait 260,000 francs par kilomètre, c'est-à-dire un milliard de francs, et qu'elle pourrait être terminée en six ou huit ans; on ferait le voyage de Paris à Calcutta en onze jours (41 kilomètres à l'heure), et ce voyage reviendrait à 1,500 francs par personne. Aujourd'hui, pour aller de Paris à Calcutta, il faut passer par Marseille et le canal de Suez; le voyage dure de 30 à 32 jours et revient à 1,620 francs par personne. Viâ Brindisi, Bombay et de là en chemin de fer jusqu'à Calcutta, on met 23 jours et on paye 2,200 francs. M. Cottard soutient que cette ligne aurait un revenu brut de 40,000 francs par kilomètre (30,000 francs pour la poste et les marchandises, et 10,000 francs pour les voyageurs). Il suppose que cette ligne serait fréquentée par 100,000 voyageurs par an; 60,000 voyageurs traversent le canal de Suez dans le même laps de temps.

Il est certain que le projet Lesseps-Cottard a un très-grand mérite au point de vue international. Le commerce des États de l'Europe centrale y gagnerait énormément, mais il existe une difficulté qui, pour le moment, nous paraît insurmontable; cette difficulté, c'est l'antagonisme entre l'Angleterre et la Russie.

Signalons encore un projet, qui a trouvé ses partisans en Russie. C'est celui qui, partant de Krassnovodsk sur la côte orientale de la mer Caspienne, passerait par l'ancien lit de l'Oxus, Khiva, Bokhara et Samarkand (Krassnovodsk est en communication maritime avec Bakou). Nous ne pensons pas qu'une ligne à travers le pays des Turcomans présenterait les mêmes avantages qu'une ligne à travers le Turkestan et la Sibérie.

Le projet d'un chemin de fer sibérien, dont un embranchement relierait l'Asie centrale à l'Europe, a pour auteur le général Bogdanovitch; la ligne de Nichni-Novgorod à Yekatherinenbourg et Tiumène en passant par Perm est une affaire arrêtée, et la partie de Perm à Yekatherinenbourg est déjà en exploitation. M. Bogdanovitch a présenté au dernier congrès international de géographie, qui s'est tenu à Paris, le projet de son embranchement depuis Yekatherinenbourg et Tiumène jusqu'à l'Asie centrale. Ce tracé a rencontré l'approbation de MM. de Lesseps et Cottard, mais nous faisons à son sujet les mêmes observations qu'à propos du troisième tracé de M. Cottard. Le célèbre géologue et géographe russe, M. Séwertzoff, a également combattu ce projet avec beaucoup de vivacité.

Le projet qui nous paraît le plus gigantesque est certainement celui de M. de Hochstetter, l'illustre président de la Société géographique de Vienne. M. de Hochstetter propose une ligne circulaire passant par Moscou, Yekatherinenbourg, Tachkend, Téhéran et Tiflis. L'importance d'une ligne aussi considérable n'échappera certainement à personne. M. de Hochstetter a publié sur son projet une étude des plus remarquables, où il donne des renseignements détaillés sur l'importance commerciale de toutes les villes traversées par cette ligne; il est certain que la partie de ce chemin de fer central-asiatique, qui conduirait dans le cœur du Turkestan en passant par Nichni-Nowgorod, Kazan, Yekatherinenbourg, Tiumène, Omsk, Semipalatinsk, Sergiopol, Kopal, Vernoïe, Oulié-ata, Tchemkend, Tachkend, Khodjend, Samarkand, présenterait des avantages commerciaux incontestables. Le commerce avec la Chine y gagnerait énormément, et le transport du thé, par exemple, se concentrerait à Semipalatinsk au lieu de se faire par Kiatka. Ajoutons avec M. de Hochstetter, à cette ligne de Turkestan, une autre ligne qui existe déjà de Moscou jusqu'à Wladikaukas et se prolongerait par Tiflis jusqu'à Téhéran en allant rejoindre Samarkand par Mesched, Maïméné, Balkh ou par Mesched, Merw, Bokhara, et nous obtiendrons ainsi un grand chemin de fer circulaire dont on ne saurait exagérer l'importance au point de vue du développement de la puissance russe en Asie.

Il est certain que la construction d'un chemin de fer aux Indes, et celle d'un autre en Chine, d'après le projet du baron Richthofen, ne feraient qu'augmenter l'importance du superbe tracé de M. de Hochstetter. Le chemin de fer circulaire asiatique comprendrait 9,869 kil., 1,558 kil. de Moscou à Yekatherinenbourg, 3,117 kil. de Yekatherinenbourg à Tachkend, 2,226 kil. de Tachkend à Téhéran, et 2,968 kil. de Téhéran à Moscou. Total : 9,869 kil. Un quart de cette ligne est terminé, et il est certain que, malgré la suprématie incontestable et incontestée que cette ligne donnerait à la puissance russe en Asie, nous sommes encore fort loin de son exécution.

Le projet qui nous paraît le plus réalisable et qui, nous en sommes convaincu, sera réalisé le premier, est celui du grand-duc Nicolas Constantinowitch. Ce tracé est celui qui s'étend d'Orenbourg à Tachkend, en côtoyant le Syr-Daria à partir de Kara-Tourgaï; les travaux préparatoires d'Orenbourg jusque sur les bords du Syr sont terminés et le grand-duc est en train d'explorer la moitié qui reste à faire. Ce projet, qui ne présente aucune difficulté sérieuse, nous offre une série d'avantages qui, tout en étant de nature stratégique, n'en sont pas moins importants. En effet, 1° cette ligne passe non loin de l'embouchure du Syr, point stratégique de premier ordre; 2° elle commande toutes les voies qui aboutissent dans la vallée du Syr-Daria; 3° elle permet de transporter une armée au cœur de l'Asie le plus rapidement possible; 4° elle est la plus directe entre Tachkend et Moscou, c'est-à-dire entre le point le plus important de l'Asie russe et le véritable centre de la Russie d'Europe.

Cette ligne sera exécutée; tous les intérêts l'exigent, et un prince intelligent et généreux m'affirmait lui-même qu'il y consacrerait sa vie; quant à nous, nous le souhaitons pour le Turkestan, qui, comme bien des pays, gagne à être connu, et nous terminons par une affirmation que nous avons déjà émise ailleurs : Si la Russie avait pu disposer en 1878 d'une ligne ferrée de Moscou à Tachkend, la sanglante guerre d'Orient n'aurait peut-être pas eu lieu, car il aurait été facile d'amener le sultan à résipiscence.

Ch. E. de Ujfalvy,

Chargé du cours de Géographie, Histoire et Législation orientales,
à l'Ecole des langues orientales vivantes, membre de la Société.

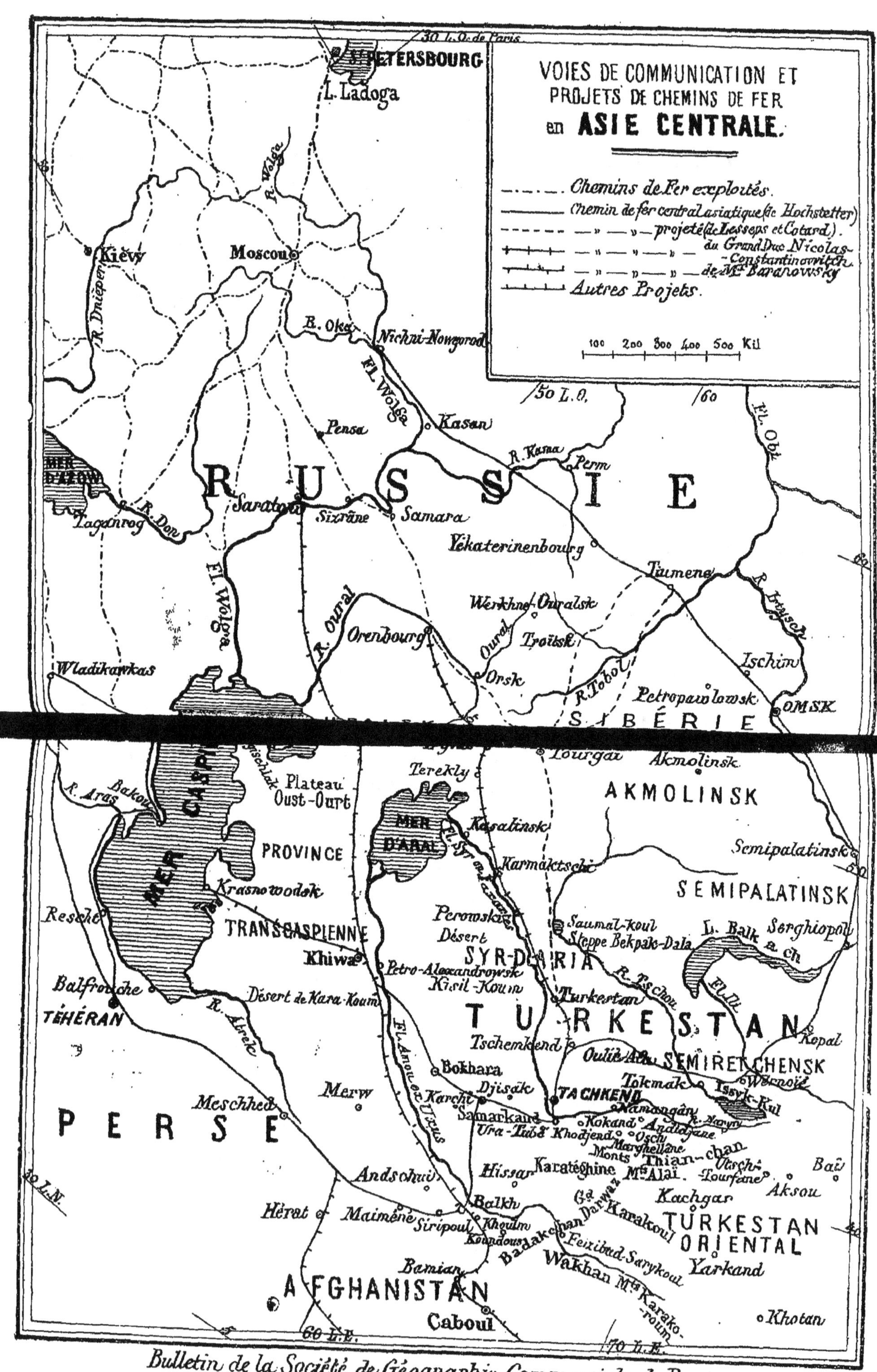
VOIES DE COMMUNICATION ET PROJETS DE CHEMINS DE FER
en ASIE CENTRALE.
Chemins de Fer exploités.
(Chemin de fer central asiatique (de Hochstetter).
" " projeté (de Lesseps et Cotard).
" " " du Grand Duc Nicolas-Constantinovitch
" " " de Mr Baranowsky
Autres Projets.
100 200 300 400 500 Kil
30 l. O. de Paris
St PETERSBOURG
L. Ladoga
50 L. O.
60
Fl. Obi
Kiew
Moscou
R. Dnieper
R. Wolga
R. Oka
Nichni-Nowgorod
Fl. Wolga
Kasan
Pensa
R. Kama
Perm
R. Kama
RUSSIE
MER D'AZOW
Taganrog
R. Don
Saratow
Sixrane
Samara
Yekaterinenbourg
Tümene
R. Irtysch
Fl. Wolga
R. Oural
Orenbourg
Oural
Troïtsk
Ischim
Wladikawkas
Orsk
R. Tobol
Petropawlowsk
OMSK
SIBÉRIE
Tourgai
Akmolinsk
R. Aras
Bakou
MER CASPIENNE
Mangischlak
Plateau
Oust-Ourt
Terekly
MER D'ARAL
Kasalinsk
AKMOLINSK
Semipalatinsk
Resché
PROVINCE
Krasnowodsk
Syr ou I.
Karmaktschi
SEMIPALATINSK
TRANSCASPIENNE
Perowski
Désert
Saumal-koul
Steppe Bekpak-Dala
L. Balk a. ch
Serghiopol
Balfrouche
Khiwa
Petro-Alexandrowsk
Kisil-Koum
SYR-DARIA
R. Tschou
TÉHÉRAN
R. Atrek
Désert de Kara-Koum
Fl. Amou ou Oxus
Turkestan
Fl. Ili
L. Balkasch
Kopal
Merw
Karchi
TURKESTAN
SEMIRETCHENSK
Wernoïe
Meschhed
Bokhara
Tschemkend
Oulié-Ata
Tokmak
Issyk-Kul
PERSE
Djisak
TACHKEND
Namangân
Andschui
Samarkand
Kokand
Andidjane
R. Narn
Ura-Tubé
Khodjend
Oschi
Hissar
Marghellane
Monts Thian-chan
Ouschi
Baï
Hérat
Maïméné
Siripoul
Karatéghine
Mts Alaï
Tourfane
Aksou
Balkh
Kachgar
Kheulm
Koundous
Gd Karakoul
TURKESTAN
Bamian
Badakchan Darwaz
Feïzbad Sarykoul
ORIENTAL
Wakhan
Mts Karako-roum
Yarkand
AFGHANISTAN
Caboul
Khotan
60 L. E.
70 L. E.
10 L. N.

# LES PÊCHES MARITIMES

## de Terre-Neuve et d'Islande (1)

Par M. Ed. de Luze

I

On ne saurait méconnaître que les grandes pêches, outre leur importance commerciale, présentent encore un intérêt de premier ordre au point de vue politique. Cette industrie constitue, en effet, un des éléments les plus féconds et les plus précieux de notre inscription maritime, et est, par conséquent, intimement liée au développement de notre puissance navale. C'est elle qui a fourni à Louis XIV les matelots qui montèrent ses flottes, lorsque Colbert improvisa, pour ainsi dire, la marine militaire de la France. Si cette industrie, si humble en apparence, n'avait existé alors, on n'aurait certainement pas pu armer un aussi grand nombre de bâtiments. Duquesne et Duguay-Trouin se seraient trouvés dans l'impossibilité de soutenir la lutte contre les escadres ennemies, nos ports de pêche n'auraient pas formé ces intrépides corsaires, dont les exploits sont restés légendaires. Car, s'il est possible de construire en peu de temps un immense matériel naval, de creuser des ports, de bâtir des arsenaux, il faut des années pour faire de bons marins.

A cette époque, la pêche de la baleine et celle de la morue avaient atteint un haut degré de prospérité. La première, pratiquée de temps immémorial par les Basques, les avait amenés sur les côtes de l'Amérique, bien avant Christophe Colomb. Les braves marins de la Bretagne, de la Normandie et de tout le littoral de l'Océan ne tardèrent pas à suivre leur exemple, et pendant longtemps les Français restèrent en possession exclusive de la pêche de la baleine. Attirés par les bénéfices considérables que nous tirions de cette sorte de monopole, les Hollandais, les premiers, cherchèrent à nous l'enlever. Par l'appât de riches récompenses, ils amenèrent chez eux quelques-uns de nos pêcheurs qui leur enseignèrent les secrets de leur art. Sous le règne d'Élisabeth, qui fonda la puissance maritime de la Grande-Bretagne, les Anglais voulurent ensuite rivaliser avec nos baleiniers. Aussi, après avoir été la plus florissante du monde, la pêcherie française tombat-elle dans une décadence complète, si bien qu'en 1783, le gouvernement se voyait obligé d'appeler des étrangers pour former les équipages de nos bâtiments. Des encouragements furent accordés

---

(1) Communication lue à la Société, à la séance du 23 avril 1879.

aux navires expédiés à la pêche de la baleine, mais pendant les guerres de la Révolution et de l'Empire il fut impossible de faire aucun armement. Lorsque la paix fut rétablie et que les mers redevinrent libres, le gouvernement de la Restauration fit de grands efforts pour relever cette branche si importante de notre industrie maritime. Grâce à un habile système de primes, la pêche de la baleine reprit un nouvel essor, mais depuis 1837 elle n'a cessé de décroître. Calais et Dunkerque y renoncèrent complétement; les autres ports, le Havre notamment, n'envoyèrent plus que quelques navires. La loi de 1836 qui restreignait le chiffre des immunités à accorder à cette pêche, les frais croissants des expéditions par suite de l'émigration des baleines vers des mers toujours plus éloignées, et un certain ralentissement dans la consommation industrielle de cette pêche, ont été les causes principales de ce mouvement rétrograde. De 44 armements, chiffre atteint en 1837, on est arrivé à 8 en 1856. En 1864, on n'en comptait plus qu'un. On peut donc considérer la pêche de la baleine comme définitivement abandonnée.

Il n'en est pas de même de celle de la morue, qui emploie encore de dix à quinze mille marins et dont les résultats se chiffrent chaque année par des millions de francs. Mais, malgré son importance actuelle, elle n'est plus ce qu'elle était autrefois. Le traité d'Utrecht et celui de 1783 lui ont porté un coup terrible, en enlevant à la France les principaux lieux de pêcherie : l'Acadie, Terre-Neuve, le Canada, l'île Saint-Jean et le cap Breton, qui nous permettaient d'approvisionner, presque seuls, les marchés de l'Europe et du nouveau monde.

Peut-être aurions-nous pu conserver nos colonies de l'Amérique septentrionale si, ainsi que le demandait l'intendant de Meules, nous avions favorisé la création de pêcheries sédentaires qui seraient devenues le noyau d'une marine locale, capable de tenir tête à celle des colonies anglaises. « Je crois la conquête des pêches, écrivait Fontenac, plus importante que celle des Indes, dont les mines s'épuisent, tandis que celles-ci sont inépuisables. » Malheureusement, excepté au Canada et dans quelques postes destinés à la protection de notre commerce, nous n'avions que des établissements temporaires qui ne duraient que pendant la saison des pêches. Colbert, lui-même, jugeait cet état de choses suffisant. Cette fatale erreur priva nos établissements de forces navales propres et les livra à l'ennemi le jour où la France fut impuissante à les défendre. Les Anglais, quand ils prirent possession de nos colonies, se gardèrent bien d'imiter notre manière de faire. Ils formèrent des établissements fixes, et dès lors leur position est devenue presque inexpugnable.

De notre vaste et glorieuse domination dans le nord de l'Amérique, il ne nous restait que les stériles îlots de Saint-Pierre et Miquelon. Mais nos armateurs en apprécièrent bientôt l'impor-

tance, et surent en tirer un utile parti comme stations de refuge,
de réparations et de ravitaillement. Cette situation inspira des
inquiétudes aux Anglais, qui auraient voulu rendre illusoire le
droit de pêche que le traité d'Utrecht nous avait laissé sur une
portion des côtes de Terre-Neuve, et chaque fois que la guerre
éclata entre eux et la France, ils nous reprirent ces îlots, rasèrent
ou brûlèrent toutes les constructions, même les maisons particulières, et forcèrent les habitants à s'expatrier. Successivement
rendue et reprise, cette petite colonie nous fut enfin restituée
par les traités de 1814 et 1815, et l'on peut dire que c'est en partie
grâce à son appui que nos pêcheries, qui avaient été menacées
d'une ruine complète, furent sauvées et purent se relever en
aussi peu de temps. On comptait à peine 30 navires français sur
les bancs ou les côtes de Terre-Neuve dans les années qui suivi-
rent le rétablissement de la paix; de 1835 à 1845, nos ports en
ont expédié annuellement 150 environ, représentant un jaugeage
de 22,000 tonneaux.

Les eaux de l'Amérique septentrionale ne sont pas les seules à
renfermer la morue, cet aliment bien humble, mais si utile. Les
mers d'Islande en récèlent en abondance et donnent lieu, chaque
année, à de nombreux armements. Après celle de Terre-Neuve,
cette pêche est certainement la plus importante de toutes. Créée
par les Dunkerquois, elle a pris un développement considérable
qui a été une source de prospérité et de bien-être pour les ports
qui s'y sont livrés avec persévérance.

. La morue se trouve encore, mais en quantités bien moindres,
le long des côtes de l'Ecosse et de la Norvége, autour des îles
Fœroë et de Shetland, sur le Dogger-Bank, qui se trouve situé
entre la Grande-Bretagne, le Danemark et la Hollande. Une
variété plus petite fréquente le large canal qui s'étend entre
les Canaries et l'Afrique occidentale; l'espèce commune peuple
le détroit de Behring et le nord de l'océan Pacifique. On a aussi
découvert en 1861 un banc de morue à Rockall, point situé à
560 milles au S.-O. de l'Islande, et plus récemment les bancs
de Sundmore qui s'étendent le long de la côte ouest de Norvége.

II

La grande pêche emploie un nombre d'hommes proportionnelle-
ment très-supérieur à celui que nécessitent les autres armements.
Le grand cabotage exige à peu près 5 hommes par cent tonneaux
de jauge, le long cours 6, le petit cabotage 6, tandis que la pêche
au Grand-Banc en demande 11, celle d'Islande 15, celle de Saint-
Pierre-et-Miquelon 18, et celle des côtes de Terre-Neuve 30. Ces
chiffres sont éloquents et montrent clairement quelle est l'influence de la pêche de la morue sur le développement de l'inscription maritime. Ce personnel nombreux entretenu à la mer,

familiarisé avec le danger, rompu à toutes les fatigues, constitue donc, pour les flottes de l'État, une sorte de réserve toujours disponible, quand l'intérêt du pays nécessite l'extension instantanée des armements militaires.

Nous avons rappelé la part glorieuse qu'il a prise dans les luttes maritimes sous le règne de Louis XIV; dans les guerres plus récentes que la France a eu à soutenir, il a également joué un des rôles principaux, et l'on a vu un seul sous-arrondissement maritime, celui de Saint-Servan, où la pêche de la morue est depuis longtemps en honneur, fournir à la flotte 4,216 marins de tous grades en 1854, plus de 5,300 en 1855, et 3,037 en 1859, sans que ces levées aient sensiblement entravé l'armement des bâtiments pêcheurs. Jamais nos officiers n'avaient admiré d'aussi magnifiques troupes de mer. Les Anglais eux-mêmes en étaient émerveillés.

Si ces ressources, si précieuses au point de vue de notre marine militaire, venaient à faire défaut, ni la navigation au long cours dont l'essor est loin d'être considérable, ni le cabotage, dont le développement a été arrêté par la multiplication des voies ferrées, ne pourraient combler le vide qui résulterait fatalement de l'abandon de l'industrie de la pêche de la morue.

Il importe de dire que les expéditions sur les côtes de Terre-Neuve et de l'Islande motivent chaque année l'embarquement de plus de 2,000 novices et mousses qu'elle forme au dur métier de la mer, et qui, lorsqu'ils ont dépassé l'âge de seize ans et fait trois campagnes, sont classés et entrent définitivement dans le cadre du personnel naval. Enrôlés sur les bâtiments de l'État, ces jeunes marins, habiles à toutes les manœuvres, pliés à la discipline, instruits par l'enseignement des lointains voyages, deviennent d'excellents matelots, au niveau de tous les devoirs, et unissant à un degré supérieur le courage au sang-froid.

Ces pêches, qui entretiennent parmi les populations du littoral les traditions d'une profession héréditaire, présentent en outre l'avantage de permettre aux marins de rester cinq à six mois dans leurs foyers, et de partager pendant ce temps les travaux de la famille. A ce point de vue, pour qui les connaît, il n'existe pas d'industrie qui convienne mieux à leurs mœurs et à leur tempérament.

En raison de son importance commerciale et surtout politique, la grande pêche a reçu de nombreux encouragements des divers gouvernements qui se sont succédé en France. On lui a accordé: l'exemption de droits pour le sel indigène, et l'autorisation de s'en procurer à l'étranger, la franchise d'entrée pour la morue dans la métropole et les colonies et des taxes sur les similaires concurrents. Ainsi le droit d'entrée en France sur la morue d'origine étrangère est de 40 francs les 100 kilos (48 francs avec les décimes). Mais le plus important de tous ces encouragements est certainement la prime que le gouvernement accorde, soit à l'armement, soit aux produits.

La première est payée à l'armateur aussitôt après le départ du navire et est basée sur le nombre d'hommes d'équipage; la prime sur les produits est acquise par l'exportation de la morue, soit aux colonies françaises, soit dans certains pays étrangers. Nées en 1767 de la situation qu'avait faite à notre pays la perte de ses colonies de l'Amérique septentrionale, maintenues en 1791 et sous le Consulat, abandonnées pendant la période de nos luttes, ces primes furent rétablies par la Restauration, qui avait à remplacer les générations de matelots-morts dans les combats navals et sur les pontons de l'Angleterre. Sous la monarchie de Juillet, ce régime fut continué et reçut même de nouveaux développements. On a donc pu dire avec raison que les primes sont devenues une de ces institutions que, malgré la diversité de leurs tendances, les gouvernements sont d'accord pour respecter, par l'effet de cette solidarité que crée entre eux le sentiment de la raison d'État.

La loi du 22 juillet 1851, qui reproduit les principales dispositions des lois du 22 avril 1832, du 9 juillet 1836 et du 25 juin 1841, et dont les effets ont été prorogés, d'abord jusqu'au 30 juin 1861 et ensuite jusqu'au 30 juin 1881, régit actuellement la matière. Elle accorde par homme d'équipage: 50 francs pour la pêche avec sécherie, soit à la côte de Terre-Neuve, soit à Saint-Pierre et Miquelon, soit sur le Grand-Banc; une somme égale pour la pêche sans sécherie dans les mers d'Islande; 30 francs pour la pêche sans sécherie sur le Grand Banc, et 15 francs pour la pêche au Dogger-Bunk. Elle alloue en outre par quintal métrique: 20 francs pour les morues sèches exportées, à destination des colonies françaises de l'Amérique, de l'Inde, et des autres pays transatlantiques; 16 francs pour celles expédiées en Europe, à l'exception de la Sardaigne et de l'Algérie, qui ne donnent droit qu'à une prime de 12 francs. Une gratification de 20 francs est également accordée par quintal d'œufs de morue rapportés en France. Le total de ces encouragements représente une dépense annuelle de 3 à 4 millions. Cette somme paraîtra assurément bien minime en présence du résultat obtenu, si l'on songe aux sacrifices considérables que le Trésor aurait à supporter dans le cas où, renonçant au régime des primes, le gouvernement prendrait à sa charge cette admirable pépinière de marins et se déciderait à faire naviguer les dix à quinze mille hommes qu'emploie la pêche de la morue. On ne pouvait donc imaginer, depuis que la France a perdu ses meilleures colonies, un moyen moins onéreux de maintenir intacte et de renouveler sans cesse une des bases fondamentales de notre puissance navale.

Sans avoir imposé au Trésor des charges excessives, ces primes ont, en effet, encouragé les armements et accru dans une proportion sensible les ressources de notre inscription maritime. En échange des avantages qu'elle accorde à la grande pêche, la loi, dans le but d'accroître le nombre des hommes dont l'État pourrait avoir besoin en cas de guerre, impose d'ailleurs aux armateurs des obligations, telles que l'embarquement d'un certain nombre de mousses, un chirurgien par quarante hommes et un minimum d'équipage pour les navires armés en France avec sécherie pour les côtes de Terre-Neuve, Saint-Pierre et Miquelon et le Grand-Banc.

Malgré les avantages qu'il présente, le régime des primes a soulevé de nombreuses critiques. Et pourtant il est bien évident que, livrée à elle-même, l'industrie dont nous nous occupons ne tarderait pas à péricliter. Sous le rapport des procédés de travail et du mérite des marins, nous sommes certainement au niveau de nos compétiteurs. Mais, éloignés des lieux de pêche et obligés, par conséquent, de perdre beaucoup de temps dans les traversées d'aller et de retour, privés en outre de la faculté de nous établir à demeure sur les côtes et forcés de remporter chaque année nos engins et notre personnel, nous nous trouvons, à l'égard de nos rivaux, dans des conditions d'infériorité dont les traités sont la seule cause, et contre lesquelles nous ne pouvons rien. Les Anglais, établis d'une façon permanente sur les côtes les plus poissonneuses et les moins froides, peuvent facilement mettre à profit les premiers beaux jours du printemps et les derniers de l'automne, tandis que nos navires ne sont pas encore armés ou sont déjà rentrés dans nos ports. Ils préparent en outre leur poisson avec le concours des populations du littoral, dont la main-d'œuvre est bien moins chère que celle des marins expédiés exprès de France. Les Américains, qui sont à proximité du théâtre des pêches, obtiennent aussi les résultats les plus complets. Ils vont en mer le long de leurs côtes, avec des navires d'un armement peu coûteux et reviennent tous les huit jours rapporter à terre les morues capturées dont les familles achèvent la préparation. Ceux de leurs bâtiments qui se livrent à la pêche du Grand Banc et du golfe Saint-Laurent font en général trois voyages, tandis que les nôtres ne peuvent en faire que deux. Ils trouvent en outre, dans leur propre pays, des débouchés nombreux et n'ont pas, comme nous, à faire de longs et pénibles voyages pour livrer les produits de leur pêche.

Néanmoins, les États-Unis ont reconnu la nécessité des primes et en ont décidé le maintien; l'Angleterre elle-même, malgré la supériorité que lui assure ses possessions nombreuses dans l'Amérique septentrionale, n'a pas hésité à favoriser, par des encouragements, la construction des navires pêcheurs dans l'île du Prince Édouard, à la Nouvelle-Écosse et à Terre-Neuve.

Mais, si nous renoncions au régime des primes, ce n'est pas seulement l'industrie de la pêche de la morue, — cette industrie séculaire qui constitue le principal moyen d'existence des populations du littoral de la Manche — qui succomberait. Saint-Pierre et Miquelon seraient bientôt ruinés, le cabotage qui approvisionne nos ports d'armements et la navigation au long cours qui exporte une partie de la pêche seraient aussi atteints, sans compter nos salines et nos ateliers de construction navale. Il s'agit donc, non pas d'un encouragement commercial, mais d'une mesure politique dont le caractère et l'importance ne sauraient être impunément méconnus.

## III

Les ports qui arment d'une façon régulière pour Terre-Neuve et l'Islande se trouvent compris dans les quartiers de Dunkerque, Calais, Boulogne, Dieppe, Fécamp, et dans ceux de Granville, Saint-Malo, Saint-Brieuc et Paimpol.

Comme importance, pour la pêche d'Islande, nous placerons aux premiers rangs le quartier de Dunkerque et celui de Paimpol; ceux de Saint-Brieuc et de Fécamp viennent immédiatement après. En 1877, Dunkerque armait 123 navires, Paimpol 46, Sain-Brieuc 37, et Fécamp 23. Les autres ports, tels que Boulogne, Saint-Malo, Granville, Dieppe et Calais, ne présentent qu'un intérêt secondaire, au point de vue de la pêche d'Islande. Les deux premiers ont expédié 6 navires chacun, les autres 1 seulement.

Pour la pêche de Terre-Neuve, on peut classer les quartiers dans l'ordre suivant : Saint-Malo qui, dans cette même année, comptait 78 navires, Granville 34, Saint-Brieuc 30, Fécamp 27, et Dieppe 10.

Comme on le voit, Saint-Brieuc, Fécamp, ainsi que Granville, Dieppe et Saint-Malo, arment pour les deux pêches, tandis que Dunkerque, Paimpol, Calais et Boulogne, s'occupent presque exclusivement de l'Islande.

Les ports de Bordeaux et de Bayonne qui avaient hérité de l'industrie maritime des Basques, semblent y avoir complétement renoncé. La Rochelle a armé pour la dernière fois il y a cinq ans, et encore ne s'agissait-il que de deux bâtiments. En revanche, le quartier de la Hougue qui jusqu'alors ne s'était pas livré à ce genre d'opérations, a envoyé, l'année dernière, trois bâtiments dans les mers d'Islande, deux goëlettes et un sloop.

Au total, les ports français ont, en 1877, expédié 179 navires montés par 7,731 hommes à Terre-Neuve, et 244 navires avec 4,314 hommes d'équipage en Islande.

Ces marins sont Bretons, Normands, Flamands ou Basques, et ils ont en quelque sorte le monopole en France de la pêche de la morue. Les premiers sont les dignes fils de Jacques Cartier, qui personnifia à un si haut degré le génie maritime de l'Armorique; ils sont excellents pêcheurs, très-actifs, disciplinés et d'un grand sang-froid au milieu du danger. Louis XIV, qui les appréciait à leur juste valeur, avait prescrit que le vaisseau-amiral fût exclusivement monté par des Malouins, et ceux-ci, de même que tous les autres Bretons, sont restés ce qu'ils étaient à cette époque, c'est-à-dire le type du bon marin. Les Normands sont également d'intrépides pêcheurs, mais moins sobres, plus enclins à se plaindre et plus sujets à la nostalgie. Parmi eux, les Dieppois sont certainement les mieux doués pour ces lointaines expéditions. Leurs bateaux vont de préférence au Grand-Banc, où ils rencontrent ceux de Saint-Malo, Saint-Servan, Granville et Fécamp, qui expédient aussi sur les côtes de Terre-Neuve, destination exclusive de la plupart des autres ports. Ainsi la pêche à la côte Est a été, longtemps avant celle d'Islande, la seule industrie du quartier de Saint-Brieuc. Pendant plus de quarante ans, le petit port de Binic a armé de 30 à 35 navires montés par 2,000 marins environ. Saint-Brieuc en a expédié à peu près autant, le Portrieux, de 8 à 10. Aujourd'hui ce sont encore les deux premiers de ces ports qui envoient le plus grand nombre de bâtiments à cette pêche.

Ce sont aussi de braves et habiles matelots que les Flamands, et ils seraient parfaits si l'abus des spiritueux ne compromettait pas trop souvent leur discipline. La pêche d'Islande, dont ils ont été longtemps seuls à courir les périls, a fait d'eux des hommes de mer d'une solidité incomparable, qualité qu'ils partagent depuis plusieurs années avec les marins des ports bretons et normands qui se sont lancés sur leurs traces.

Quant aux Basques, qui ont devancé tous leurs rivaux aussi bien dans la pêche de la baleine que dans celle de la morue, ils s'étaient acquis la réputation d'être les plus hardis marins de l'univers. Leur goût pour la mer a résisté à toutes les épreuves, leur adresse et leur intrépidité sont restées proverbiales, mais leur ville principale, Saint-Jean de Luz, est déchue de son ancienne grandeur, l'Océan a brisé les rochers qui défendaient l'entrée du port, et là où se pressaient jusqu'à quatre-vingts navires, c'est à peine si l'on trouverait quelques barques. Aussi les Basques sont-ils obligés de s'engager au compte d'armateurs flamands ou normands pour pouvoir encore se livrer à la grande pêche.

Il nous reste à parler des pêcheurs de Saint-Pierre et Miquelon, qui peuvent se diviser en trois classes : les sédentaires, les hivernants et les passagers. La première est la plus importante, non-seulement parce qu'elle est la plus nombreuse, mais encore parce qu'elle forme la population fixe de la colonie. Elle se compose d'anciens Acadiens, de Basques et de Bretons. Les Acadiens, qui habitent presque exclusivement Miquelon, font la pêche avec de petites goëlettes dans les havres de la côte occidentale de Terre-Neuve qui leur sont spécialement réservés, mais ils ne sèchent pas sur ces grèves. Ils donnent une salaison provisoire à la morue et font généralement trois voyages à Saint-Pierre et Miquelon pour rapporter les produits de leur pêche qui sont préparés à terre par les femmes et les enfants de la colonie. Plusieurs exploitent également le Grand-Banc et le golfe de Saint-Laurent. Les autres se servent de légères embarcations montées par deux hommes qu'ils envoient dans les eaux très-poissonneuses des deux îles et jusqu'à mi-canal de Terre-Neuve; quelques bateaux pontés, avec quatre et six hommes d'équipage, vont aussi dans le voisinage des bancs que leur abandonnent les grands navires. Les pêcheurs hivernants sont des Français qui viennent aux îles avec l'intention de s'en retourner au bout de quelques années, avec l'argent qu'ils auront pu amasser pendant leur séjour. Ils sont tenus d'obtenir l'autorisation du commandant pour passer l'hiver dans la colonie. Quant aux pêcheurs passagers, ce sont des marins qui viennent faire une campagne pour leur propre compte ou comme auxiliaires des patrons résidants ou hivernants, et qui repartent lorsque les navires retournent en France. Quant aux groupes d'émigrants temporaires qui viennent pendant l'été pour exercer dans la colonie tous les commerces, tous les métiers qu'exige un aussi grand mouvement de population, nous n'avons pas à nous en occuper.

On se fera une idée de l'importance commerciale de la pêche de la morue quand nous aurons dit qu'en 1876, Terre-Neuve a donné à nos pêcheurs plus de 16 millions de kilogrammes de morues représentant 9 millions de francs, et l'Islande 11 millions et demi de kilogrammes, représentant une valeur de 7 millions de francs. Dans ces chiffres ne sont pas compris les résultats obtenus par les pêcheurs de Saint-Pierre et Miquelon qui, cette même année, avaient employé à la pêche près de deux cents bateaux.

Nous ne parlons ici que des pêches françaises, car on a évalué à 2,740,000 quintaux la quantité de poisson pris annuellement sur les bancs et le long des côtes de Terre-Neuve, ce qui fait une moyenne de 342,500,000 morues environ. Les navires anglais et américains en capturent la plus large part et le rendement de leur pêche, joint à celui des bâtiments français, représente une valeur de 60 à 70 millions de francs.

Ainsi la morue et les autres produits des pêches de Terre-Neuve exportés de cette île en 1873, ont représenté pour l'Angleterre une somme totale de 37,847,485 francs. Cette valeur est celle du marché de Terre-Neuve; sur les marchés étrangers où cette marchandise trouve à s'écouler, le prix peut en être évalué à un quart ou à un cinquième en plus.

Il ne faut pas oublier qu'outre le rôle considérable de la morue au point de vue de l'alimentation populaire, on tire de ce poisson d'autres produits qui font l'objet d'un commerce important. Ses œufs ou *rogues* qui, ainsi que nous l'avons dit, donnent droit à une prime spéciale, sont salés par les pêcheurs bretons pour servir d'appât dans la pêche de la sardine; son foie fournit une huile dont on connaît l'efficacité comme agent thérapeutique dans les maladies de poitrine; enfin la *drache*, résidu de la préparation de l'huile de foie de morue, est utilisée par l'industrie.

(*A suivre.*)

ED. DE LUZE.

Membre de la Société.

# LE CANAL INTEROCÉANIQUE

ET

## Le Congrès international

Le 31 mai 1879, après de longs débats, le Congrès international d'étude du canal interocéanique a terminé ses travaux et donné sa décision sur la question, d'un intérêt commercial si grand pour les deux hémisphères, qu'il avait été appelé à résoudre. Il importe de laisser trace, dans le *Bulletin*, du grand événement géographique auquel la Société a pris une part active et quelle a contribué à amener.

Nous ne reviendrons pas ici sur l'historique des explorations : tout le monde a pu le lire dans le travail si lucide et si complet présenté par M. A. Reclus à la Société, et qui a été publié par elle (V. p. 29 du *Bulletin*). Mais il n'est pas hors de propos de remettre en mémoire l'historique du Congrès. Le voici tel que nous l'a remis notre dévoué collègue et secrétaire général honoraire, auquel nous cédons la plume :

« La question du percement de l'isthme américain, écrit M. Hertz, allait s'embrouillant chaque jour davantage au lieu dé s'éclaircir, par suite des lacunes laissées dans l'orographie de l'isthme par les différents explorateurs de la contrée, lorsque se réunit, en 1875, au palais des Tuileries, le premier Congrès universel des sciences géographiques.

« J'avais alors l'honneur d'être secrétaire du groupe où la question du canal interocéanique fut débattue par une assemblée internationale. M. Levasseur, de l'Institut, était vice-président permanent de ce groupe, qui fut présidé successivement par les personnages les plus notables. M. de Lesseps s'y prononça pour l'ouverture d'un canal à niveau, idée dont n'avaient tenu compte aucun des auteurs de projets et qui parut épouvanter bon nombre de membres. Après deux jours de délibérations et de discussions, on s'accorda à formuler en manière de conclusion un vœu anodin dont voici les termes :

« *Le Congrès exprime le vœu que les gouvernements intéressés à l'ouverture de l'isthme américain en poursuivent les études avec le plus d'activité possible et s'attachent aux tracés qui présentent à la navigation les plus grandes facilités d'accès et de circulation.*

« Par ce dernier membre de phrase, le Congrès se flattait de laisser une porte ouverte aux projets à niveau. Les *gouvernements intéressés* accueillirent avec déférence et firent les honneurs d'un enterrement de première classe dans les nécropoles de leurs archives d'État à ce vœu que nous avions appuyé parce qu'il pouvait solliciter indirectement quelques entreprises nouvelles.

« La Société de géographie avait, depuis deux ans, donné naissance à une commission de géographie commerciale dont les développements furent si rapides, qu'elle se transforma bientôt en association indépendante sous le titre de *Société de géographie commerciale de Paris.* J'étais alors secrétaire général de cette commission, et je pensai qu'en attendant l'intervention des puissances, notre institution pouvait donner une première suite au vœu formulé en élucidant la question. Ce fut aussi l'avis de notre président, M. Meurand, directeur des consulats français, et de nos vice-présidents MM. Levasseur et Cortambert. Je proposai donc à mes collègues un travail qu'ils acceptèrent avec empressement et qu'ils poursuivirent avec zèle. L'un d'eux, M. Drouillet, ingénieur, s'offrit à résumer nos études. Il s'acquitta assez consciencieusement de cette tâche, mais se désintéressa plus tard de notre œuvre.

« Nous étions en présence d'une centaine de projets dont les deux tiers *sentaient la folie.*

« Le dernier tiers formait un ensemble de documents assez considérable. Il pouvait être divisé en deux catégories, les tracés étudiés à fond et les tracés approximatifs ; la première catégorie excluait *à priori* toute possibilité du canal à niveau. Un canal de ce genre ne nous paraissait alors possible que dans la partie méridionale de l'isthme et précisément dans les régions qui n'avaient pas été suffisamment reconnues. Il fallait avant tout que ces régions fussent soigneusement explorées.

« Notre commission ne pouvait songer à organiser et à subventionner de semblables explorations. De création nouvelle, dotée d'un maigre budget, jouissant d'une notoriété modeste, elle craignait que son appel aux sociétés intéressées ne fût pas écouté avec assez d'attention. Pour résoudre cette difficulté elle décida de confier la suite de son œuvre à un groupe d'hommes hautement accrédités dans l'opinion publique.

« Après s'être entendue avec le Bureau de la Société de géographie, elle procéda à la création d'un *Comité international d'études pour le percement d'un canal interocéanique,* et à l'assemblée du groupe français de ce comité le 24 mars 1876, M. de Lesseps fut élu *président.* MM. l'amiral de la Roncière le Noury, président de la Société de géographie, et Meurand, président de la commission de géographie commerciale, furent nommés *vice-présidents ;* les membres étaient MM. Daubrée, Levasseur, Delesse, Malte-Brun, Foucher de Careil, Cotard, Bionne, Maunoir, Hertz et Drouillet. Ce dernier, comme je l'ai dit, ne devait pas nous suivre jusqu'au bout ; M. Bionne le remplaça comme secrétaire.

« Le Comité s'adjoignit plus tard et successivement MM. de Watteville, Herpin, Dauzats, Georges Perin, Gauthiot et Capitaine.

« A peine ce Comité était-il constitué que le général Turr et M. Wyse organisèrent parallèlement un comité pour défrayer les explorations. La fin de l'année ne s'était pas écoulée que M. Wyse partait à la tête d'une expédition qui pensait tout d'abord trouver un canal à niveau par les vallées de la Tuyra et de l'Atrato. Cette première campagne conduite avec beaucoup d'énergie dissipa les espérances qu'on avait fondées sur la route Tuyra-Atrato; l'expédition eut la douleur de perdre trois de ses membres : MM. Bixio, Brooks et Musso ; elle reprit ses travaux l'année suivante, acheva la nivellement du versant occidental de la Cordillière au sud de l'isthme de Panama et bientôt fut en mesure de présenter un rapport des plus complets sur le percement possible de l'isthme (1).

Ces lignes de M. Hertz l'indiquent suffisamment : la question était alors mûre. C'est ce que pensa le *Comité national d'études*. Avec une louable activité, il procéda à la publication des documents et des rapports, sollicita la coopération des gouvernements, des Sociétés savantes, des ingénieurs les plus célèbres et convoqua pour le 15 mai, à Paris, le Congrès international qui devait décider la question agitée depuis si longtemps. C'était une entreprise délicate : toutefois ni M. de Lesseps, notre collègue, qui semblait puiser dans la lutte une nouvelle jeunesse et une nouvelle activité, ni l'actif et dévoué secrétaire de la commission, M. Bionne, notre vice-président, ni les membres de la commission ne désespérèrent un instant du succès final.

Le 15 mai, au jour dit, la grande salle de l'Hôtel de la Société de géographie de France se trouvait pleine de savants venus de tous les points de l'horizon et dont la présence donnait à la réunion une rare autorité et une dignité remarquable. Dans l'une des salles voisines étaient exposés côte à côte les plans en relief, tous trois à la même échelle, du canal de Suez et du canal interocéanique par Panama et par le Nicaragua.

C'est le vice-amiral baron de la Roncière le Noury, sénateur, président de la Société de géographie de France, assisté de M. Ferdinand de Lesseps, le créateur du canal de Suez, et de M. Meurand, directeur des consulats et affaires commerciales au ministère des affaires étrangères, président de la Société de géographie commerciale de Paris, qui a ouvert la séance. Au bureau se trouvaient, en outre, MM. Maunoir et Gauthiot, les secrétaires généraux des deux Sociétés de géographie précitées.

Dans une brève allocution, le vice-amiral président a indiqué le sujet de la réunion.

---

(1) Voyez, pour plus de détails, page 29 du *Bulletin* de la Société, la communication de M. A. Reclus intitulée : *le Canal interocéanique et les Explorations dans l'isthme américain.*

« Un grave et grand sujet nous réunit, a-t-il dit notamment; il s'agit de doter la civilisation d'une voie nouvelle en ouvrant l'un de ces canaux qui sont aux océans comme les ponts aux rives des fleuves. La pensée du percement de l'étroite barrière qu'élève l'isthme américain entre deux océans immenses est devenue générale. Assoupie pendant près de quatre siècles, cette pensée s'est réveillée, vivace cette fois et pressante. Le percement de l'Amérique centrale s'impose désormais à la vie économique des peuples et à leur navigation puissante, rapide et sûre. Nul n'est mieux qualifié que M. Ferdinand de Lesseps — le créateur, aux acclamations du monde, d'une œuvre contre laquelle avait échoué la puissance des pharaons — pour présider aux études, aux délibérations de ce Congrès, et c'est agir selon vos sentiments que de lui céder le fauteuil de la présidence. Les explorateurs, les géographes, les auteurs de projets vont vous soumettre leurs données, leurs conclusions, que vous discuterez en pleine indépendance. La demeure qui vous reçoit est consacrée à la science, et la science, avec son impartiale sérénité, inspirera vos études. Je déclare ouvert le Congrès international d'étude du canal interocéanique. »

Ce petit discours a été chaleureusement applaudi.

M. de Lesseps a occupé alors le fauteuil de la présidence et appelé à prendre place au bureau les vice-présidents élus par le Congrès : M. le vice-amiral Ammen (Etats-Unis), M. le vice-amiral Likhatchof (Russie), M. le colonel du génie sir John Stokes (Angleterre), et le commandeur Cristoforo Negri, ministre plénipotentiaire (Italie), ainsi que le secrétaire général, M. Bionne et les secrétaires MM. Boissevain, Capitaine, Wiener et Jackson.

Aux applaudissements de l'auditoire, le président du Congrès a prononcé alors une courte allocution dans laquelle il a remercié M. le vice-amiral baron de la Roncière le Noury, président de la Société de géographie de France, et M. Meurand, président de la Société de géographie commerciale de Paris, ainsi que les hommes éminents venus de tous les pays du monde pour prononcer le verdict de la science sur la question du canal interocéanique. Il a ensuite donné la parole à M. Henry Bionne, secrétaire général du Congrès, pour lire le rapport rédigé au nom de la section française des études du canal projeté.

Ce rapport clair, bref, impartial surtout, retraçait les origines de la question proposée à l'examen du Congrès, sans oublier les efforts faits par la commission, depuis Société de géographie commerciale de Paris, pour amener sa solution ; il indiquait aussi soigneusement la part prise dans les études techniques par les gouvernements et les savants de divers pays, et se terminait par l'invitation aux uns et aux autres d'achever l'œuvre économique et commerciale importante qui avait été si bien préparée.

M. de Lesseps a procédé alors à l'appel nominal des membres

du Congrès. Ces membres étaient divisés en cinq sections : 1° de
statistique ; 2° économique et commerciale ; 3° de navigation et
météorologie ; 4° technique ; 5° des voies et moyens. Plus d'une
fois l'assemblée a applaudi les savants qui se levaient à l'appel de
leur nom : on nous permettra de signaler ici quelques-uns des
membres de cet aréopage européen.

Nous citerons : pour la France, MM. Charles Cotard, ingénieur ;
Daubrée, membre de l'Institut ; Dauzats, ingénieur ; Delesse,
membre de l'Institut ; le comte Foucher de Careil, sénateur ;
Charles Hertz ; Levasseur, membre de l'Institut ; Malte-Brun ;
Georges Perin, député ; le baron de Watteville ; Paul Bert, député ;
Adrien Bonnet, ancien député ; Charton, sénateur ; Couvreux, entrepreneur des travaux du Danube ; Debize, secrétaire général de
la Société de géographie de Lyon ; Louis Desgrand, président et
délégué de la Société de géographie de Lyon ; Dietz-Monnin,
membre et délégué de la chambre de commerce de Paris ; Eiffel,
ingénieur ; Henri Fould, membre et délégué de la chambre de
commerce de Paris ; William Huber, ingénieur-conseil de la Compagnie du chemin de fer du Simplon ; Jægerschmidt, sous-directeur au ministère des affaires étrangères ; Lavalley, ingénieur en
chef des ponts et chaussées ; Marc-Maurel, président et délégué
de la Société de géographie commerciale de Bordeaux ; Menier,
député ; Paul Mirabaud, banquier ; Pascal, inspecteur général des
ponts et chanssées ; Isaac Pereire ; le commandant Perrier,
membre du Bureau des longitudes ; Franz Schrader ; Louis
Simonin, ingénieur des mines ; Voisin Bey, ingénieur en chef
des ponts et chaussées ; Bouché-Leclerc, délégué de la Société
languedocienne de géographie de Montpellier ; Flachat, ingénieur ;
— Pour l'Algérie, MM. Dessirier, capitaine au 2° zouaves, officier
d'ordonnance de M. le président de la République ; Pomel, sénateur ; — pour la Martinique, M. A. Agnès, délégué de la chambre
de commerce de la Martinique.

Pour l'étranger, nous signalerons MM. le docteur Huyssen,
inspecteur des mines ; Belle, ingénieur, membre de l'Association
des ingénieurs et constructeurs de Glasgow ; Charles Hartley,
ingénieur consultant à la commission européenne du Danube ;
J.-O. Lewis, membre de la chambre de commerce de Cardiff ; le
docteur Walcher de Moltheim, directeur de la chancellerie commerciale de l'ambassade d'Autriche à Paris ; J. du Fief, secrétaire
général de la Société belge de géographie ; d'Hane-Steenhuyse,
vice-président de la Société belge de géographie ; de Maere-Lim-
nander, ingénieur ; Wauwermans, président de la Société de
géographie d'Anvers ; Li-Shu-Chang, premier secrétaire de la
légation de Chine à Londres ; don Manuel Peralta, ministre de la
république de Costa-Rica aux États-Unis ; don Cipriano Segundo
Montessino, ancien directeur général des travaux publics à
Madrid ; Nathan Appleton, membre du Board of Trade de Boston ;

Christian-Christiansen, membre de la chambre de commerce de San Francisco; J. Lawrence-Smith, membre de l'Académie nationale américaine des sciences; A.-G. Menocal, ingénieur, U. S. N.; Th.-O. Selfridge, commandant, U. S. N.; Boissevain, directeur de la Compagnie néerlandaise de navigation; F.-W. Conrad, ingénieur en chef du Waterstaat à Harlem; Auguste von Hemert, ancien président de la chambre de commerce d'Amsterdam; Francisco de Garay, ingénieur civil, directeur général des travaux du Desagüe de la vallée de Mexico; J.-Thomas de Franco, envoyé extraordinaire et ministre plénipotentiaire de Nicaragua, près le roi d'Italie; J.-M. Torrès-Caïcedo, ministre plénipotentiaire de la république de San Salvador; Mendes Léal, ministre plénipotentiaire de S. M. Très-Fidèle, à Paris; le docteur Broch, ancien ministre de la marine et des postes de Norvége; le colonel Staaf, attaché à la légation de Suède et de Norvége; Cérésole, ancien président de la Confédération helvétique; Daniel Colladon, ingénieur; Louis Favre, entrepreneur du tunnel du Gothard; Andrès de Santa Maria, chargé d'affaires de Colombie; Edouard Gioia, ancien ingénieur-chef de la section d'El-Guisr au canal de Suez; Liugi Torelli, sénateur.

C'est le 19 mai qu'a eu lieu la deuxième séance générale. M. de Lesseps l'a ouverte par des remerciements aux membres du Congrès dont l'assiduité et le travail dans les commissions promettaient le meilleur résultat. Les présidents des $1^{re}$, $3^e$, $4^e$ et $5^e$ commission, MM. Levasseur, Broch, Daubrée et Cérésole, ont fait savoir où en étaient les travaux de ces commissions, et M. Simonin, rapporteur de la cinquième, que M. Appleton (de Boston), avait présidée, a présenté le résultat des délibérations dont il avait à rendre compte en établissant de la manière la plus évidente l'utilité du percement de l'isthme au point de vue économique et commercial.

Dans la $3^e$ séance générale, qui a eu lieu le 23 mai, comme les précédentes, sous la présidence de l'infatigable M. de Lesseps, M. Broch, ancien ministre de la marine de Norvége, président de la $3^e$ commission, a déposé le rapport dont M. Spément, secrétaire de ladite commission, a donné lecture. « Les *desiderata* de la navigation — telles ont été les conclusions du rapport — sont, dans l'ordre d'importance : 1° un canal à niveau avec tranchée; 2° un canal à niveau avec tunnel; 3° un canal à écluse auquel les marins ne s'habitueront que difficilement. »

Voisin Bey a fait savoir que la $4^e$ commission dont il était rapporteur continuait ses travaux, et que deux sous-commissions s'occupaient de déterminer la meilleure direction du canal et le prix de son établissement; mais que le rapport général n'était pas encore possible.

M. Cérésole, ancien président de la Confédération helvétiqué, président de la 5e commission, a annoncé que le rapport de cette commission serait déposé aussitôt que les résultats obtenus dans la 1re seraient connus.

- M. de Lesseps, résumant alors les indications qui venaient d'être données, a constaté que la discussion en était arrivée à ce point qu'il ne s'agissait plus que de choisir entre un canal à niveau et un canal à écluses, et que pour sa part, se rappelant les objections peu fondées qui avaient été faites contre la construction à niveau du canal de Suez, il tenait pour un canal à niveau.

M. de Peralta, ministre de Costa-Rica à Washington, ayant dit alors que les États-Unis étaient décidés à soutenir le projet de canal par le Nicaragua, le commandant Selfridge, délégué de ce pays, a répliqué que l'opinion publique aux États-Unis était très-favorable au percement de l'isthme et accepterait en toute loyauté la décision des hommes de science qui composaient le Congrès.

M. Fontanes a ensuite répondu à des observations de M. Simonin que l'assemblée avaient accueillies peu favorablement et qui portaient sur le maximum du transit du futur canal et sur le coût de sa construction. Il a déclaré que le transit de Suez pour la vapeur et les voiliers s'éléverait sans doute à 10 millions de tonnes si les navires à voiles pouvaient passer, et qu'il serait bon de ne pas parler du coût du nouveau canal avant de connaître les décisions de la commission technique.

M. de Lesseps, ajoutant quelques explications à celles de M. Fontanes, a levé la séance après avoir annoncé que M. le président de la République recevrait le 22 mai les membres du Congrès.

Le 27 mai (4e séance générale) M. Levasseur, de l'Institut, et M. Cérésole ont lu au Congrès le rapport de leurs sections respectives : celles de statistique et des voies et moyens.

M. Levasseur a obtenu un très-grand succès en exposant avec la clarté qui lui est habituelle et l'autorité que lui donne sa parfaite connaissance de la matière, quel serait en 1887 le trafic probable du canal. Nous renvoyons à son rapport, qui sera publié comme les autres avec les procès-verbaux du Congrès, les personnes qui s'intéresseraient aux détails, et nous dirons seulement que ce trafic a été évalué, sur les données les plus précises que l'on possède, à 7,250,000 tonnes, chiffres ronds.

La commission des voies et moyens, dans son examen des résultats financiers que pourrait donner le canal et qu'elle a rapprochés naturellement du coût supposé de la construction, est partie d'un chiffre bien inférieur : celui de 6 millions de tonnes. Cela ne nuit pas à ses conclusions, favorables à la *rentabilité* de l'entreprise, au contraire. M. Cérésole, qui s'était chargé de la lecture du rapport, a eu la satisfaction de voir le Congrès rendre justice par ses applaudissements aux travaux de la commission, qui a tenu en outre à exprimer le vœu de la neutralisation du canal.

Les choses en étaient donc venues à ce point que quatre des commissions avaient reconnu, savoir : 1º que le trafic probable du canal serait considérable ; 2º que l'établissement de ce canal était très-désirable au point de vue économique et commercial ; 3º qu'il répondrait, construit conformément à certaines conditions, aux exigences de la navigation à vapeur et à voiles ; enfin 4º que le revenu probable suffirait, calculé à 15 fr. par tonne, à couvrir les frais d'exécution et à rémunérer les capitaux engagés dans l'entreprise. C'était à la quatrième commission (technique) à apporter la dernière pierre à l'édifice. Depuis la réunion du Congrès, elle avait tenu une et deux séances par jour et entendu tous les auteurs de projets ; il lui fallait se prononcer et sur le mode de construction du canal et sur le meilleur tracé à adopter, afin que le Congrès tout entier pût porter sur ces deux questions un jugement définitif, précis et d'autant plus indiscutable qu'il aurait été précédé de longs et sérieux travaux, et que l'autorité scientifique des hommes qui auraient pris part au vote était plus grande. C'est ce qui a eu lieu.

Le jeudi 29, M. de Lesseps, en ouvrant la séance de ce jour (la 5º et dernière), en a sommairement indiqué le programme : 1º lecture du rapport de la 4º commission (technique) ; 2º lecture du résumé des cinq rapports de section et de la conclusion à en tirer ; 3º vote sur cette conclusion par oui et par non, avec indication des motifs, si cela était jugé bon. Ce programme a été scrupuleusement suivi.

C'est Voisin Bey, ingénieur en chef des ponts et chaussées, qui, dans un rapport des plus lucides, a rendu compte des travaux de la 4º section, c'est-à-dire du résultat définitif de l'examen des sept projets proposés tant par les officiers de la marine des État-Unis que par MM. Wyse et Reclus, M. Menocal, M. Blanchet, M. de Garay, M. de Puydt et autres. La conclusion de la commission — conclusion adoptée à la majorité de 20 voix sur 29 votants pour le premier paragraphe et de 16 voix contre 3 pour le second — peut être indiquée en deux mots : 1º le canal doit être construit de la baie du Limon (Colon) à Panama ; 2º il doit être à niveau constant.

M. Bionne, secrétaire général, a donné lecture alors du résumé des travaux des cinq commissions et indiqué la conclusion à laquelle elles étaient arrivées et sur laquelle il allait être voté. Les remercîments de l'assemblée n'ont pas manqué au dévoué secrétaire général du Congrès et l'ont récompensé de son travail incessant.

Le vote a eu lieu ensuite à voix haute et par appel nominal. Cette opération a donné lieu à plus d'un incident : l'assemblée applaudissait aux noms et aux paroles des personnes qui lui étaient le plus sympathiques, et le fait s'est produit notamment lorsque M. de Lesseps, M. le vice-amiral de la Roncière le Noury, sir John Stokes, M. Desgrands (président de la Société de géographie de Lyon), MM. Fontane, de Fourcy, Simonin, Walcher de Moltheim, Li Shu Shang, Appleton, le commandeur Negri, le docteur Broch et l'amiral Likatchoff ont donné leur opinion.

Toute l'opération s'est effectuée avec le plus grand ordre, plusieurs membres déposant sur le bureau, afin qu'ils fussent joints au procès-verbal, les motifs de leur vote.

Le résultat de l'opération a été décisif. Sur 98 votants, 74 ont approuvé le percement d'un canal à niveau constant de la baie du Limon à Panama. Il y a eu 8 non et 16 abstentions.

C'est l'amiral de la Roncière le Noury qui a proclamé ce résultat au milieu des applaudissements. Il a prononcé ensuite un petit discours qui a dignement clos la séance imposante qui couronnait les travaux du Congrès.

« Messieurs, a dit le sympathique amiral, en vous offrant leur cordiale hospitalité, la Société de géographie et la Société de géographie commerciale de Paris prévoyaient avec quelle ardeur chacun de vous s'empresserait de venir apporter sa pierre à l'œuvre que nous entreprenions. L'élévation de votre esprit a triomphé de toutes les difficultés et marqué le point de départ mémorable de l'entreprise.

« La géographie a accompli la première œuvre. A vous maintenant de la continuer, hommes de science de tout ordre, habiles ingénieurs que rien n'arrête, techniciens dont la hardiesse égale l'activité, capitalistes prévoyants, presse intelligente qui avez déjà préparé les esprits à envisager en face cette grande œuvre.

« Le concours des hommes éclairés du monde entier ne vous fera point défaut, et vous serez soutenus par le souffle qui donne la vie à toutes les grandes choses.

« Messieurs, le 29 mai 1879 marquera le début de la plus vaste entreprise des temps modernes. A chacun de nous restera l'honneur d'avoir attaché son nom au Congrès international de l'isthme américain; ne puis-je pas ajouter que ce sera l'honneur de la France entière?

« En nous séparant, permettez-moi, messieurs, de terminer par un vœu qui est déjà dans vos cœurs : Puisse l'homme illustre qui a été l'âme de vos délibérations, qui vous a charmés par son aménité, qui est la personnification des grandes entreprises, vivre assez longtemps pour en voir terminer une nouvelle à laquelle son nom restera désormais attaché, et dont il ne refusera pas la haute direction! Il continuera ainsi l'œuvre qui a fait de lui un citoyen du monde entier. »

A ces paroles, M. de Lesseps n'a répondu que deux mots, mais deux mots qui ont soulevé un enthousiasme véritable : c'est qu'un général qui avait gagné une bataille ne refusait pas d'en livrer une seconde. Là-dessus, l'assemblée s'est séparée, évidemment impressionnée par la solennité d'une séance qui ressemblait à celle qu'aurait tenue un tribunal international d'arbitres chargés de décider d'une grande cause, et convaincue que l'exécution du projet approuvé suivrait de près son approbation.

Ce projet ainsi solennellement accepté par le Congrès est celui que deux officiers de la marine française, MM. Wyse et Reclus, ont conçu, étudié et exposé après deux campagnes successives d'exploration dans l'isthme. Il a été examiné, critiqué dans tous ses détails; et, à l'honneur de ses courageux et persévérants auteurs, il est sorti presque sans modifications des mains des ingénieurs et constructeurs français et étrangers, pour la plupart déjà célèbres, qui composaient la commission technique.

Le canal, d'après le projet de MM. Wyse et Reclus, partira de la baie du Limon sur l'océan Atlantique, et aboutira à la rade de Panama sur l'océan Pacifique; il sera à niveau constant et à ciel ouvert et coûtera à établir en huit ans, d'après le devis rectifié, 780 millions. Sa longueur totale sera de 73 kilomètres. Parallèle, sur la plus grande partie de son parcours, au chemin de fer de Panama, il suivra la vallée du Chagres, dont le débit sera réglé par un barrage à déversoir régulateur, et celle du Rio Grande. Sa profondeur sera de 8m50; sa largeur au fond de 22 mètres et à la surface de 40 mètres en moyenne. Une banquette de 2 mètres de large régnera des deux côtés et sur toute l'étendue du canal dont les points de départ et d'arrivée se trouveront à une profondeur en mer de 8m50 : c'est dire qu'il sera accessible aux navires du plus fort tonnage, tant à voiles qu'à vapeur. Ceux-ci trouveront à ses deux extrémités un port en eau profonde où ils pourront stationner, avant de traverser le canal pour porter au nouveau monde les produits de l'ancien et rapporter à celui-ci les richesses du nouveau.

Le commerce, la civilisation, l'humanité ne peuvent que gagner à l'accomplissement de la grande œuvre que la science a déclarée possible, et dont le résultat financier, au jugement d'hommes compétents, sera satisfaisant. Puisse cette œuvre être bientôt accomplie! La Société de géographie commerciale s'en féliciterait grandement et ne saurait oublier que ce résultat serait dû, en grande partie, à l'énergie, au talent et à l'activité de plusieurs de ses membres : MM. de Lesseps, Wyse et Reclus avant tous. La Société de géographie de France compterait un succès de plus. A la France resterait l'honneur d'avoir provoqué le Congrès international qui aura posé les bases de la grande entreprise, et à toutes les nations le mérite d'avoir contribué à renverser une des barrières que la nature opposait encore aux relations entre les peuples!

C. GAUTHIOT.

# PROJETS

## de chemins de fer transsahariens

Le 6 février dernier, la 1ʳᵉ section de la Société de géographie commerciale, après avoir entendu une communication de M. Gazeau de Vautibault, a choisi parmi ses membres une commission chargée d'examiner l'utilité et la possibilité de l'établissement, d'un chemin de fer transsaharien. (Voir au *Bulletin*, page 110 et 111). Cette commission, après avoir reconnu l'utilité et la possibilité de l'entreprise et s'être prononcée pour la création d'une société qui organiserait une expédition destinée à étudier le tracé de la voie à établir, a chargé M. Capitaine de rédiger un rapport qui a été lu à l'assemblée générale du 29 avril. Le Conseil de la Société ayant pris connaissance de ce rapport le 6 mai, a déclaré, après avoir été informé qu'une société ayant pour but de faire étudier le tracé d'un chemin de fer d'Alger au Touat était fondée, qu'il serait heureux de voir une belle idée entrer dans la voie pratique et donnerait un appui désintéressé aux hommes qui travailleraient à son exécution.

Sur le désir exprimé par la 1ʳᵉ section, nous publions le rapport qui lui a été fait, et nous y joignons, pour guider un peu le lecteur et lui donner quelque idée d'une entreprise dont il est déjà depuis longtemps question, une carte qui indique sommairement le tracé projeté des deux principales lignes transsahariennes proposées jusqu'à présent. La première, celle qui part d'Alger, a pour auteur M. Duponchel, notre membre correspondant, qui l'a fait connaître dans l'ouvrage publié à Montpellier sous ce titre : *Le chemin de fer transsaharien, jonction coloniale entre l'Algérie et le Soudan*. L'autre, celle qui part de Tripoli, a été indiquée par M. Gerhard Rohlfs, l'explorateur allemand qui, en ce moment même, se trouve arrêté sur le chemin qu'elle doit parcourir et qu'il avait pris pour se rendre au Wadaï. — C. G.

## RAPPORT

Dans sa séance du 22 février dernier, la Société de géographie commerciale de Paris a confirmé sur la demande de M. Ménier, directeur du journal *la France coloniale*, les pouvoirs de la commission nommée par la 1ʳᵉ section pour étudier le projet de l'établissement d'une voie ferrée destinée à relier l'Algérie au Niger et à notre autre colonie si importante, quoique si peu connue, du Sénégal. Cette commission, composée de MM. Gazeau de Vautibault, de M. le Dʳ Ballay et de M. Marche, les explorateurs de l'Ogooué, de MM. Dupuis, le révélateur du fleuve Rouge; Capitaine, directeur de l'*Exploration*; Ménier, directeur de la *France coloniale*, et A. Ringier, secrétaire de la 1ʳᵉ section, a formé de la façon suivante son bureau : M. Gazeau de Vautibault, président; M. H. Capitaine, rapporteur, et M. A. Ringier, secrétaire.

Dès qu'elle a été complètement constituée, la Commission du Transsaharien (c'est sous ce nom qu'elle sera désormais désignée), a procédé à l'étude et à l'examen des questions se rapportant à la grande entreprise qu'elle s'efforcera, avec les hommes 'de bonne volonté qui voudront se joindre à elle, de conduire à bonne fin.

Il ne s'agit pas ici, messieurs, d'un de ces projets prêtant à la fantasmagorie, et dont l'exécution doit être reportée à des époques plus ou moins éloignées; nous venons aujourd'hui vous entretenir d'une actualité dont la nécessité s'impose d'elle-même à tous ceux qui ont quelque souci de la grandeur de notre chère patrie. Le Transsaharien est mûr, si je puis employer une telle expression, et si nous voulons en recueillir les bénéfices et ne pas arriver trop tard, il n'est que tout juste temps de nous hâter. Tandis qu'en France toute idée nouvelle effraye d'abord, par cela même qu'elle est nouvelle et qu'elle dérange les notions reçues ou plutôt préconçues, les peuples étrangers, qui n'ont pas les mêmes causes d'arrêt, se préoccupent sérieusement du projet d'un Transsaharien et de sa mise à exécution, projet qui, loin de leur paraître une chimère, est, d'après eux, destiné dans un avenir prochain à se transformer en réalité.

En Angleterre, nous voyons une société puissante étudier en ce moment la construction d'un chemin de fer devant relier les côtes du Maroc au Niger. En Allemagne, l'explorateur Rohlfs, soutenu par de nombreux capitaux et subventionné par la Société de géographie de Berlin (1), espère réaliser un projet de voie ferrée allant de Tripoli au lac Tchad. Les Italiens à leur tour, jaloux de l'influence que le Transsaharien donnerait à la France dans toute l'étendue du bassin du Niger, préconisent le projet du D' Rohlfs, dont ils espèrent profiter les premiers. Toutes les puissances, en un mot, ont l'œil ouvert sur ce marché du Soudan qui devrait et doit appartenir à notre pays par suite de sa situation sur les deux rives de la Méditerranée et sa possession du Sénégal.

Ceci dit, entrons dans le vif de la question. Et, tout d'abord, le Transsaharien est-il possible ? Certes, quand on assiste aux merveilles qu'enfante chaque jour l'industrie moderne, quand on a vu les Américains construire le Transcontinental Rail-Road au milieu de difficultés inouïes et de périls de toutes sortes, le plus ou le moins de possibilité n'est pas un obstacle dont il soit permis, à l'heure actuelle, de tenir sérieusement compte, les faits ou plutôt les miracles accomplis de nos jours étant là pour répondre.

Deuxièmement, et ceci est plus grave, une voie ferrée reliant par l'intermédiaire du Niger l'Algérie au Sénégal, est-elle nécessaire au développement de l'industrie et du commerce français? — Là nous répondrons oui hardiment, et nous laisserons la parole à M. Gazeau de Vautibault qui, dans une brochure que nous voudrions voir dans toutes les mains, a réuni et a traité tout ce qui se rapporte au Transsaharien français.

_______________________________________________________

(1) C'est la section allemande de l'*Association internationale africaine* qui a alloué des fonds à M. Rohlfs pour faire son voyage de la grande Syrte au Bénoué. — C.G.

« De toutes les questions, écrit-il, qui sont à l'ordre du jour des Sociétés et des Congrès de géographie, celle-là seule intéresse vraiment d'une façon directe et au suprême degré, la grandeur, la puissance et l'avenir de la France; c'est la seule qui soit exclusivement nationale et ne nous expose pas à aventurer nos capitaux au profit des peuples étrangers. Si nous voulons fermement nous reconstituer un empire colonial à la place de celui que nous avons perdu, nous n'avons pour ainsi dire à faire que quelques pas et tendre la main pour planter notre pavillon sur les vallées de l'Oued-Guir, de l'Igharghar, du Bénoué et du Tchad. A la France de se tailler à ses portes le plus bel empire colonial qu'elle ait jamais pu rêver et de s'avancer au cœur de l'Afrique par le nord, tandis que le lion britannique y pénètre par bonds gigantesques par le sud, l'est et l'ouest. Gravons-nous enfin profondément dans l'esprit ces paroles que prononçait naguère le président de la Société de géographie de Bordeaux : « L'Afrique « nous échappera, comme les Indes nous ont échappé, si nous ne nous hâtons « pas d'asseoir solidement notre domination dans tout le nord-ouest de « l'Afrique que nous tenons par l'Algérie, le Sénégal et le Gabon. »

Et, en effet, il faut nous hâter : la civilisation marche à pas de géants, et, avant trente ans, le continent africain sera sillonné de voies ferrées comme le sont actuellement l'Amérique et l'Europe. Quant aux obstacles que la construction du Transsaharien devait rencontrer infailliblement, pas un seul, malgré le dire des adversaires du projet, n'a une valeur sérieusement scientifique. Ces obstacles, que nous allons énumérer rapidement, seraient le climat, qu'on dit trop élevé le jour et trop froid la nuit, le manque d'eau pour l'alimentation des machines et du personnel, l'existence de sables mouvants, la difficulté d'établir des approvisionnements suffisants de houille, enfin l'hostilité que l'on rencontrerait certainement de la part des tribus dont on traverserait le territoire et surtout des Touaregs.

Eh bien, aucune de ces objections n'est fondée : le Sahara possède d'immenses nappes d'eaux souterraines inépuisables, et l'hostilité des Touaregs que M. G. Rohlfs considère comme le seul obstacle à la construction du Transsaharien français (comme si cet obstacle n'existait pas pour la ligne qu'il préconise lui-même de Tripoli au lac Tchad), est une de ces erreurs, grossies par l'éloignement, que l'on répète en quelque sorte inconsciemment. Les Touaregs, en effet, à supposer qu'ils soient même parfois gênants, ne seront jamais assez nombreux pour nous créer des difficultés insurmontables, et les Peaux Rouges, que les constructeurs du Pacific Rail-Road ont eu sans cesse à combattre, et qui n'ont pu, malgré tous leurs efforts, retarder d'une heure l'exploitation du chemin de fer, étaient des ennemis bien autrement redoutables. Les Américains, cependant, en sont venus à bout, ainsi d'ailleurs qu'il arrive toujours lorsque la barbarie et la civilisation sont en présence.

Abordons maintenant la seule objection un peu grave, si elle était vraie, que l'on ait opposée au projet qui nous occupe. C'est le défaut de trafic.

Les frais de construction, établis à la suite d'études sérieuses, atteignent à peine le chiffre maximum de 400 millions. Quels sont les bénéfices sur lesquels on pourra légitimement compter?

Un ancien adversaire du Transsaharien avouait jadis qu'il suffirait d'un trafic de 2 à 300,000 tonnes pour assurer le service des frais et revenus de cette voie ferrée. Or, le commerce seul des denrées coloniales et du sel entraînerait et au delà ce déplacement.

Ici, nous donnons de nouveau la parole à M. Gazeau de Vautibault :

« L'Algérie, à elle seule, pourrait donner par an, si les débouchés étaient suffisants, une récolte de 4 millions de tonnes d'alfa. Mais l'industrie ne semble pas devoir, de longtemps, utiliser annuellement plus de 400,000 tonnes. En admettant que la Compagnie du transsaharien ne vendît que 100,000 tonnes d'alfa, il y aurait là pour elle un bénéfice net de 10 millions. Car l'alfa, dans les ports d'expédition d'Algérie, se vend 130 francs la tonne, dont il faut déduire 30 francs pour les frais de récolte.

« Le Touat et ses 400,000 habitants s'approvisionnent de céréales au Maroc et dans la province d'Oran et les payent avec leurs dattes. Ce trafic donne lieu à un déplacement annuel de 100,000 tonnes au moins de céréales et de dattes, sur un parcours de 1,000 kilomètres. Les frais de transport par chameau sont de 50 centimes par tonne et par kilomètre, tandis qu'ils seraient, par le Transsaharien, de 2 centimes. Il y aurait donc là un bénéfice certain de 10 millions pour le Transsaharien. Ce serait un revenu minimum, car le Transsaharien, en assurant les pauvres hères du Touat d'un approvisionnement régulier et en les préservant des famines doublerait la consommation des céréales et la production des dattes.

« Si les 80 millions du Soudan consommaient autant de sel que les Français, il s'en consommeraient 700,000 tonnes ; mais ils n'en consomment que 20,000 tonnes (soit une demi-livre par tête) parce qu'il n'en existe à peu près qu'au Touat et en Algérie. Les hautes classes seules peuvent user de ce condiment indispensable, à cause de sa cherté. Il se vend 2 et 3 francs le kilo, 1,500 à 2,000 francs la tonne. En admettant que la Compagnie du Transsaharien n'en vendît que 100,000 tonnes, au prix de 25 centimes le kilo, de 200 francs la tonne, elle réaliserait de la sorte 20 millions.

« D'après les documents officiels, la France importe annuellement des deux Indes un million de tonnes de denrées coloniales, dont 627,000 en graines oléagineuses, fruits oléagineux, huile de palme, coton, peaux, indigo, riz et gomme ; or, toutes ces denrées sont produites par le Soudan en quantités illimitées. Quant aux 370,000 autres tonnes, elles consistent en sucre, soie, tabac, café, cacao et nitrate de potasse. Le climat et le sol du Soudan permettraient de les y récolter, de nous en approvisionner quand et autant que nous le voudrions. En supposant que le Soudan, qui est à nos portes, ne fournît au Transsaharien qu'un écoulement de 100,000 tonnes de ces denrées coloniales que nous allons acheter au loin et à des prix onéreux, il y aurait là un bénéfice assuré de 12 millions.

« L'exportation au Soudan de 30,000 tonnes d'objets manufacturés d'Europe, de cotonnades, soies et autres tissus, de quincaillerie, métaux ouvrés et objets de luxe, rapporterait au Transsaharien 8 millions.

« Le transport des voyageurs rapporterait 7 millions, et l'approvisionnement des établissements militaires de l'Algérie, du Soudan et du Sahara produirait 5 millions de bénéfices.

« Toutes ces évaluations sont des évaluations minimum. Elles nous donnent déjà le total énorme de 72 millions. »

Indépendamment de ces bénéfices directs, la France trouverait là un large et rémunérateur emploi pour ses capitaux improductifs. La crise industrielle dont nous sommes menacés serait arrêtée pour longtemps, et le trop plein actuel de nos manufactures rencontrerait un écoulement assuré chez les quatre-vingts millions d'habitants qui peuplent les bassins du Niger et du Tchad. Nous créerions ainsi, au sein de notre pays, un vaste courant d'émigration vers des contrées nouvelles aussi riches que salubres.

Enfin, par cette voie prolongée, le Sénégal serait, dans un temps plus ou moins proche, mis directement en rapport avec sa colonie sœur, l'Algérie, et acquerrait par là le développement auquel ses productions naturelles lui donnent droit. Alors le Transsaharien ne serait pas seulement voie intercoloniale, destinée à réunir nos possessions africaines éparses en un solide faisceau solidement indestructible. Nous n'étudierons pas ici les divers tracés qui ont été proposés; tout d'abord nos prétentions ne tendent qu'à atteindre les fertiles oasis du Touat, et, avant de nous lancer dans l'inconnu, nous nous contenterons d'asseoir sur des bases solides notre marche en avant, et nous procéderons étape par étape, ne donnant rien au hasard, et assurant le succès définitif de l'œuvre par notre sagesse et notre prudence. D'ailleurs, nous sommes assurés qu'en limitant tout d'abord à l'extrémité du Touat notre tâche, cette tête de ligne exercera jusque sur les populations du Soudan un effet attractif tel que, ce premier tronçon mis en exploitation, on ne tardera pas à reconnaître la nécessité d'aller au delà, c'est-à-dire de franchir ce Sahara si redoutable en apparence, si bénin en réalité, et alors la France sera en possession d'un magnifique empire, situé à quelques heures à peine de distance et paraissant créé tout exprès par la Providence pour nous appartenir.

En avant donc! que la devise des Américains devienne la nôtre : ils avaient à lutter, pour mener leur œuvre à bonne fin, contre des populations farouches et ils les ont réduites à l'impuissance; la nature avait semé leur route d'obstacles de tous genres, et ils ont franchi des abîmes insondables et endigué des fleuves larges comme des mers. En Afrique, rien de semblable : pas de montagnes neigeuses à gravir, pas de tunnels, peu de ponts, peu de viaducs; une magnifique plaine ondulée, semée de puits indiquant les stations pour le renouvellement de l'eau, telles sont les facilités exceptionnelles apportées à l'œuvre que nous poursuivons et que la commission nommée par votre 1re section, messieurs, croit non-seulement utile et profitable aux intérêts français, mais même absolument nécessaire. Donc, pas d'hésitation, pas de retards, et que l'on n'oublie pas que nous sommes à un de ces moments critiques, psychologiques même où il s'agit pour nous d'être ou de n'être plus, *to be or not to be* (1).

*Le rapporteur de la Commission.*

CAPITAINE.

# EXTRAIT DES PROCÈS-VERBAUX
## des séances générales

*Séance générale du 29 avril 1879.*

Présidence de M. MEURAND.

Le procès-verbal de la séance est lu et adopté. Les membres présentés à cette même séance sont admis.

M. Gauthiot, secrétaire général, informe l'assemblée que le Conseil a décidé d'apostiller la pétition que M. Brau de Saint-Pol-Lias veut adresser à la Chambre des députés, relativement à la création d'une société française de colonisation.

Lecture est faite de la correspondance. M. Barbosa du Bocage, président de la Société de géographie de Lisbonne, et M. de Ville, délégué du gouvernement belge au Congrès de géographie commerciale, remercient de leur nomination comme membres correspondants. — M. Gravier annonce la fondation de la *Société normande de géographie* dont la première séance a eu lieu à Rouen le 23 avril. — M. Manès, secrétaire général de la Société de Bordeaux annonce la formation, à Agen, d'une section de cette Société.

M. le Secrétaire général dépose sur le bureau le 3ᵉ numéro du *Bulletin* de la Société. Il saisit cette occasion d'engager ses collègues à procurer à la Société le plus d'adhérents possible et signale particulièrement, à ce propos, les efforts et le succès d'un des assesseurs, M. François Bazin, à qui sont dus des remerciements bien mérités. (*Applaudissements.*)

La parole est donnée à M. Capitaine, qui donne lecture du rapport fait au nom de la commission nommée par la 1ʳᵉ section pour l'examen du projet de chemin de fer transsaharien. Ce rapport figurera au *Bulletin*. (*Voir ci-dessus.*)

---

(1) D'après un profil approximatif dressé par M. Taille[...], secrétaire de la Commission, la tête de la ligne transsaharienne future se trou[ve...] à Alger, à 200 m. au-dessus du niveau de la mer ; le chemin s'élèverait [...]te pour gagner Blidah (260 m.), Affreville (740 m.) et Boghar (1.100 m.). A pa[rtir d]e ce point, traversant les hauts plateaux, il descendrait à Laghouat (780 m.) pour atteindre El Goléah (400 m.).

M. Ménier, membre de la Commission et directeur de la *France colo-niale*, ajoute à ce rapport que la praticabilité d'un chemin de fer trans-saharien étant démontrée aux membres de la Commission, le seul moyen d'arriver à quelque résultat pratique était l'envoi d'une expédition chargée d'en établir le tracé, d'abord d'Alger au Touat. Pour cela, un capital était nécessaire, et puisque les statuts de la Société de géographie commerciale interdisaient à celle-ci toute participation aux entreprises qui pouvaient engager sa responsabilité sociale, il avait été formé, pour réunir ce capital, une Société dont les statuts avait été déposés chez M. Batardy, notaire à Paris, et qui ferait partir problablement une expédition dès le mois de septembre 1879.

M. Ménier dit encore que M. Duponchel a vu avec plaisir la création de cette société et termine en faisant appel, pour propager des idées qui intéressent particulièrement la France, à tous les hommes désireux de voir s'accroître son influence en Afrique. (*Applaudissements.*)

Lecture est faite ensuite par M. Bionne de la première partie d'un travail de M. de Luze; *les Pêches maritimes de Terre-Neuve et d'Islande*. (*Voir au Bulletin.*)

M. Eugène Cortambert fait remarquer combien cette étude est intéressante et complète.

M. le Président ajoute que le Ministère des affaires étrangères suit avec attention tout ce qui concerne ces pêcheries.

Sont présentés pour faire partie de la Société : M. Ch. Wiener, présenté par MM. Gauthiot et Brau de Saint-Pol-Lias; — M. Canu, par MM. François Bazin et Gauthiot; — M. Duclair, par les mêmes; — M. Ordinaire, par MM. Gros et Lucy; — M. B. Chaffotte, par MM. Gauthiot et Eugène Cortambert; — M. P. Leneuf, par les mêmes; — M. Riant, par MM. Wegmann et Lucy; — M. Henri de Lamothe, par MM. Deloncle et Gauthiot; — M. Vannior, par MM. Gauguet et Gauthiot; — M. Pouilloux, par MM. Mégemont et Gauthiot; — M. Sturm, par MM. A. Quinet et Lucy; — M. Kirmair, par MM. Fr. Bazin et Bionne; — MM. Ch. Meurand, par le Président et le Secrétaire général; — M. Ch. Allemand, par MM. Ménier et Gazeau de Vautibault; — M. Raguet, par MM. Cortambert et Fr. Bazin; — M. Colin, par MM. Mégemont et Brau de Saint-Pol-Lias.

Sont proposés et admis comme membres correspondants : lord Herbert, évêque de Salford, présenté par le Président et le Secrétaire général de la Société; — M. Richard Kiepert, géographe, par les mêmes; — M. Klose, par MM. Lucy et Gros.

Le Secrétaire général informe la Société que, pour donner satisfaction à un désir itérativement exprimé, il fera tous les mois, à la réunion générale, une chronique des faits géographiques venus à sa connaissance dans le mois précédent. Il fait ensuite cette chronique en ce qui concerne le mois d'avril. L'assemblée le remercie par ses applaudissements.

Lecture est donnée ensuite de la liste des ouvrages offerts, parmi lesquels se trouvent : *Carte et Diagrami di Demografia Italiana* (offerts par le Directeur de la statistique à Rome); — *Adolph Stieler's Hand Atlas über alle Theile der Erde, neu bearbeitet von Dr. Aug. Petermann, Dr. H. Berghaus und. C. Vogel 1ᵉ und 2ᵉ Lieferung* (don de l'éditeur); — *Mapa de la Provincia de Buenos-Ayres, con designacion de partidos, por F. Taylor, Buenos-Ayres, 1877* (don de l'auteur).

La séance est levée à onze heures.

## Séance générale du 27 mai 1879

### Présidence de M. MEURAND.

Le procès-verbal de la dernière séance est lu et adopté.

Les membres présentés à la dernière séance sont admis.

M. Gauthiot, Secrétaire général, informe l'assemblée que le Conseil de la Société, après avoir pris connaissance du rapport fait au nom de la Commission nommée par la 1<sup>re</sup> section pour examiner le projet de chemin de fer transsaharien et avoir entendu MM. Gazeau de Vautibault et Ménier, qui ont déclaré formée la société qui doit étudier le tracé de la ligne, s'est déclaré heureux de voir l'idée du Transsaharien entrer dans la voie pratique.

Lecture est donnée de la correspondance. MM. Rabaud, président de la Société de géographie de Marseille; Nachtigall, président de la Société de géographie de Berlin; Bouthillier de Beaumont, président de la Société de géographie de Genève; le lord-évêque de Salford: M. Christophersen, consul de Suède à Edimbourg; M. Richard Kiepert, géographe; M. Wright Hawkes, délégué de la Société de géographie de New-York au Congrès de géographie commerciale; M. A. Pequito, délégué de la Société de géographie de Lisbonne au même Congrès; M. Weill, délégué de l'*Union française de la jeunesse* au même Congrès, et M. le D<sup>r</sup> Wijnmalen, secrétaire de l'Institut royal des Indes néerlandaises, remercient de leur nomination comme membres correspondants. — M. Barbier, secrétaire général de la Société de géographie de l'Est, annonce la prochaine publication d'un *Bulletin*. — M. Mullhaupt de Steiger communique un projet de réunion des Sociétés de géographie suisses (Genève, Berne et Saint-Gall). — M. Moynier annonce la prochaine publication d'un journal hebdomadaire intitulé l'*Afrique* et demande l'échange avec le *Bulletin*. — MM. Lucy et Dreyfus, membres de la Société, annoncent la prochaine publication d'un annuaire général des Sociétés de géographie et demandent l'appui de la Société. — M. Richard Kiepert communique une conférence faite par lui à la Société de géographie de Berlin, et relative aux progrès dont la géographie est redevable, dans les derniers temps, aux voyageurs français et en particulier au voyage de M. de Savorgnan de Brazza. M. Kiepert est remercié de sa communication. — M. Erhard, graveur géographe, membre de la Société, envoie son catalogue de cartes.

Le Secrétaire général annonce le départ de deux membres distingués de la Société: M. Raffray, qui va occuper à Massaouah le poste de vice-consul de France, et M. Alfred Marche, qui se rend pour trois ans aux îles Philippines, comme chargé de mission par le Ministère de l'instruction publique. Après avoir exprimé l'espoir que MM. Raffray et Marche n'oublieront pas la Société, en dépit de leur éloignement, et la mettront au courant de leurs travaux, M. Gauthiot leur adresse, avant leur départ, au nom de la Société qui applaudit, les meilleurs souhaits de voyage.

La Société, sur la proposition de son Secrétaire général, vote ensuite des remerciements aux membres de la presse — notamment à MM. Drapeyron (de la *Revue de géographie*), Capitaine (de l'*Exploration*), Depping (du *Journal officiel*), Behm (des *Petermann'sche Mittheilungen*) — et aux journaux (le *Journal des Débats*, le *Globe*, le *Temps*, le *Soleil*, la *France coloniale*, etc.), qui veulent bien faire connaître ses travaux.

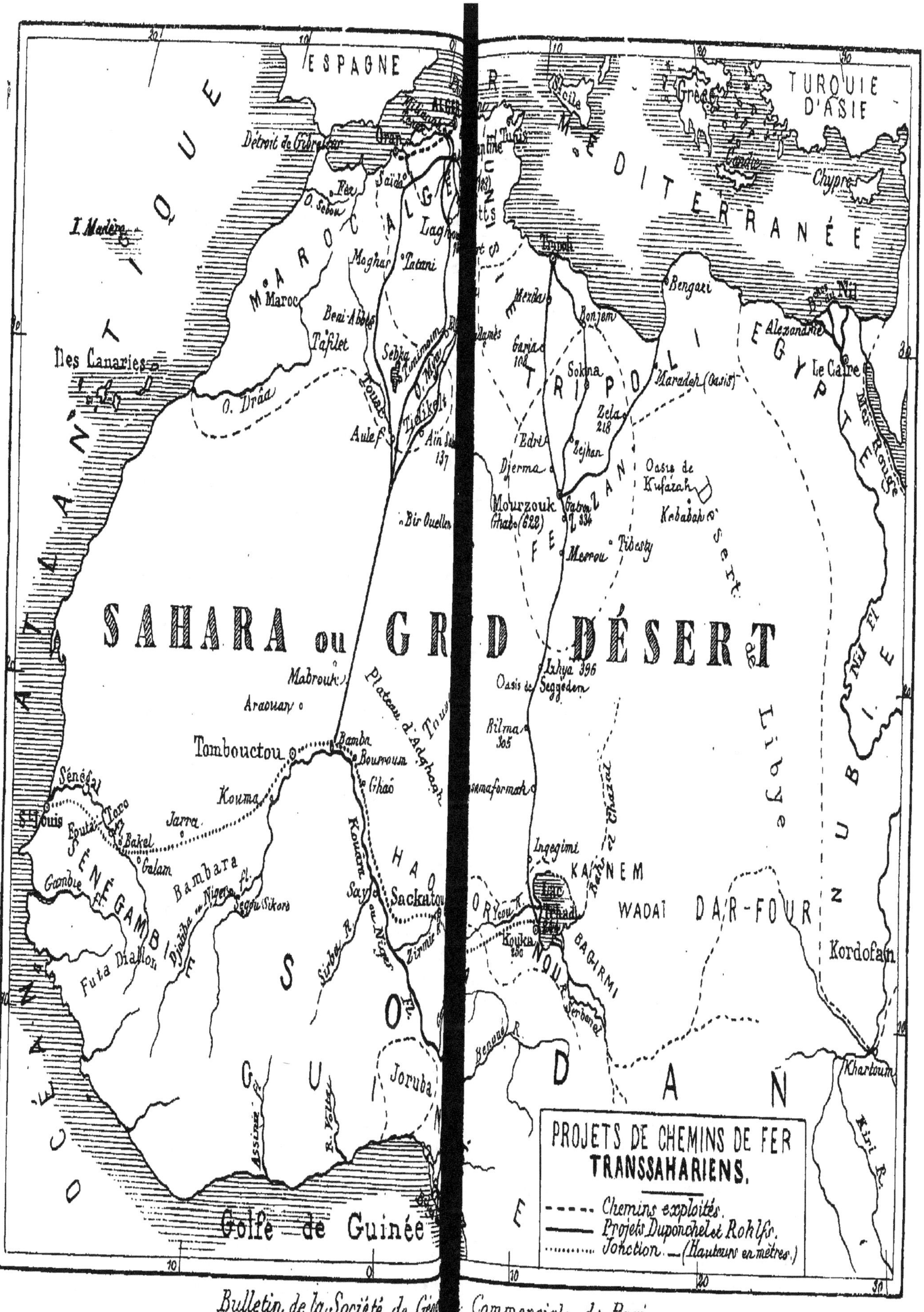




Bulletin de la Société de Géographie Commerciale de Paris.

Toute l'assemblée s'associe ensuite aux sentiments de gratitude qu'exprime M. le Président aux personnes distinguées qui ont désiré assister à la séance : M. le vice-amiral Likhatchoff, délégué russe au Congrès interocéanique ; M. d'Hane-Steenhuyse, vice-président, et M. du Fief, secrétaire de la Société belge de géographie.

Le Secrétaire général termine la lecture de la correspondance en annonçant : 1° que le 2° Congrès des Sociétés françaises de géographie se réunira à Montpellier le 28 août prochain ; 2° que le 2° Congrès international de géographie commerciale se tiendra du 27 septembre au 1er octobre prochain à Bruxelles. Il invite les membres de la Société qui voudraient se rendre à l'une ou à l'autre de ces réunions ou à toutes deux à en informer le Secrétariat.

M. de Ujfalvy fait, sur les voies commerciales en Asie centrale, une communication qu'il termine au milieu des applaudissements. (Voir au *Bulletin*.)

Le Secrétaire général signale aux membres présents la grande carte murale qui a servi à M. de Ujfalvy pour faire sa conférence. C'est un modeste et intelligent travailleur, appariteur à la Faculté des lettres de Dijon, qui a bien voulu dessiner cette carte, et qui en a préparé une seconde qui doit servir à une prochaine conférence. L'assemblée charge le Secrétaire général de remercier M. Bornier.

M. Gauthiot fait alors la chronique des faits géographiques du mois écoulé.

M. le Président lit les noms des personnes présentées pour devenir membres ordinaires de la Société. Ce sont : M. V. Dauzats, ingénieur civil, présenté par MM. Bionne et Gauthiot ; — M. de la Codre, architecte, par MM. Drapeyron et F. Bazin ; — M. Bury, chef de service de la Société de construction des Batignolles, par MM. Goguel et Cotard ; — M. Plaisance, employé d'assurances, par MM. Rougier et Capitaine ; — MM. Couvreux père et Couvreux fils, entrepreneurs, par MM. Bionne et Gauthiot ; — M. François de Neufchâteau, inspecteur général des mines, par le Président et le Secrétaire général ; — M. Dessirier, officier d'ordonnance du président de la République, par MM. Gauthiot et Pomel ; — M. le commandeur Negri, ancien ambassadeur de S. M. le roi d'Italie, par le Président et le Secrétaire général ; — M. le vice-amiral Likhatchoff, attaché naval à l'ambassade de Russie, par les mêmes ; — M. de Croes, propriétaire, par MM. Fr. Bazin et Gauthio ; — M. Lemaître, négociant, par MM. Dujardin et Gauthiot ; — M. Guy, négociant, par MM. Gros et Weymann.

M. d'Hane-Steenhuyse, vice-président de la Société belge de géographie, est ensuite proposé et admis comme membre correspondant, sur la proposition du Président et du Secrétaire général de la Société.

Lecture est faite de la liste des ouvrages offerts. On y remarque : *Aperçu des richesses minérales de la Russie d'Europe* ; les *Richesses minérales du Turkestan russe* ; *Tableaux artistiques de l'industrie des mines en Russie* (don de M. Marc) ; — *Histoire du mont Blanc et de la vallée de Chamounix* par Stephen d'Arve (offert par la librairie Delagrave) ; — *Manuel de lecture des plans déposés aux enquêtes*, par M. Lottin (don de l'auteur). — *Les meilleures pommes à cultiver*, par Ch. Baltet (don de l'auteur). — *Le Transsaharien*, par M. Gazeau de Vautibault (don de l'auteur). — *Relation de l'Expédition anglaise au pôle Nord de l'Alert et de la Discovery, 1875-1876*, par M. Le Clerc (offert par la librairie Delagrave). — *Rapport sur les bibliothèques scolaires, 1866-1877*, par M. le baron de Watteville (don de l'auteur). — *Rapports sur les études de la commission internationale d'exploration de l'isthme américain* par MM. Wyse, Reclus et Sosa, campagne 1877-1878 (don de MM. Reclus et Wyse).

La séance est levée à onze heures.

*Pour extrait :* C. GAUTHIOT.

---

# BIBLIOGRAPHIE

*Géographie de l'Algérie, par O. Niel.* 2e édition, 2 vol. in-12.

C'est une œuvre considérable, bien qu'elle veuille rester élémentaire et ne le soit que par la clarté qui la caractérise d'un bout à l'autre, que celle dont le titre précède. Dressons-en l'inventaire méthodique.

*Tome* Ier. L'auteur, après nous avoir fait connaître la situation et les limites de l'Algérie, nous donne des notions précises sur son orographie ; il s'attache surtout, dans le chaos des montagnes algériennes, à bien caractériser les massifs principaux. Voici comment il parle du Djurdjura : « Le Djurdjura, Jurjura, ou Djerjera, le mont *Ferratus* des Romains, l'Adrar-bou-Dfel (le mont de la neige) des Kabyles, une des plus belles chaînes de montagnes de l'Algérie, se dresse entre la mer, l'Oued Sahel et l'Isser. Ses contours extérieurs affectent la forme d'un trapèze. Le Djurdjura dont on distingue très-bien d'Alger les sommets neigeux, offre un aspect grandiose. Le versant méridional, qui domine de 1,800 à 2,000 mètres la vallée de l'Oued Sahel et ressemble à une gigantesque muraille, est couvert de chênes et de pins ; les chênes croissent aussi sur le versant nord, dont les pentes assez douces vont expirer au bord de la mer par une succession de pics, de plateaux, de ravins et de gorges d'un aspect fort pittoresque. De magnifiques cèdres couvrent les plus hautes cimes du Djurdjura. Le point culminant, le *tamgout* (pic) de Lella-Khedidja (tombeau d'une maraboute vénérée), qui porte son front à 2,308 mètres, est à 60 kilomètres environ au sud-est de Dellys, à peu près à la même distance au nord-est d'Aumale, et a 100 kilomètres à vol d'oiseau de la capitale de l'Algérie. »

Cet exemple montre que les descriptions de M. Niel quoique précises restent attrayantes et sobrement pittoresques. Vient ensuite la description des côtes, ordre rationnel, puisque le littoral est toujours en corrélation avec la structure du pays. L'hydrographie occupe un grand nombre de pages. Cependant l'auteur ne s'abuse pas sur la valeur de ces nombreux *oued* (rivières) ou *chott* (lacs) algériens. « L'Algérie, nous dit-il, ne possède aucun fleuve. Le Chelif lui-même que, dans le chapitre xi, nous avons décoré du titre de roi des fleuves algériens, n'est susceptible d'être navigable que sur un très-faible parcours et ne mérite peut-être pas une appellation aussi pompeuse. Cependant, grâce au sage aménagement des sources (aïn), des commencements de ruisseau (ras-el-ma), de barrages, des réservoirs, et au forage des puits artésiens, les vignobles, les vergers, les jardins et les forêts reverdissent ou fleurissent. »

M. Niel nous indique ensuite les trois grandes divisions naturelles de l'Algérie : le *Tell*, ou région de culture et de villes, dont la superficie, égale à 24 ou 25 départements français, est large de 100 à 120 kilomètres à l'ouest, de 70 à 80 au centre et de 150 kilomètres à l'est; les hauts plateaux ou steppes qui occupent 80,000 kilomètres carrés, et le Sahara ayant 189,000 kilomètres carrés de superficie, et hérissé de *guars*, masses de roches persistantes demeurées debout au milieu d'une plaine usée par les vents, dans le lit d'un fleuve ou dans le fond d'une sebkha. »

Le livre de M. Niel intéresse au plus haut point une Société de géographie commerciale comme la nôtre. En effet, une bonne moitié en est consacrée à l'agriculture, à l'industrie et au commerce de l'Algérie. Nous avons été spécialement intéressé par le chapitre qui traite du règne animal, où nous avons trouvé en particulier des notions très-précises sur les animaux sauvages. Voici encore un court passage : « Suivant M. Bévoulle, un lion mange ou tue une grosse bête tous les cinq jours, et tous les autres jours un mouton ou une chèvre. La valeur moyenne d'un bœuf, d'une vache, d'un cheval ou d'un mulet est de 150 francs, celle d'un mouton ou d'une chèvre est de 10 francs. Dans un an, un lion s'octroie 75 têtes de gros bétail et 292 têtes de menu bétail, ce qui représente une valeur totale de 13,870 francs. Voilà ce que coûte un seul lion. En supposant qu'il vive 30 ans, ce qui est la moyenne de son existence, on atteint le chiffre énorme de 416,000 francs. On peut évaluer à 50 le nombre des lions qui se trouvent actuellement dans le département de Constantine; c'est donc 693,500 francs que les lions coûtent annuellement au département. » Fort intéressants également sont les détails donnés par l'auteur sur la sauterelle, *acridium peregrinum*, *djerad* en arabe, ce fléau de l'Algérie. Les cultures sont l'objet de l'attention de M. Niel. Nous renvoyons aux passages qui concernent l'alfa (*stipa tenacissima*), cette plante textile qui rappelle le sparte et qui est appelée à transformer les hauts plateaux, et l'*eucalyptus* dont les admirables propriétés sont aujourd'hui connues de tout le monde. M. Niel traite d'une façon fort suffisante des voies de communication.

*Tome II*. M. Niel passe ensuite à la géographie physique et à l'itinéraire de l'Algérie. Il nous donne le recensement de 1876. Le territoire civil et le territoire militaire des trois provinces comprend un total de 2,868,977 habitants, soit : 197,341 Français: 33,496 israélites naturalisés; 159,161 étrangers européens et 2,478,979 musulmans. Pendant la période quinquennale écoulée de 1872 à 1876, l'augmentation a été de 452.752 âmes. La population française s'est accrue de 67,740, la population étrangère européenne de plus de 43,000, la population musulmane de 355.000; la population israélite au contraire a diminué de 1,078 âmes. M. Niel nous donne le programme de la colonisation pour 1878-1879, tel que l'a tracé le gouverneur général Chanzy. Viennent ensuite une foule de détails sur les villes de l'Algérie. On comprend que, dans ce court résumé, nous les passions sous silence. Mais nous pouvons dire en toute assurance qu'on a là un *vade mecum*.

Appuyé sur les excellentes informations de l'ouvrage capital de notre confrère, M. Bainier, secrétaire général de la Société de géographie commerciale de Marseille, M. O. Niel marche avec sûreté. Il ne néglige pas non plus les renseignements archéologiques, en unissant constamment l'utile à l'agréable, sans jamais rien confondre. Nous devons le louer également pour avoir prié M. A. Cherbonneau, célèbre orientaliste, correspondant de l'Institut de France, naguère inspecteur des écoles arabes d'enseignement supérieur, aujourd'hui professeur à l'école des langues orientales vivantes, de l'avoir, dis-je, prié de joindre à son ouvrage la traduction des termes arabes, kabyles et turcs les plus usités sur les cartes ou dans la géographie de l'Algérie. Quand au grand travail de M. Mac'Carthy, M. O. Niel l'a sans cesse consulté et on ne saurait trop l'approuver d'avoir choisi un si bon guide.

Ludovic DRAPEYRON.

# CHRONIQUE GÉOGRAPHIQUE
## ( AVRIL 1879 )

*Les paragraphes de cette* Chronique *sont classés sous les six rubriques* Europe, Asie, Afrique, Amérique, Australie *et* Polynésie, Régions polaires. *Ils sont toujours précédés et quelquefois suivis d'un numéro d'ordre, le numéro final d'un paragraphe renvoyant à un paragraphe précédent qui traite du même sujet. — Le lecteur peut ainsi, à son gré, retrouver facilement l'indication du commencement et des phases diverses d'une exploration ou d'une entreprise géographique.* C. G.

## Afrique.

1. — Une bonne nouvelle est arrivée de l'expédition belge : MM. Cambier et Dutrieux se sont réunis à Tabora le 30 janvier, après que le premier, grâce à M. Broyon, le prétendu gendre de Mirambo, a eu échappé à ce dernier, sans avoir été pillé, comme l'abbé Debaize en avait été informé. C'est M. Broyon lui-même qui a été pillé et qui a porté plainte à Zanzibar contre le prétendu apôtre de la civilisation.

2. M. Soleillet, qui avait pu, étant parti de Saint-Louis du Sénégal le 17 mars 1878, pénétrer jusqu'à Segou-Sikoro, (à 1,600 kil. dans l'intérieur de l'Afrique) où il était arrivé le 1er octobre suivant, a été contraint, comme MM. Mage et Quintin, de renoncer à s'avancer

jusqu'à Tombouctou, le sultan Ahmadou lui ayant refusé le passage.

Sans se décourager, M. Soleillet annonce qu'il se propose maintenant de pénétrer jusqu'à Tombouctou par la route du désert, en traversant les oasis de Tichit et d'Oualata, où il rencontrera les Maures du désert, dont l'intolérance est malheureusement notoire.

3. — Une nouvelle expédition belge s'organise à Zanzibar sous les ordres de Stanley, qui est arrivé le 18 mars dans cette ville avec le lieutenant Dutalis de la mission belge, et que le capitaine Popelin et le docteur Van den Heuvel vont aller retrouver.

## Australie et Polynésie.

4. — L'Allemagne veut être [dignement représentée aux expositions de Sidney et de Melbourne. Trois cents maisons de commerce ont promis leur participation, et la maison Godefroy, de Hambourg, a déjà expédié trois navires en Australie.

5. — Dans la Nouvelle-Galles du Sud, le gouvernement a tenu sa promesse de présenter un projet de.loi pour limiter l'immigration chinoise; ce projet de loi est actuellement devant la Chambre, et sa teneur est de nature à satisfaire les ennemis les plus acharnés de cette immigration. Il contient notamment une disposition astreignant tous les Chinois débarquant à Sidney à une taxe personnelle de 10 liv. sterling (250 fr.) par tête.

## Régions polaires.

6. — On écrit de Copenhague : le lieutenant Jensen s'est embarqué, au commencement d'avril, sur la *Cérès*, pour faire aux frais du gouvernement danois un voyage d'exploration dans le Groënland. Le but principal de cette expédition est de visiter les baies ou fiords qui découpent si profondément la côte entre les colonies de Holsteinborg et d'Egedesminde, et sur lesquels on n'a d'autres renseignements que les rapports vagues et parfois contradictoires fournis par les Esquimaux. Les glaciers mouvants dans le fiord d'Omenak seront également l'objet d'investigations scientifiques. Des excursions seront faites dans l'intérieur des terres encore inconnues, et l'on recueillera des observations astronomiques et météorologiques, ainsi que des données sur la température de la mer à différentes profondeurs. — Le lieutenant Jens en a déjà exploré, l'année dernière, les glaciers mouvants de l'intérieur du Groënland.

( MAI 1879. )

## Asie,

**7.** — La livraison de mars du *Messager de la Société d'horticul-
ture* de Russie contient, entre autres articles, une notice de
M. Pakhomow démontrant la possibilité d'établir au Caucase des
plantations d'arbres à thé. Le véritable arbuste à thé croît à
ciel découvert à Soukhoum et dans plusieurs jardins de la Min-
grélie et de la Gourie, sans qu'il soit l'objet de soins particuliers.
Cet arbuste étant très-facile à cultiver et à propager, soit par
graines, soit par boutures, l'auteur de la notice croit que l'on
pourrait en introduire la culture en grand dans tout le Transcau-
case. Le consul d'Angleterre à Tiflis, qui possède lui-même de
grandes plantations de thé au pied de l'Himalaya, avait tenté, il
y a quelques années, de former une compagnie pour la culture
du thé; mais son essai n'avait pas réussi, parce que, dit-on, on
aurait besoin d'ouvriers chinois pour la récolte, le séchage et le
roulage des feuilles de thé. M. Pakhomow est d'avis que ce motif
ne doit pas empêcher une nouvelle tentative, et qu'il ne serait
pas difficile de confier à deux ou trois Chinois le soin d'enseigner
à des ouvriers russes la manipulation, d'alleurs fort simple, des
feuilles de thé.

**8.** — Le comité de la Société russe d'encouragement à l'industrie
et au commerce a entendu récemment la lecture d'un rapport de
M. Vaniouschine, un des pionniers de la Russie dans l'Asie centrale, rapport qui contient quelques indications pratiques sur les
conditions du développement du commerce dans le pays de
l'Amou-Daria.

Au mois de mars 1875, M. Vaniouschine est parti pour la mer
d'Aral, avec le projet d'étudier le pays et ses pêcheries. Le voyageur a fait les mille verstes qui séparent Orenbourg de Kazalinsk
en suivant une route postale assez bonne, malgré l'absence de
tout contrôle sur les stations postales. Ayant loué à Kazalinsk des
chameaux et un guide et possédant en outre cinq chevaux,
M. Vaniouschine a suivi la côte orientale de la mer d'Aral, dans
la direction du Sud, afin d'atteindre la ville de Tchanbaï, située
à 400 verstes de Kazalinsk. Il a aperçu en chemin de nombreux
canaux d'irrigation abandonnés et a trouvé partout de l'eau douce
sur les premiers 150 verstes (le verste égale 1,066 mètres) qu'il a
parcourus après avoir quitté cette ville.

La seconde partie de la route qui mène à Tchanbaï n'est qu'un
désert aride, que les Kirghises appellent le « désert de la faim ».
Il serait impossible de le traverser au cœur de l'été, vu la chaleur
tropicale qui y règne. Le dixième jour de son voyage, M. Vanious-

chine a atteint l'oasis de Doukar, qui est coupée çà et là par les eaux d'inondation de l'Amou-Daria. Le terrain y est marécageux, on y rencontre des îlots de joncs flottants peuplés de tigres, de sangliers, de chacals et de renards. La population de ce pays est très-pauvre et ne possède que très-peu de bétail. Seize jours après son départ de Kazalinsk, M. Vaniouschine est arrivé à Tchanbaï, ville petite et sale, mais qui n'en est pas moins un point commercial remarquable. On y importe de Khiva : du coton, du blé, du tabac, du thé vert, des robes de chambre, des tapis, etc. Tchanbaï exporte de la graine de lin, du kounjout, du riz, des cuirs bruts et des produits manufacturés provenant pour la plupart des fabriques de Moscou.

M. Vaniouschine s'est rendu de Tchanbaï à la forteresse de Nukus, qui se trouve à une distance de 120 verstes; il a dû traverser plusieurs forêts assez vastes et où les faisans sont très-nombreux. Au delà de Nukus se trouve la ville de Pétroalexandrovsk, d'où l'on se rend en ligne directe jusqu'à la ville d'Ourgentch, qui fait partie du khanat de Khiva. Cette ville est le marché central du blé et du coton, qui est expédié aux fabriques de Moscou à raison de 2 fr. 50 c. le poud sur place. On rencontre souvent sur le marché d'Ourgentch des produits anglais venant de Boukhara, ville qui se trouve en relations de commerce avec l'Afghanistan et les Indes. On rencontre entre les villes de Kiptchak et de Hudjély l'ancien lit de l'Amou-Daria, qui, à cet endroit a une largeur de 80 verstes. L'ancien lit du fleuve est couvert de joncs et de lacs et ne présente qu'un immense marécage dans lequel l'Amou-Daria déverse une grande quantité d'eau à l'époque de ses crues.

Le voyageur a descendu ensuite la rivière Teldyk jusqu'au lac d'Aïléké et est arrivé le 25 mai à l'embouchure de l'Amou-Daria, où se trouvent les pêcheries de la maison de commerce Vaniouschine frères. Les premières années les affaires des pêcheries n'allaient que fort doucement, à cause du manque d'ouvriers, mais petit à petit des ouvriers se sont trouvés parmi les indigènes et parmi les Russes, et actuellement ces pêcheries de la mer d'Aral produisent jusqu'à 2,000 pouds de caviar, qui trouvent leur débouché en Sibérie et à Moscou. M. Vaniouschine est d'avis que la pêche régulière est impossible sur la mer d'Aral, parce qu'elle présente de trop grands dangers, et jusqu'à présent, dit-il, l'on n'a pas besoin de risquer sa vie sur les flots de cette mer agitée puisque le poisson est très-abondant à l'embouchure de l'Amou-Daria.

M. Vaniouschine pense que si l'on ne réussit pas à rétablir l'ancien cours de l'Amou-Daria, on sera obligé de construire dans ces parages un chemin de fer, où les locomotives devraient être chauffées au naphte. Le pays est plat et uni jusqu'à Kongrad et l'on pourra se rendre de cette ville à Boukhara et dans l'Afghanistan en bateau à vapeur pour y acheter toute espèce de produits bruts, y compris le coton. Le commerce du pays de l'Amou-Daria ne pourra se développer régulièrement que quand il jouira de bonnes communications. Actuellement le prix de transport du coton jusqu'à Moscou revient à deux, ou à deux roubles et demi par poud, et cette marchandise met quatre mois à arriver aux fabriques et est à moitié avariée pour la plupart du temps. M. Vaniouschine conseille de construire un tramway entre Mertvy-Koultouk et Kongrad, en remplaçant les chevaux par des chameaux. Au delà de Kongrad, les marchandises peuvent être transportées sur des bateaux à vapeur plats.

Les indigènes se rendent à Boukhara par l'Amou-Daria, qu'ils remontent sur de grands bateaux; ils importent dans cette ville de la graine de lin, du blé et des cuirs, et en exportent du tabac et du thé vert.

A Khiva, la population est très-pauvre, ce qui provient du manque de bonnes voies de communication. Le froment se vend à Khiva 25 kopecks le poud, l'orge 15, le riz 35, le coton non épluché 1 rouble 20 kopecks, le raisin 35 kopecks le poud, les cuirs bruts 2 roubles le poud, les peaux de mouton 10 kopecks la pièce, celles de cheval 60. Cette modicité des prix provient précisément de ce que les marchandises n'ont pas de débouché.

Un réseau de bonnes voies de communication suffira, de l'avis de M. Vaniouschine, pour rendre florissante l'agriculture des steppes kirghises et pour y développer un commerce dont les opérations pourront devenir très-importantes.

9. — Entre le Népaul et le Boutan, à cheval sur l'Himalaya, et au sud-ouest de la ville thibétaine de Lhasa, se trouve un État indépendant, le Sikkim, dont la partie occidentale n'a point encore été explorée.

Un voyageur alpin, bien connu, Moritz Déchy, a voulu accomplir ce travail. Une lettre de lui, datée du 31 mars, informe qu'après avoir quitté le 10 mars la ville de Darjiling, dans la province de Bengale, il s'est dirigé aussi droit que possible sur le mont Kitchindjunga, traversant quantité de vallées longitudinales d'une profondeur de 3 à 5,000 pieds où la chaleur était de 27 à 30 degrés cent., pour remonter ensuite sur des lignes de faîte où il éprouvait 2 ou 3 degrés de froid. Malheureusement sa dernière lettre faisait prévoir que les souffrances que lui causaient les pieds et les yeux ne lui permettraient pas de faire l'ascension du Kitchindjunga, haut de plus de 9,000 mètres, et qu'il serait forcé de regagner Darjiling plus tôt qu'il ne pensait.

10. — Les journaux de l'Inde anglaise annoncent, peut-être hâtivement, que les Anglais, désireux de s'assurer des communications avec Quettah, la porte méridionale de l'Afghanistan, ont fait

établir un chemin de fer qui serait ouvert en novembre prochain, et conduirait de Moultan, dans la vallée d'un affluent du Sind, à Quettah même, dont la possession leur serait confirmée par le traité qui va être signé entre eux et l'émir de Kaboul, Jakoub Khan. Ce chemin leur rendrait toujours possible l'occupation de Kandahar.

Ces mêmes journaux assurent qu'un embranchement destiné à réunir Quettah à Kélat, dans le Béloutchistan, doit être commencé en 1880. Ils ajoutent que l'Angleterre ne tiendrait plus autant à la construction de la ligne Pechawèr, Kaboul, Hérat, Téhéran, Tiflis et songerait à un tracé plus court et moins coûteux pour mettre ses possessions en communication avec l'Europe. Ce tracé se dirigerait de Kélat sur Purat (Beloutchistan), Kerman et Chiraz (Perse), pour aboutir à Bassorah sur le Chat-el-Arab et se relier là au chemin de fer de l'Euphrate, dont le lieutenant Cameron étudie déjà le tracé et qu'il déclare facile à construire.

11. — Du Japon, nous avons deux faits à signaler. C'est, d'une part, l'annexion définitive à cet empire des îles Liou-Kiou qui se trouvent à sa partie méridionale et dont les chefs, se prétendant indépendants, voulaient continuer de payer tribut à la Chine, en dépit de la lutte soutenue pour eux contre les pirates de Formose, l'année dernière, par les soldats du Mikado. D'autre part, c'est l'arrangement des difficultés qui s'étaient élevées sur l'interprétation du traité conclu entre le Japon et la Corée, en 1876.

Les Coréens ont cessé d'exiger des marchands japonais des taxes illégales et se sont engagés à respecter le traité. Ils n'ont toutefois pas encore ouvert les deux nouveaux ports où les étrangers devaient être admis.

## Afrique.

12. — Le docteur Buchner, auquel la Section allemande de l'*Association internationale africaine* a attribué 17,000 marks sur les 50,000 que le Reichstag a mises à sa disposition, est arrivé le 5 décembre dernier à Loanda. Après avoir remonté la rivière Quanza jusqu'aux chutes de Cambanbe, il a continué sa route à l'est, traversant Andango, et est arrivé le 30 janvier à Malange, sur le versant occidental de la chaîne qui sépare le bassin du Quanza de celui du Quango et sous la même latitude que Cassange, dernier poste septentrional des Portugais sur le Quango, et point extrême où soient arrivés les deux compagnons de M. Serpa Pinto, MM. de Brito Capello et Ivens, du moins à ce qu'on sait jusqu'à présent. Il serait, en effet, étrange que ces deux explorateurs n'aient parcouru que si peu de chemin, tandis que leur collègue M. Pinto, qu'ils avaient quitté à Bihé, a pu traverser le continent jusqu'au Transwaal.

13. — Trois officiers portugais partis de Mosammedes, sur la côte occidentale d'Afrique, se sont rendus le 28 novembre à la baie des Tigres, au sud, et de là ont gagné le cours inférieur du Cunene qu'ils ont relevé au prix de grandes fatigues, ne rentrant à Mosammedes que le 21 décembre.

14. — M. Keith Johnson, le chef de l'expédition africaine organisée par la Société de géographie de Londres, a quitté Zanzibar à la fin d'avril pour se rendre à Dar es Salaam, sur la côte du continent, afin de préparer son départ pour le Nyassa. Il s'est assuré les services de Chuma, le vieux et fidèle serviteur de Livingstone. Les pluies qui avaient grossi tous les cours d'eau l'ont forcé de rentrer à Zanzibar. On ne sait quand il pourra partir.

15. — L'abbé Debaize est arrivé le 27 février à Simba, éloigné de huit étapes d'Ujidji, ayant perdu à Tabora 150 porteurs qui avaient déserté : mais cela ne l'a pas arrêté et il se trouvait le 2 avril à Udjiji sur le Tanganiyka, n'ayant mis que sept mois à parcourir la route de la côte au Tanganiyka. Il annonce qu'il va s'embarquer, avec tous ses hommes et ses marchandises, pour se rendre à la pointe nord du Tanganiyka, dans le pays d'Ouzighé, où il compte établir un dépôt de marchandises, qu'il laissera sous la garde d'hommes sûrs. Il transportera alors le reste de ses marchandises à l'embouchure de l'Arawimi dans le Congo, où il établira un second dépôt; ne prenant ensuite que peu de marchandises avec lui, il espère explorer avec ses meilleurs hommes le versant occidental des montagnes Bleues, les pays situés entre la pointe du lac Albert et du Tanganiyka, surtout l'Ounyambougou, et revenir à Ouzighé, d'où il transmettra ses découvertes et donnera la suite de son itinéraire, emmenant les marchandises déposées par lui en même temps que quelques instruments et objets qu'il a demandés en France, à M. Mouchez, directeur de l'Observatoire de Paris.

C'est un beau programme; puisse-t-il l'accomplir heureusement!

16. — Le 15 mai est arrivé à Aden, venant de Bombay, un navire de la *British India steam navigation* ayant à bord quatre éléphants achetés par le roi des Belges et destinés à faire une expérience importante, notamment à s'assurer si ces animaux peuvent être employés comme moyens de transport entre la côte et les lacs. (1 et 3).

17. — La question des communications à ouvrir avec l'intérieur de l'Afrique, soulevée en France à propos du transsaharien, préoccupe également l'Angleterre.

À la Société anglaise des Arts, M. Fell a entretenu l'assemblée du chemin de fer long de 800 kil. qui serait nécessaire pour mettre les grands lacs en communication avec la côte et les 100 millions d'habitants de l'Afrique équatoriale en relation avec le reste du monde. A son avis, un tel chemin de fer à voie étroite pourrait coûter, en évitant les tranchées et les embanquements, 50,000 francs par *mile* ou 1600 mètres, et son établissement durerait deux ans.

La Société africaine de Manchester, qui s'est adressée au sultan de Zanzibar afin de savoir ce qu'il pensait de la construction d'une ligne de fer de Zanzibar au lac Victoria Nyanza, a reçu la promesse de l'appui de ce souverain.

Enfin, les ingénieurs anglais chargés de l'établissement du câble sud-africain sont arrivés à Zanzibar au commencement de mai et se sont mis à l'œuvre. A la fin de juillet, on le pense, Natal sera relié à Zanzibar par l'électricité, et un service régulier de bateaux à vapeur aura lieu entre cette ville et Aden jusqu'à ce que le câble qui est en route soit posé.

18. — L'expédition commerciale italienne en Abyssinie a été bien accueillie par le Negus. M. Matteucci, qui avait l'intention de se rendre d'Adoa à Choa par Sokota, était arrivé à Axum, la ville sainte de la foi cophte en Abyssinie, à la date du 19 mars. Le roi Jean était allé aux confins du Choa recevoir le tribut du roi Menelek.

## Amérique.

19. — On sait que, par décision arbitrale du Président des Etats-Unis, la partie du territoire dit du grand Chaco, sise entre le Pilcomayo, le Paraguay et le parallèle du Rio-Verde, a été attribuée à la République du Paraguay, qui possédait déjà la rive gauche de ce dernier fleuve. Cette décision a laissé la République Argentine maîtresse du territoire sis entre le Pilcomayo et le Vermejo. Le gouvernement de cette république, voulant favoriser l'émigration vers l'immense plaine du grand Chaco autrefois déserte, a décidé la création, sur un bras du Vermejo, d'une ville qui portera le nom de Dillon, qui est celui du commissaire à l'émigration.

20. — Le 9 janvier dernier, est arrivé à Para notre compatriote le D<sup>r</sup> Crevaux, après avoir terminé son second voyage dans la Guyane Française.

Ce n'est point le Maroni, c'est l'Oyapok qu'il a remonté cette fois jusqu'à sa source. Passant alors sur les pentes méridionales des monts Tumuc-Humac, il a suivi le cours d'une rivière inconnue jusqu'au Yari, a remonté celui-ci jusqu'à sa source qu'il atteignit le 24 octobre 1878 et, passant à l'Ouest une chaîne de collines, a rencontré une autre rivière, le Parou, qu'il a suivie jusqu'au fleuve des Amazones, pour atteindre Para. Nous entendrons bientôt, il faut l'espérer, M. Crevaux nous raconter ce voyage. Le courage que l'explorateur a montré dans le premier rend avide de connaître le second.

21. — Il nous arrive d'Amérique la preuve que le projet du commandant Roudaire relatif à la mer Algérienne a fait naître l'idée d'opérations du même genre.

Le général Fremont, gouverneur de l'Arizona, aurait en effet soumis au gouvernement des Etats-Unis un projet qui consisterait à faire rentrer les eaux du golfe de Californie, au moyen du percement d'une arête rocheuse, dans une partie de leur ancien lit, et à former ainsi un lac long de 300 kilomètres et large et profond de 100 mètres, qui, étant navigable, fournirait au commerce une voie excellente de communication et améliorerait le climat du sud de l'Arizona et de la partie sud-est de la Californie.

Les données géographiques précises sur ce projet manquent encore : nous les ferons connaître à l'occasion.

22. — Le dénouement malheureux du grand voyage de circumnavigation entrepris par la *Junon* ne décourage pas les Américains. Le *General Werder*, le vaisseau-touriste, subit actuellement, dans le port de New-York, les réparations nécessaires pour sa complète adaptation à sa mission importante. Le départ aura lieu à la condition que l'on réunisse 250 inscriptions à 2,500 dollars (12,500 fr.). Le vaisseau est placé sous les ordres du commandant A. P. Cooke, de la marine des Etats-Unis. Les passagers seront divisés en deux classes : les étudiants, qui devront suivre des cours donnés à bord par des professeurs compétents et qui, en fait, poursuivront leurs études comme ils l'auraient fait à Harvard ou à Princeton College (et le mal de mer?), et les touristes, pour qui la présence aux leçons sera facultive. L'autorité législative et exécutive, dans cette colonie ambulante, a été confiée au professeur W. S. Clark, président d'un collége d'agriculture fort connu en Amérique.

Détail bien américain : il se publiera à bord du *General Werder*, et sous le titre de : *Autour du Monde*, un journal hebdomadaire qui fournira le récit au jour le jour des incidents du voyage.

23. — La Société de géographie de Québec, fondée le 26 janvier 1878, vient de publier une brochure concernant la possibilité d'établir pendant l'été une communication régulière par bateaux à vapeur entre Fort-York, localité située sur le Nelson, au fond de la baie d'Hudson, et Liverpool. Ce projet aurait pour but l'exploi-

tation des produits fournis par la Nouvelle-Galles du Sud, le district de Manitoba et les bassins du Nelson et du Saskatchevan. Nous ne pouvons guère, à l'occasion de ce projet aussi réalisable que d'autres, oublier que York s'est appelé fort Bourbon.

24. — Le mouvement anti-chinois paraît s'étendre sur les côtes du Pacifique.

Après la Californie, la province canadienne de la Colombie britannique se plaint de l'immigration chinoise. Une pétition émanée de cette province et envoyée au parlement d'Ottawa affirme que sur la population totale de la contrée, soit 25,000 habitants, les Indiens non compris, 6,000 individus (un quart) sont des Chinois « qui, dit la pétition, ne possèdent que 12,000 dollars en biens fonds, envoient tout leur gain hors du pays, monopolisent le travail, éloignent les autres émigrants, tendent à abaisser le blanc à leur niveau, ne payent qu'une petite partie des taxes, ne contribuent à aucune institution charitable, violent le repos du dimanche et vivent de rats et de souris. »

Il est à présumer que le parlement d'Ottawa tiendra compte du fait que les Chinois doivent évidemment se rendre utiles dans le pays autrement qu'en remplaçant la mort aux rats, avant de prendre des mesures contre leur immigration.

## Australie et Polynésie.

25. — Il est utile de noter, en ce qui touche le continent australien, deux faits importants pour la colonisation.

Disons d'abord que les études du long chemin de fer, grâce auquel on réunirait Brisbane, sur la côte orientale, avec Port-Darwin sur la côte septentrionale, au sud de l'île Melville, et qui couperait par conséquent la partie nord-est du continent, sont terminées. Elles n'ont révélé aucun obstacle sérieux à l'exécution du projet.

Ajoutons que l'Australie du Sud est dans la joie. Dans la partie la plus aride de cette contrée, au sud du lac Frome, trois puits artésiens percés par les soins de squatters intelligents ont atteint une couche d'eau souterraine et fournissent journellement, le premier 72,000, le second 150,000 et le troisième 50,000 litres d'eau par jour.

Informé de ce résultat, le gouvernement de la colonie a expédié vers la mi-janvier à la baie Fowler (vers le 130e degré de longitude orientale) le professor Tate, et l'a chargé d'explorer, en remontant au nord de la baie jusqu'au 30e degré de latitude sud, les espaces privés d'eau, quoique en partie couverts d'herbe, qui se trouvent sur cette ligne. Si les tentatives de percement de puits donnaient de bons résultats, les bergeries de l'Australie, qui contiennent déjà plus de 44 millions de moutons, doubleraient certainement d'importance.

26. — Les Anglais, et surtout les Américains, sont assez mécontents d'un événement qui menace leur influence et leur commerce sur un point de l'océan Pacifique où ils avaient jusqu'à présent dominé.

L'empereur d'Allemagne a en effet conclu à Apia (île d'Upolu), le 24 janvier 1879, avec les chefs des îles Samoa, un traité qui assure au commerce allemand de grands avantages et abandonne à l'allemagne, pour en faire tel usage qu'il lui plaira, et à l'exclusion de toute autre nation, le port de Salnafata, et donne en fait aux autorités Allemandes la suprématie sur les îles, aucune loi ne pouvant être faite sans leur approbation.

Or, le groupe des huit îles Samoa, situé au nord-est de celui des Fiji, est très-fertile et peuplé d'habitants plus intelligents que ceux des îles de la Mer du sud, en général. L'huile de coco, l'arbre à pain, le banian, la canne à sucre, le tabac, le café, y sont ou y fournissent des articles d'exportation. Enfin, *last not least*, les îles sont une station excellente entre le continent américain et l'Australie dont elles sont peu éloignées. On comprend donc que cette première acquisition des Allemands éveille des inquiétudes.

## Régions polaires.

27. — Nous avons à signaler, dans les régions polaires, le départ pour une exploration d'été, sur le *Ys-Bjorn*, avec lequel le lieutenant Payer a fait son premier voyage arctique, du capitaine Markham, de la marine royale anglaise. L'*Ys-Bjorn* a été nolisé par sir Henry Gore Boothe, afin de servir au plaisir et à la science. Il a un équipage norvégien et est bien fourni de tout. M. Markham se propose d'étudier la situation des glaces entre le Spitzberg et la Nouvelle-Zemble et d'atteindre, s'il le peut, la terre François-Joseph.

28. — L'événement du mois est l'arrivée d'une lettre du professeur Nordenskiœld qui fait connaître la situation actuelle de cet explorateur et de son navire à voiles la *Vega* dont on n'avait pas de nouvelles depuis le 27 août, jour où ils avaient quitté, à l'embouchure de la Léna, le vapeur de ce nom.

Cette lettre, adressée au gouverneur général de la Sibérie orientale, est datée du 25 septembre 1878; elle a été portée à Anadyrsk par des Tchoutchen et est arrivée à Irkoutsk le 28 avril 1879.

Le navire *Vega* était pris dans les glaces près du cap Sertze Kamen, situé à l'ouest du cap qui forme la pointe extrême de l'Asie sur le détroit de Behring, depuis le 16 septembre précédent. Tout le monde se portait bien à bord et les provisions de vivres et de charbon étaient suffisantes.

Ce sont là de bonnes nouvelles. On ne saurait toutefois s'empêcher de regretter que Nordenskiœld n'ait pu atteindre le détroit de Behring. Mais il en est relativement si peu éloigné, et il y a tant de chances qu'il l'atteigne sans difficulté lorsque la glace fondra qu'on peut proclamer le succès de son entreprise. Sauf les obstacles que peuvent apporter les irrégularités de la saison, le passage nord-est est trouvé: il existe. Rendons donc un hommage mérité au courage et à la persévérance de l'homme qui a obtenu ce résultat, et à la générosité intelligente des Sibiriakoff et des Dickson, qui l'ont mis en situation de le faire.

Serdze-Kamen est à 6.400 kilomètres de Jakoutsk et à 9,600 d'Irkoutsk. La lettre de M. Nordenskiœld a mis sept mois à parcourir cette distance. Son arrivée à Anadirsk démontre que son auteur est en rapport avec les indigènes et qu'il pourra encore donner les nouvelles qu'on s'apprêtait à aller chercher.

On sait, en effet, que quatre expéditions, ni plus ni moins, s'organisaient pour aller à la recherche de M. Nordenskiœld. Un navire portant le nom de l'explorateur et organisé *ad hoc* devait quitter Malmoe le 16 mai pour gagner le canal de Suez et de là le détroit de Behring. M. Sibiriakoff, qui l'a fait équiper, avait en outre organisé deux expéditions côtières qui devaient quitter les côtes de Sibérie pour se diriger sur le même point, l'une partant de Nijni Kilimsk, l'autre des bouches de l'Anadir. Enfin le yacht *Jeannette* (l'ancienne *Pandora*), équipé aux frais de M. Gordon, du *New-York Herald*, devait quitter les côtes de Californie pour le détroit de Behring, et rejoindre, à un point convenu, le *Nordenskiœld*, pour aller à la recherche de la *Vega*. Il est probable qu'il ne sera donné qu'en partie suite à ces expéditions, devenues moins utiles depuis qu'on sait la *Vega* à peu près en sûreté.

*Pour la Chronique :* C. GAUTHIOT.

---

## RECTIFICATION

*La liste des membres du Conseil pour l'année finissant le 1ᵉʳ octobre prochain, ainsi que celle des membres de la Société, doivent, pour être complètes, contenir ce nom : M. Boutard (Léon), promoteur de l'œuvre de l'adoption algérienne, avenue de Villiers, 111.*

*Le rédacteur gérant responsable :* GAUTHIOT.

Paris. — Typ. Tolmer et Cⁱᵉ, 43, rue du Four-St-Germain.

# L'AMÉRIQUE DU SUD

Ses voies de communication par eau et ses routes commerciales (1)

Par M. Ch., Wiener.

———

Mesdames et Messieurs,

L'Amérique méridionale a été découverte il y a près de quatre siècles, et jusqu'à ce jour elle n'a pas été comprise.

On est tout d'abord frappé de ce fait singulier qu'elle est surtout habitée sur le littoral, et que dans l'intérieur, en fait d'êtres animés, on ne trouve, à la place de l'homme qui produit, généralement, que la bête qui consomme. Les grands ports depuis Pernambuco sur l'Atlantique, jusqu'à Guyaquil sur le Pacifique, ne répondent en majeure partie à aucune grande région consommatrice. Ces ports mêmes absorbent l'importation étrangère.

C'est ainsi qu'il s'établit trop souvent une disproportion considérable entre ce que le pays reçoit et ce qu'il rend. Et pourtant, lorsqu'on se rappelle la générosité de ce sol qui répond avec tant de facilité au moindre effort du travailleur, lorsqu'on songe à la prodigalité de sa végétation et à ses trésors métallurgiques, on est tout surpris de cet état de choses. On se demande la solution de cette énigme, les raisons de ces budgets, généralement mal équilibrés, et on comprend que l'homme ne vit que là où de grandes routes commerciales lui assurent des communications faciles avec ses semblables. Or ces voies font défaut à l'homme sud-américain, ou du moins les voies naturelles, les grandes artères hydrographiques qui auraient besoin d'être complétées par l'homme n'offrent pas jusqu'à ce jour les garanties, les facilités voulues pour l'implantation du travailleur dans ces régions en apparence si favorisées par la nature. Que l'on compare le rôle que joue l'Amérique du Nord avec ses 40 millions d'habitants à celui de l'Amérique latine avec un chiffre de 35 millions, et l'on comprendra facilement que, à différents égards, l'Amérique méridionale, bien comprise, bien exploitée, pourrait non pas devenir une rivale de la première (car il n'y a point de rivalité à craindre dans le progrès international, dans le développement des intérêts harmoniques de l'humanité), on comprendra, dis-je, que cet im-

---

(1) Communication faite à la Société, réunie en assemblée générale, le 24 juin 1879.

mense vide une fois comblé, ce pays pourra devenir la clef de voûte de l'avenir économique du monde.

Nous aurons donc à nous occuper pendant quelques instants :
1° De la conformation topographique de ce continent et des produits que l'Amérique peut fournir à sa consommation propre et à la consommation générale ;

2° Du réseau des voies d'eau et des compléments de canaux, de routes et de chemins de fer appelés à donner toute sa valeur à l'œuvre de la nature.

3° Nous résumerons les résultats généraux de l'exploitation actuelle de l'Amérique et les destinées vers lesquelles elle est forcément entraînée.

## I

La conformation topographique de l'Amérique méridionale peut se résumer ainsi : une double chaîne de montagnes, qui s'étend depuis le 12e degré de latitude nord jusqu'au 46e degré de latitude sud, divise l'immense continent en trois parties tout à fait inégales : 1° la côte ouest, qui a en moyenne une largeur de 30 lieues avec un climat sec et généralement modéré ; 2° l'entre-Cordillère avec une largeur moyenne de 100 lieues et un climat absolument tempéré par une altitude moyenne de 2,800 mètres ; et enfin 3°, les immenses versants et plaines, entrecoupés de montagnes qui ne sont généralement que des ondulations du terrain, et qui s'étendent jusqu'aux bords de l'Atlantique, depuis quelques lieues à l'est de Bogota dans la Nouvelle-Grenade, de Quito dans l'Équateur, de Huanuco et d'Urubamba au Pérou, de Santa Cruz de la Sierra en Bolivie, d'Ococoe Jujui et de Mendosa dans la République Argentine, jusqu'aux ports des Guyanes, du Brésil, de l'Uruguay et de la Plata. En exceptant les plaines de ce dernier pays, qui pourra produire, lorsqu'il sera plus habité, des quantités considérables de blé, et là cordillère chilienne qui en produit déjà aujourd'hui et en exporte surtout au Pérou et en Australie, il se fait, dans tout le reste de l'Amérique méridionale, une importation de cet article. Le blé doit pourtant être considéré comme la production fondamentale d'une nation civilisée, et certainement l'entre-Cordillère, en Bolivie, au Pérou, dans l'Équateur, en Colombie et au Vénézuela, c'est-à-dire toute la région qui s'étend depuis le Capricorne jusqu'au 12e degré de latitude nord, pourrait devenir à un moment donné le grenier de ce continent. S'il ne l'est pas aujourd'hui, c'est que les communications sont tellement difficiles que l'exportation est pour ainsi dire absolument impossible, et

qu'il revient à meilleur marché d'amener, par exemple, au Callao,
des blés de Valdivia qui ont à parcourir 28 degrés de latitude, que
d'en faire venir des vallées de Tarma ou de Jauga situées dans la
Cordillère, à 50 lieues environ du principal port du Pérou. Or la production du blé a une importance capitale dans l'ordre économique
des pays. Nous ne pouvons ici qu'effleurer légèrement une des
plus graves questions qui agitent le monde. Mais nous croyons de
notre devoir de l'indiquer en passant. Le prix du blé sert de régulateur pour le prix conventionnel de l'argent. Or les prix du
blé augmentent sans cesse, pendant que les prix du métal bais-
sent, mouvement de bascule dangereux qui ébranle les fonde-
ments mêmes de l'édifice économique universel. Affecter une
région immense à la production des blés, c'est produire une
baisse sur cet article, et cette baisse se traduit forcément par une
augmentation de la valeur de l'argent, double effet de la plus
haute importance.

Les produits agricoles de la région que nous venons d'indiquer
sont peut-être appelés à arrêter les fluctuations économiques qui
depuis trop longtemps déjà prennent si bien une direction nettement définie, qu'elles pourraient bien devenir un courant entraî-
nant avec lui l'ordre financier et, à la suite, l'ensemble de l'activité
industrielle qui constitue ce qu'on est convenu d'appeler la société
moderne.

## II

Ce grenier de l'avenir ne pourra exister que le jour où de
grandes portes lui auront été ouvertes dans les remparts dont la
Cordillère des Andes le défend à l'est comme à l'ouest. Pour
faire comprendre jusqu'à quel point ces remparts sont inacces-
sibles ou au moins difficiles à franchir, nous ne citerons qu'un
exemple. Le Pérou a établi sur le versant oriental de la Cordillère, sur les bords de l'Amazone, deux villes qui ont une certaine
importance depuis les dernières années, Iquitos et Nauta. Ces
villes se trouvent à environ 200 lieues de la côte du Pacifique.
Eh bien, lorsqu'un Péruvien habitant ces parages veut se rendre
dans une des villes de la côte de son pays, le chemin le plus facile et le plus sûr est de descendre l'Amazone, de se rendre en
Europe et de reprendre, de là, la route de Colon, d'où il se rend
sur l'échelle du Pacifique.

Pourtant, en regardant la carte de l'Amérique, et quelque incomplets que puissent être les renseignements de détail qu'on possède sur l'intérieur, il est évident, au premier coup d'œil, que la

nature a indiqué de grandes voies de communication dont l'homme, jusqu'à ce jour, n'a pas pu profiter parce qu'il n'a pas su les compléter. Il y a d'abord ce roi des fleuves, l'Amazone, dont les ramifications remontent à leurs sources jusqu'aux contrées voisines de la côte du Pacifique. Les Péruviens ont parfaitement compris l'importance immense qu'offriraient des routes reliant les affluents navigables de l'Amazone, le Marañon ou l'Ucayali, aux villes de leur côte. Ils ont fait des efforts énormes pour réaliser cette œuvre qui s'imposait par la logique et par l'intérêt; mais il semble que leur constitution intellectuelle n'ait pas été aussi robuste que la constitution physique du Péruvien autochthone; ils n'ont pas eu assez d'haleine pour mener à bien leur entreprise; ils n'ont pas compris que la civilisation n'était qu'une longue patience, que le progrès n'aboutit que lorsqu'il est conduit dans une seule voie; ils ont commencé leur œuvre en dix points différents, et pas un de leurs tracés n'a été terminé. Ainsi nous voyons, dans le nord du Pérou, le petit chemin de fer de Païta à Piura, destiné à traverser la région de Jaen et à relier le Marañon au port septentrional du Pérou. Un peu plus au sud, un second tronçon partant de Lambayèque relie Eteu et Ferenafe, mais ne quitte pas les sables du littoral ; un troisième tronçon, qui part de Pacasmajo, devait franchir la Cordillère pour arriver à Caxamarca, et rejoindre là encore le Marañon. Arrivés au pied de la Cordillère, les entrepreneurs se sont arrêtés et le chemin de fer aboutit à un petit hameau, la Viña, et n'offre pour ainsi dire aucune importance. La quatrième ligne ferrée, partant de Lalavery, port de Truxillo, n'a pas une importance considérable; elle avance jusqu'à Ascope, situé dans la vallée de Chicama, une des gorges de la Cordillère, et ne tente pas plus que le chemin de fer de Pacasmajo l'ascension de la chaîne des Andes. Il en a été de même du tracé qui devait se diriger de la côte à Huaras. Un effort considérable a été tenté dans le tracé du chemin de fer connu sous le nom de chemin de fer de la Oroya, mais ce nom même contient la critique de cet effort resté infructueux. La voie part du port principal du Pérou, le Callao, traverse Lima, se dirige presque en ligne droite sur la Cordillère et la franchit à plus de 17,000 pieds anglais d'altitude; mais là les constructeurs se sont arrêtés, essoufflés de leur immense effort, et depuis lors ils semblent s'être endormis sur la victoire la plus superbe remportée sur le monde physique le plus rebelle, sur les difficultés les plus colossales amoncelées comme à plaisir. Ce chemin de fer, qui longe des coteaux abrupts, qui franchit sur une trentaine de ponts des abîmes insondables, qui traverse par une quarantaine de tunnels les schistes ardoisiers, les dolérites et les quartz de la Cordillère, aboutit à la Oroya, hameau situé loin de tout centre de civilisation, de toute voie navigable, de tout chemin carrossable, et le sifflet de la locomotive qui entre en gare sur ce point n'est pas le cri de triomphe du progrès qui arrive, c'est le cri de détresse de la civilisation qui se sent égarée, perdue dans le désert. Et pourtant le but de ce tracé était bien nettement défini. A une trentaine de lieues à l'est, c'étaient les vallées de Tarma, de Jauga, auxquélles il allait donner la vie ; à une trentaine de lieues au nord, c'était le Cerro de Pasco avec ses immenses richesses minières qu'il allait relier à la côte ; à une centaine de lieues à l'est, après avoir traversé la seconde Cordillère et les vastes plaines du Sacramento, il allait rejoindre le Purus, gigantesque affluent de l'Amazone, et réaliser le projet capital pour l'avenir du Pérou et qui, malheureusement, reste toujours ébauché et sans solution définitive. Dans le sud du Pérou enfin, en partant du port de Mollendo, un autre effort non moins colossal a été tenté. Un chemin de fer reliant d'abord la côte à Arequipa, puis cette ville à celle de Puno, située sur les bords du lac de Titicaca, à 15,500 pieds anglais au-dessus du niveau de la mer, a franchi la Cordillère sur les hauts plateaux de Vincocaya à une altitude de 15,200 pieds. Toutes les difficultés en ce point étaient heureusement vaincues. A cent lieues au nord, la ville du Cuzco n'était séparée de la dernière station du chemin de fer que par des plaines à peine ondulées, que n'interrompait aucun abîme, que ne traversait aucun fleuve, et où le chemin de fer pouvait s'établir pour ainsi dire sans œuvre d'art. Au Cuzco, il était à quelques lieues seulement des bords du rio de Vilcamayo, qui, à 50 lieues plus loin, porte le nom de Ucayali et est navigable à partir du Mainique. Là encore le projet pouvait être réalisé par un dernier effort, et là encore le Péruvien s'est arrêté au milieu de son œuvre, et son travail, au lieu de profiter au pays, au lieu d'enrichir ses habitants, n'a profité à personne et n'a enrichi que les entrepreneurs. Il nous paraît inutile d'insister sur les petits chemins de fer de Moquegna et de Tacna, tronçons sans importance.

En descendant plus au sud, nous voyons du côté ouest le chemin de fer qui part de Valparaiso traverser Santiago et se diriger vers la Cordillère, et du côté est un chemin de fer s'avancer des bords de la Plata dans la direction de Mendosa. Cela frappe les yeux qu'il ne reste plus, pour ainsi dire, qu'à opérer la jonction de ces deux tronçons, et qu'alors, détail des plus curieux, sur le

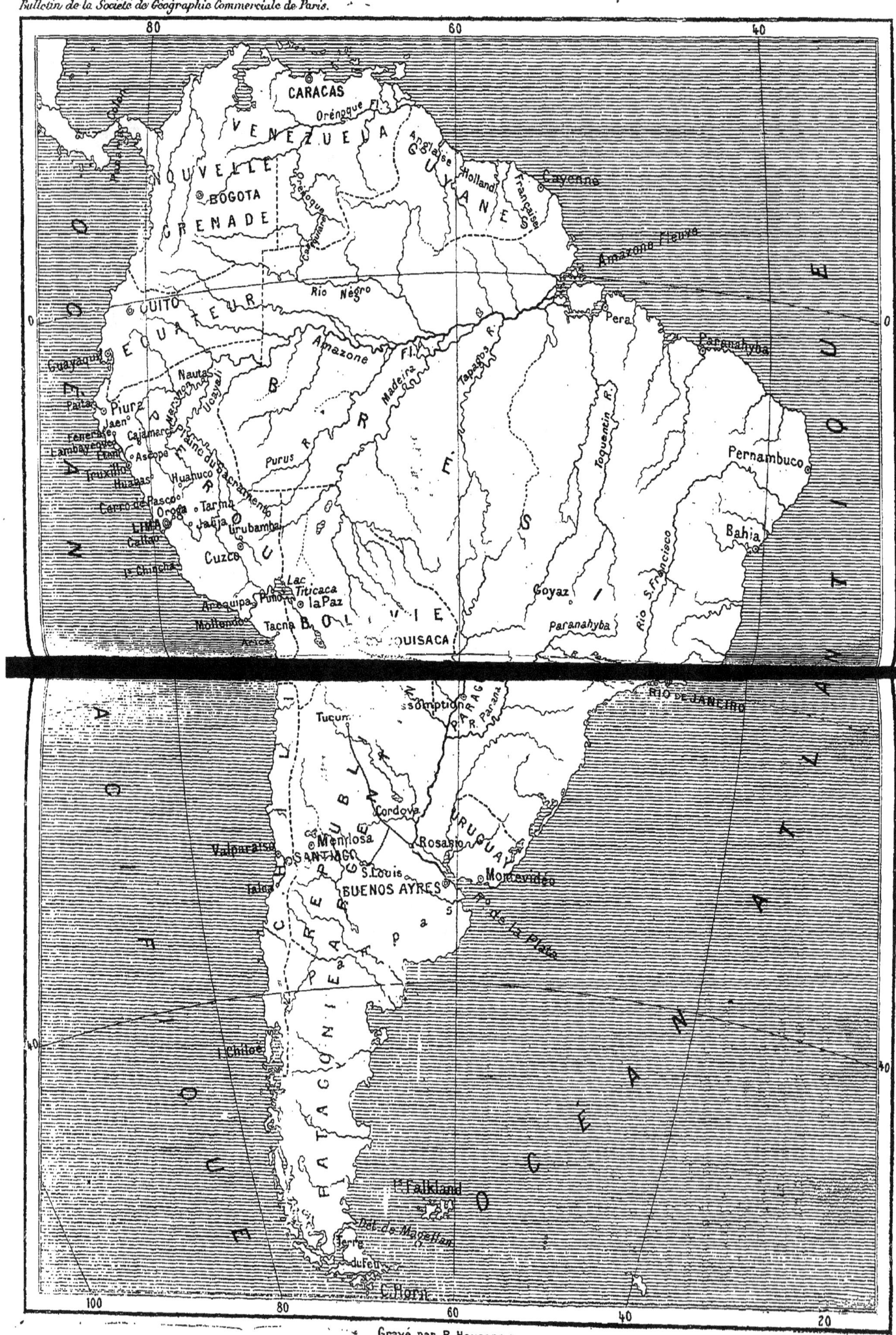
80
60
40
CARACAS
Orénoque
VENEZUELA
NOUVELLE
GUYANES
Anglaise
Holland
Française
Cayenne
BOGOTA
GRENADE
Amazone Fleuve
EQUATEUR
Rio Négro
QUITO
Pera
Paranahyba
Amazone
FI.
Guayaquil
Nautas
Madeira R.
Tapajos R.
Paita
Piura
Jaen
B
Tocquentin R.
Ténerife
Cajamarca
Plaine du Sacrament
Lambayeque
Etan
Ucayali
Pernambuco
Ascope
Truxillo
Huanas
Huahuco
Purus R.
É
Cerro de Pascoo
Oroya
Tarma
Bahia
Lima
Jauja
Urubamba
S
Callao
Is Chincha
Cuzco
U
Goyaz
I
Lac
Titicaca
la Paz
Rio S. Francisco
Arequipa
Puno
BOLIVIE
Paranahyba
Mollendo
Tacna
Arica
QUISACA
RIO DE JANEIRO
ssomption
PARAG
Tucum
R. Parana
Cordova
URUGUAY
Valparaiso
Mendosa
Rosario
SANTIAGO
S. Louis
Montevideo
Talca
BUENOS AYRES
R. de la Plata
P     a     s
CHILI
REPUBLIQUE      ARGENTINE
PATAGONIE
I. Chiloé
OCÉAN     ATLANTIQUE
OCÉAN      PACIFIQUE
40
40
I. Falkland
Dét. de Magellan
Terre
du Feu
C. Horn
100
80
60
40
20

point où la nature a tracé la route naturelle navigable la moins longue, l'homme aura réussi le plus rapidement à établir une voie facile pour des communications rapides entre les côtes opposées du continent.

Puissent les influences politiques et les compétitions internationales ne pas arrêter trop longtemps la réalisation de cette œuvre presque terminée.

Cependant, en dehors des deux voies transversales de communication entre le Pacifique et l'Atlantique, l'une, environ sous le 13° de latitude, pouvant également recevoir une solution par le 18° degré, l'autre sous le 35° degré de latitude sud, il est intéressant d'indiquer les voies de communication intérieures de l'*Amérique méridionale à venir*, voies qui se dirigeraient du nord au sud depuis l'Orénoque jusqu'à la Plata. Ainsi les sources du San Francisco se rapprochent à quelques lieues du Grande Para, principal affluent du Parana, le Toquentin prend la source dans les Pyrénées de Goyas dont le versant sud voit naître le Paranahyba, appelé plus au sud Parana. Les origines du Tapajos sont singulièrement rapprochées des sources du Paraguay, et le Mamoré, l'immense affluent du Madeira, est, dans la région de la ville de Tomina, voisin du Pilcomayo qui se jette dans le Paraguay. Entre ces fleuves, dont les sources sont si rapprochées, l'homme pourra établir un jour des routes d'abord, des canaux ensuite, et ce jour, il n'aura fait qu'imiter ce que la nature fait sur ce même continent, en établissant entre l'Orénoque et le rio Negro, cet immense affluent de l'Amazone, le Cacequiare, canal naturel qui fait communiquer les eaux du bassin de l'Amazone et celles du grand fleuve qui traverse le Vénézuela.

Le jour que les bassins de l'Amazone et de la Plata communiqueront entre eux, les régions tropicales enverront leurs trésors dans la République Argentine et la République enverra ses richesses agricoles, les produits de son sol fertile sous un climat tempéré, aux chaudes plaines brésiliennes.

### III

Quand et comment les différents problèmes qui, en réalité, n'en forment qu'un seul que l'on pourrait résumer sous ce titre : l'*Avenir de l'Amérique*, se réaliseront-ils ? A ce point de vue, deux hypothèses sont en présence.

Les uns soutiennent que la voie de communication suit l'homme dans ses migrations ; ils pensent que semblable à la voie lumineuse qui révèle le chemin suivi par le météore, les routes se tracent naturellement derrière le conquérant de la surface jusque-là déserte. D'autres prétendent, paradoxe ingénieux, que la voie de communication doit, pour ainsi dire, précéder le travailleur, que le chemin de fer doit amener l'homme dans le désert, et que le travail ne s'implante réellement que sur les bords du fleuve, de la route ou le long des rails du chemin de fer établi avant son installation définitive. Cette dernière théorie, expérimentée par les Américains du Nord, a été reconnue juste dans certaines conditions climatériques et au milieu d'un peuple dont le caractère semblait se prêter particulièrement à sa mise en pratique. Cependant, jusqu'à ce jour, vu les climats de l'Amérique méridionale, vu surtout les caractères si hétérogènes de ses habitants, nous ne croyons guère que la seconde théorie puisse trouver son application dans l'Amérique du Sud. Dans une communication antérieure que nous avons eu l'honneur d'adresser à la Société de géographie, nous avons défini de notre mieux les aptitudes, l'acclimatement physique et moral des habitants actuels de l'Amérique méridionale (1).

Nous y avons examiné rapidement les rôles différents que les races indienne, blanche, noire et mongole, le rôle que les métis, produits de tant de sangs différents, ont joué et jouent actuellement sur ce continent. Nous avons passé en revue les efforts sans unité, sans direction bien définie qui ont été faits dans ces régions, et nous avons constaté qu'à l'heure actuelle, ces pays ne représentent pas les résultats utiles de l'expérience acquise, mais les caractères généraux d'un champ d'expériences, nous voulons dire d'expériences faites continuellement sur l'homme et qui n'ont pas réussi, à peu d'exceptions près. Nous avons montré que l'avenir d'un pays appartenant toujours au travail du grand nombre, l'avenir de l'Amérique méridionale appartenait ou à la race noire ou à la race chinoise, qui seules résistent au climat, contraire aux blancs, et qui seules fourniront la main-d'œuvre désignée par la nature pour transformer cette partie du monde. Traitant, dans ce même travail, la question à un point de vue spécial, à celui du percement de l'isthme de Panama, nous avons cru devoir donner la préférence à la race nègre, dont la constitution vigoureuse semble être faite spécialement pour les tours de force musculaire ; mais, lorsqu'il s'agit de la civilisation générale de l'Amérique méridionale, de ses destinées, d'une

_______________

(1) *La main-d'œuvre dans l'Amérique méridionale,* Communication adressée à la Société de Géographie, le 2 mai 1879.

direction unique à donner à tous ses habitants, il n'est pas douteux que l'intelligence de la race nègre est au-dessous d'une tâche aussi colossale. Les grandes conceptions d'ensemble ne la tentent point, son mât de cocagne est trop bas, le nègre est trop facilement heureux. La race chinoise, au contraire, par différentes raisons, par la constitution de l'empire chinois et l'ordre social qui y règne autant que par les qualités et les aptitudes de ses habitants, possède les aspirations et la force voulues pour combler le grand vide sud-américain, pour modifier les destinées de ce monde équinoxial.

Nous ne serions nullement étonnés de voir se déverser le surplus de population de l'immense Empire Céleste dans ces contrées que l'insuffisance seule de l'homme condamne à un rôle effacé. Le Chinois semble supporter le climat : il faudra voir si sa progéniture, née en Amérique, est vigoureuse, et si elle s'acclimate suffisamment. Si cela était, le problème serait vite résolu, car il nous semble que *la nature a donné assez de temps à la race blanche pour faire ses expériences.* Cette race a été, en effet, pendant trois siècles, maîtresse de ce continent : si elle ne réussit point dans sa tâche civilisatrice, qu'elle se retire et qu'elle laisse le terrain à une autre. Lorsqu'une centaine de millions de misérables habitants de la Chine auront colonisé l'Amérique, lorsqu'ils seront devenus riches et que, par une conséquence naturelle, une population qui, à l'heure actuelle, ne compte pas comme consommatrice, se sera créée; quand ces agriculteurs émérites, agriculteurs par leur foi comme par leur histoire, auront régularisé par une nouvelle production de blé la valeur conventionnelle de l'argent, lorsque par leur caractère essentiellement économe, absorbant dans leurs communications des quantités considérables de métal, ils auront fait hausser le prix de la monnaie; lorsqu'en un mot ils auront équilibré l'état économique de la société universelle dans ses manifestations industrielles, commerciales et financières, le grand problème sera résolu et la découverte de Colomb aura porté le fruit que l'on était de tout temps en droit d'espérer et d'attendre.

Alors, à mesure que se fera cette colonisation par l'immigration et que croîtront les besoins créés par le progrès des facilités dues au nombre des travailleurs, les travaux commencés sur le Pacifique depuis Païta jusqu'à Mollendo seront rapidement terminés, les grandes voies intérieures de communication entre les affluents de l'Amazone et ceux de la Plata, voies qui, à l'heure actuelle, semblent ne devoir être exécutées qu'à une époque infiniment éloignée, — car elles ne répondent à aucun besoin, les besoins ne naissant qu'avec la présence de l'homme, — seront entreprises et menées à bien : bref, tous ces travaux se feront comme par enchantement et, pour le plus grand bien de l'humanité; ce qui aujourd'hui semble être un rêve sera devenu une réalité féconde en résultats.

CH. WIENER.

# L'OGOOUÉ
## Son exploration, ses riverains et leur commerce
### Renseignements fournis par M. le Dᵣ Ballay.

Le 6 février dernier, M. Ballay, le compagnon de M. Savorgnan de Brazza, tout fatigué qu'il fût encore de son voyage, a bien voulu assister à une séance de la 1ʳᵉ section (Explorations et voies commerciales) de la Société, sur l'invitation de M. Brau de Saint-Pol Lias, Président de cette section.

Dans les séances de section, on le sait, les assistants, peu nombreux, échangent sans préoccupation oratoire leurs idées et leurs renseignements. Les personnes présentes ce jour-là ont donc eu l'occasion de poser à M. le Dʳ Ballay des questions auxquelles il a bien voulu répondre, donnant des indications tantôt utiles, tantôt intéressantes, à la grande satisfaction des assistants qui l'ont vivement remercié.

Le Président de la section, voulant faire profiter tous les membres de la Société de la bonne fortune de quelques-uns, a pris la peine de recueillir, au courant de la plume, les renseignements ainsi fournis. Voici le résumé qu'il en a fait et dont les lecteurs lui sauront gré.

Le commerce du Gabon n'est pas d'une grande activité. A la côte, les Fans et les Bakalais apportent de l'ivoire à des factoreries dont les principales sont anglaises ou allemandes, en pays français !

Ils apportent aussi, mais pour une moindre valeur, du caoutchouc et de l'ébène, et encore un bois rouge de teinture qui n'est guère pris que par les navires qui ont à faire du lest.

La mission française cultive le cacao, le café et la vanille, juste en assez grande quantité pour prouver que ces cultures seraient fructueuses si les bras ne faisaient absolument défaut. C'est la difficulté de l'exploitation de ces pays, riches, mais insalubres, où les Européens ne pourraient pas travailler, où les indigènes sont paresseux et où il paraît douteux que les Koulis chinois puissent s'acclimater : ils y seraient pourtant la plus précieuse ressource.

En face du Gabon, l'île du Prince offre encore des restes d'anciennes plantations de cacaoyers faites par les Portugais, sous bois, comme on en voit à Java et à Sumatra.

En remontant l'Ogooué, c'est le commerce du caoutchouc qui domine, dans les succursales échelonnées des factoreries du Gabon. Ce caoutchouc est fourni par une liane que les noirs coupent trop souvent, au lieu de la saigner, pour faire plus aisément leur récolte.

L'Ogooué n'est navigable que sur un parcours de 90 lieues environ. Là commencent les rapides, chez les Okata, avant d'arriver au pays des Okanda. Chez ce dernier peuple, le pays devient moins fertile. Il présente de vastes prairies, mais qui ne produisent rien. Les Okanda mettent en pension chez une peuplade voisine les quelques chèvres et les quelques moutons qu'ils possèdent, les seules bêtes domestiques que l'on rencontre dans toute cette région, avec des poules comme oiseaux de basse-cour, et de petits roquets dont les indigènes se servent pour la chasse, en attachant une sonnette à leur cou. Pour être complet, mentionnons des chats, mais très-rares.

Comme bêtes sauvages, les éléphants se rencontrent déjà au Gabon. Ils deviennent nombreux sur le Licona, où on les trouve en troupeaux; dans le haut Ogooué, ils sont très-nombreux. M. Ballay a assisté à la noyade et à la curée d'un éléphant.

L'éléphant traverse les rivières à la nage, mais est mauvais nageur, et lorsque les indigènes surprennent dans l'eau un de ces gros baigneurs, ils se précipitent sur lui et le noient.

C'est ce qui était arrivé. Il y eut grande cérémonie, danses et chants autour du corps et festin monstre.

La panthère paraît aussi, et quelques bœufs sauvages, dans le bas Ogooué. Le lion s'ajoute à ces animaux dans les hauts plateaux qui séparent l'Ogooué de l'Alima. L'hippopotame peuple le fleuve jusqu'au pays des Adouma.

Au-dessus des Okanda s'étend le pays des Pahouins, comme disent les Gabonais, ou des Fans, comme ces peuples s'appellent eux-mêmes. Ce pays est très-boisé. Les Pahouins vivent surtout de chasse, ils acculent les éléphants, par de grandes battues, dans un coin de forêt où ils ont préparé des barrières et des piéges, et ils les tuent, non sans laisser quelques chasseurs sur le champ de bataille. Les Fans ont aussi de grandes plantations de bananes et des plantations de manioc, — le manioc qui fait, dans ces pays, la base de l'alimentation du voyageur comme des habitants.

Chez les Adouma, de nombreux palmiers donnent une quantité assez considérable d'huile que les indigènes échangent avec leurs voisins, ordinairement contre des morceaux de fer (sous trois formes, clou, marteau et lame) que les Ondoumba et les Obamba fabriquent eux-mêmes.

Dans le haut Ogooué, le pays présente de vastes plaines très-fertiles où l'on pourrait cultiver le caféier et le cacaoyer, mais qui n'offrent guère d'autre culture que quelques pieds de canne à sucre que mangent les indigènes. Le pays est arrosé par de nombreux petits cours d'eau et est relativement salubre : on est là chez les Obamba.

M. Ballay, avec l'expédition, a quitté sur ce point l'Ogooué qui n'avait plus que 28 mètres de largeur et un faible tirant d'eau, pour se diriger vers l'Alima par le pays des Batékés.

Les Batékés occupent les hauts plateaux sablonneux qui séparent le bassin de l'Ogooué du bassin du Congo. Le Congo ! Nos explorateurs ne se doutaient guère alors qu'ils allaient aborder un de ses affluents. On leur disait que l'Alima se jetait dans un fleuve « dont on n'apercevait pas l'autre rive », et ils pensaient que les indigènes leur désignaient ainsi un lac. Ils ne pensaient même pas, à la fin de leur voyage, avoir pénétré si avant dans l'Afrique centrale, et ce n'est que tout récemment que les calculs déduits de leurs dernières observations astronomiques ont établi qu'ils se sont avancés au-delà du 13e degré de longitude Est de Paris, dans les grandes vallées de l'Alima et de la ... Les bords de ces rivières sont très-fertiles. ... revenons aux Batékés, que nous n'avons fait que nommer et ... méritent de fixer plus longuement notre attention.

Leur pays est très-étendu : les Batékés sont fixés jusqu'au Congo où Stanley les a rencontrés.

Les plateaux qu'ils occupent, nous l'avons déjà dit, présentent une terre sablonneuse qu'aucun cours d'eau n'arrose et où l'herbe même ne croît pas. Il n'y a pas d'animaux domestiques. Et pourtant ce pays, le moins fertile de la région, nourrit ses voisins. Les Batékés sont d'excellents cultivateurs. Ils ont de grandes plantations de manioc en sillons réguliers : on dirait une culture d'Europe.

Ce pays est sain. Les habitants y sont beaucoup plus vêtus que les autres peuplades, — ce qui n'est pas beaucoup dire, — quand on les rapproche des Obamba, par exemple, où le vêtement est strictement réduit aux dimensions de la feuille de vigne. Aussi l'étoffe reprend-elle chez les Batékés une grande valeur. Ils tissent eux-mêmes des étoffes avec des feuilles de palmier et en font même de très-fines. Ils en vendent et en envoient à la côte avec des esclaves.

Les objets de vaisselle, les bouteilles, les flacons sont aussi très-recherchés des Batékés : les explorateurs ont vidé des flacons de quinine pour tirer parti du verre, tant il était coté à un haut prix.

Des objets insignifiants d'ailleurs peuvent atteindre, par l'échange, des prix invraisemblables. M. Ballay a acheté chez les Obamba un mouton pour un collier de verroterie qui avait coûté 10 centimes, et un esclave pour une marchandise qui n'avait pas une valeur trois fois plus grande. Le prix moyen d'un esclave doit pourtant être évalué plutôt à cinq francs.

Chez les Batékés, une dent d'éléphant a été offerte pour deux perles bleues (un centime peut-être). L'ivoire y est pour rien. Les éléphants sont là en quantité considérable et ravagent souvent les plantations de manioc et de bananiers. Les Batékés ont aussi de la gomme copal dont ils ne connaissent pas la valeur. Malheureusement, dans la situation actuelle des choses, les transports dans ce pays sont trop difficiles : ils ne peuvent être faits qu'à dos d'homme.

Aussi la véritable marchandise d'exportation est-elle celle qui se transporte elle-même : les esclaves.

Il y a chez les Batékés de grands et nombreux marchés d'esclaves.

Les explorateurs demandaient, à leur arrivée dans le pays, quel était le but des grands rassemblements où figuraient les gens des villages voisins. On leur répondait d'une façon évasive ou on leur disait : « Ces gens apportent des poules pour les vendre » ; mais un jour ils trouvèrent sur la place d'un marché des traces indéniables de la marchandise, les fourches des esclaves.

Ces fourches, longuement emmanchées, sont passées sous le menton du patient, emboîtent son cou, et ont leurs deux extrémités fermées derrière la nuque par une traverse de bois qui les relie au moyen d'inextricables nœuds de lianes. Le maître prend tranquillement le bout du manche sous son bras, et l'escl… non moins tranquillement, ce qui est plus extraordina… nuit, on attache les deux mains du malheureux, en av… manche de la fourche, pour qu'il n'essaie pas de dén…

lianes derrière son cou, et pour plus de précautions, on suspend à ce manche une sonnette qui prévient le maître des mouvements de l'esclave. Des femmes allaitant leurs enfants sont soumises à ce régime, et tout le monde trouve cela tout naturel, sans en excepter les esclaves eux-mêmes. Lorsque les explorateurs, révoltés par des usages si barbares, ont voulu faire des observations à ce sujet, ils n'ont provoqué que le plus grand étonnement chez les maîtres comme chez les esclaves qui semblaient leur dire : « De quoi vous mêlez-vous ? » — Les hommes et les femmes ainsi attachés la nuit, en attendant qu'ils soient expédiés à la côte, et promenés au bout de leur bâton toute la journée, par leur maître et quelquefois par un enfant de leur maître, ne paraissent nullement attristés de leur sort. Ils causent et rient avec l'homme qui les mène. Lorsqu'ils s'arrêtent avec lui et s'asseoient au milieu d'un groupe, toujours avec leur fourche au cou, ils prennent part à la conversation, aux plaisanteries qui s'y produisent, aussi gaîment que les autres, et n'ont aucune conscience ni d'une humiliation, ni d'une souffrance.

Et pourtant M. Ballay se souvient bien du soupir de satisfaction d'un esclave qu'il venait de débarrasser de sa fourche,

Les esclaves sont achetés aux Batékés par les Balali. Ceux-ci les revendent aux Bayakos qui les revendent eux-mêmes aux Bakoués. Ils sont conduits ainsi à la côte du Loango.

Il y a encore chez les Batékés d'autres commerçants qui leur achètent, en échange d'étoffes, du manioc et du tabac qu'ils emportent probablement sur le Congo. — Ce sont les Apfouroux qui ont ainsi des comptoirs (quelques huttes) dans le pays des Batékés, sur les bords de l'Alima.

Les Apfouroux ont refusé d'entrer en relations avec nos explorateurs. Peut-être s'étaient-ils montrés hostiles à Stanley, et n'avaient-ils pas eu lieu, dans ce cas, de garder de lui un bon souvenir !

Le tabac qui est vendu aux Apfouroux par les Batékés est tordu en grosse corde comme une saucisse et roulé ensuite en colimaçon.

Le résultat le plus important de l'exploration, au point de vue de ses résultats pratiques, « a dit en terminant M. Ballay, » c'est la découverte d'une voie qui mène au cours moyen du Congo, dans ces immenses régions du cœur de l'Afrique dont il a été dit tant de merveilles et qu'il serait au moins si intéressant d'explorer d'une façon plus complète. Il faudrait pour cela qu'on pût lancer un bateau à vapeur sur ce long parcours du grand fleuve qui s'étend entre les chutes de Livingstone et les chutes de Stanley. — Les rapides du Congo s'opposent à ce que ce vapeur y pénètre, en le remontant par son embouchure. Il faudrait le porter, démonté, par pièces, jusqu'au-dessus des chutes de Stanley, — et peut-être la voie de l'Ogooué et de l'Alima est-elle, pour cela, la meilleure à suivre.

# PROJET DE PROGRAMME

POUR L'ÉTUDE

## de la géographie par la topographie

Le 28 avril 1878, la 4e section (Enseignement) de la Société a chargé de la rédaction d'un Projet de programme pour l'étude de la géographie et de la topographie appliquées à l'agriculture, au commerce, à l'industrie et à l'art militaire, M. E. Lottin, l'un des membres de la section, professeur de topographie aux écoles municipales supérieures de la ville de Paris et à l'Ecole commerciale et chargé de la direction des promenades topographiques.

La section a en outre décidé que Mlle Kleinhans, l'un des autres membres de la section, professeur de géographie à l'école normale des jeunes filles de Neuilly et au collége Sainte-Barbe, rédigerait la partie de ce programme appelée Cours élémentaire et devant servir d'introduction à la géographie et à la topographie appliquée.

Mlle Kleinhans et M. E. Lottin se sont acquittés de la tâche qui leur avait été confiée avec un grand empressement. Voici le résultat de leur travail : ils appellent sur lui l'examen du public en général et de leurs collègues en particulier.

PREMIÈRE PARTIE

(due à Mlle Kleinhans)

**Étude de la géographie par la topographie.**

*(Faire marcher de front les deux sciences dans les cours élémentaires et faire ensuite deux cours distincts.)*

1° *Topographie.*

Plan de la classe. — Echelles. — Plan de la classe au 1/100. — Faire étudier aux élèves les environs de l'école sur des dessins à diverses échelles, afin de les préparer à la lecture de la carte de l'Etat-major. — Signes topographiques. — Lecture de la carte de l'Etat-major. — Etude sur la carte de l'Etat-major, du village ou de la ville où l'école est située. — Etude de l'arrondissement, du département, de la France.

2° *Géographie.*

En première année, la France. — En deuxième année, l'Europe. — En troisième année, les parties du monde. — Revenir chaque année sur les éléments de topographie. Au delà de ces trois années : un cours spécial de géographie et un cours spécial de topographie.

DEUXIÈME PARTIE

(due à M. Lottin)

**Cours élémentaire.**

TOPOGRAPHIE AU POINT DE VUE MILITAIRE.

*Ce cours est professé par M. E. Lottin dans les écoles communales et sert de préparation aux promenades topographiques* (1). *Ces*

---

(1) Une méthode pour l'organisation des promenades topographiques étant devenue nécessaire, M. Gréard, alors directeur de l'enseignement primaire de la Seine, conseilla à M. Lottin d'en composer une en vue des écoles communales. Cette méthode est en vente chez Ch. Delagrave, Paris.

*études s'adressent à ceux qui se préparent au volontariat ou à la carrière militaire.*

Etudes des changements d'aspects. — Divers procédés d'orientation : 1o à l'aide des girouettes; 2o du soleil; 3o de l'étoile polaire; 4o de la boussole; 5o des cathédrales.

Physionomie d'un terrain en général. — Terrains en pente. — Plaines. — Vallées. — Collines. — Défilés. — Ravins. — Cols. — Accessibilité. — Difficultés d'accès. — Voies de fer, de terre et d'eau. — Utilisation de ces accidents. — Leurs avantages et leurs inconvénients au point de vue de la guerre.

Les signes conventionnels dé la carte de l'Etat-major français. — Représentation des reliefs, ainsi que des diverses natures de terrains. — Manière de les tracer. — Manière de tracer un itinéraire. — Méthode exacte. — Méthode expédiée. — Lecture et interprétation de la carte d'abord à l'amphithéâtre, ensuite sur le terrain.

## TROISIÈME PARTIE

(due à M. Lottin)

### Cours moyen.

TOPOGRAPHIE AU POINT DE VUE INDUSTRIEL, COMMERCIAL, AGRICOLE.

*Ce cours est professé depuis sept ans, par M. E. Lottin, à l'Ecole commerciale de Paris et comporte les études qui suivent pour les élèves de troisième année des écoles municipales supérieures de Paris. (Décision du Conseil municipal.)*

*Topographie du chemin de fer.* — Inconvénients que présentent, pour les riverains, le déblai, le remblai, le passage par dessus, le passage à niveau, le passage par dessous. — La proximité d'une station est souvent un avantage et quelquefois un inconvénient. — Chemins et rivières interceptés. — Gêne pour la circulation et les charrois. — Le chemin de fer prime toutes les autres voies. — Il a un maximum de trafic. — Les plus fortes dimensions qu'on peut donner aux colis sont mesurées en gare, par le gabarit. — Célérité, économie pour les transports. — Cependant prix plus forts que sur le canal. — Emploi du chemin de fer à l'exclusion de toutes les autres voies. — Emploi combiné du chemin de fer et des canaux, etc., etc. — Intérêts généraux. — Intérêts particuliers.

*Topographie du canal.* — Ses biefs. — Ses écluses. — Ses ponts et passages. — Les marchandises encombrantes et de peu de valeur doivent être transportées par le canal. — Economie de ce mode de transport. — Les distances sont abrégées par le canal. — Maximum de trafic. — Lenteurs de la navigation et chômages. — Malgré cela, avantage de l'emploi du canal à l'exclusion des autres voies de communication. — Inconvénients pour les riverains. — Plus-value et moins-value des terrains traversés. — Canaux d'amenée et d'écoulement pour les besoins d'une usine. — Batellerie, etc., etc. — Intérêts généraux. — Intérêts particuliers.

*Topographie des rivières.* — La rivière depuis sa source jusqu'à son embouchure. — Le torrent, ses ravages sur les propriétés riveraines. — Flottage sur les rivières. — Navigabilité fluviale et navigabilité maritime. — Prises d'eau dans les rivières pour les besoins des usines et les irrigations. — L'eau rendue à la rivière, après son emploi. — Chutes d'eau, barrages. — Moteurs hydrauliques. — Inondations. — Quais. — Ports. — Erosion des rives. — Atterrissements. — Les rivières. — Ensablements. — Lagunes mortes, vives. — Moyen de les utiliser. — Syndicat des rivières. — Conséquence de ce qui précède pour le commerce, l'industrie et l'agriculture.

*Topographie des voies de terre.* — Les routes nationales, départementales, les chemins de grande et de moyenne communication. — Les chemins communaux, ruraux et les sentiers. — Comparaison entre ces divers accidents. — Leur emploi. — Viabilité. — Accessibilité. — Marimum de circulation. — La tonne kilométrique coûte plus cher sur ces voies. — Cependant, dans bien des cas, il y a économie dans l'emploi de ces accidents. — Recensement de la circulation. — Conséquence du recensement pour les particuliers qui possèdent ou qui exploitent une forêt, une carrière, une mine, une usine. — Indemnité pour fréquence de passage. — Prestations. — Voirie. — Alignements dans la traversée des bourgs, villages, hameaux.

*Tout ce qui précède étant suffisamment bien appris, les auditeurs possèdent ce qui est nécessaire pour interpréter un plan; il y a donc lieu de terminer cette partie du cours par des exercices de lecture des plans déposés aux enquêtes.* Un petit volume portant ce titre est en vente chez E. Belin, éditeur, Paris.

QUATRIÈME PARTIE

(due à M. Lottin)

**Cours supérieur.**

TOPOGRAPHIE USUELLE OU APPLICATIONS D'ARPENTAGE.

*Ce programme, qui contient des applications de géométrie élémentaire, est mis en pratique dans les écoles municipales supérieures de la ville de Paris. M. E. Lottin, professeur du cours, a pu le faire adopter pour les élèves de troisième année. Ce programme s'adresse aussi à ceux qui possèdent un immeuble ou qui veulent fonder un établissement industriel, commercial ou agricole; car quel que soit le mérite d'un architecte, il ne peut pas toujours penser aux moyens de bien agencer les bâtiments et leurs dépendances pour les approprier au terrain selon la nature et les besoins de l'industrie à créer.*

Définition des méthodes d'arpentage les plus usuelles ainsi que des instruments nécessaires pour les opérations. — Questions de planimétrie et de nivellement.

Lever d'un terrain pour servir à reconnaître : 1° Sa figure; — 2° Les facilités ou les difficultés d'accès aux bâtiments qui y sont situés; — 3° L'emplacement à choisir pour y établir de nouvelles constructions selon la proximité des voies terrestres ou fluviales; — 4° L'emplacement à choisir pour l'établissement des entrepôts, chantiers, etc.; — 5° Le tracé de tramways ou de toute autre voie d'accès pour desservir les magasins. — Voies de dégagement.

Lever d'un terrain ayant pour objet: 1° L'étude de l'emplacement à choisir pour l'établissement d'un moteur hydraulique; — 2° L'étude d'une prise d'eau nécessaire à l'alimentation d'une usine et sa distribution dans les divers locaux, selon la nature de l'industrie, ainsi que les moyens d'évacuer l'eau après son emploi; — 3° Les moyens de se procurer de l'eau dans les contrées dépourvues de rivières; — 4° La création de gares à bateaux et de voies de communication avec les canaux et les rivières; — 5° Distribution de force motrice sur plusieurs points.

Lever du plan d'un terrain ayant pour objet : 1° La création d'un centre agricole; — 2° La création d'un parc, d'un jardin; — 3° Le drainage et l'assainissement d'une propriété; — 4° L'irrigation de terrains cultivés. — Enfin la mise en valeur des terrains selon leur nature et leur forme.

*Dans tout ce qui précède, le professeur devra développer les questions de planimétrie et de nivellement qui permettent de diminuer les frais de parcours des charrois et la main-d'œuvre provenant de la situation topographique des lieux.*

# CORRESPONDANCE

### I

*A M. Gauthiot, secrétaire général de la Société de géographie commerciale de Paris.*

Paris, le 15 juillet 1879.

Mon cher Collègue,

Dans le résumé si clair et si complet que vous avez fait des travaux du congrès international d'études du canal interocéanique, vous me faites dire (*Bulletin* n° 4, page 134) que la question du percement de l'isthme américain allait s'embrouillant chaque jour davantage lorsque se réunit, en 1875, au palais des Tuileries, « le *premier* (1) congrès universel des sciences géographiques ».

Il y a là une erreur que je ne puis m'expliquer; le congrès de Paris était la deuxième session du congrès des sciences géographiques inauguré à Anvers en août 1871 et où la France, encore sous le coup de ses désastres, a joué un si grand rôle.

C'est donc la Belgique qui a inauguré les *congrès des sciences géographiques*, et c'est la France qui l'a suivie; mais c'est la France qui vient d'inaugurer avec nous le premier *congrès de géographie commerciale*, et c'est la Belgique qui la suit actuellement.

Puis-je espérer que vous voudrez bien admettre cette rectification dans votre prochain *Bulletin ?*

Agréez, mon cher Collègue, l'assurance de mes sentiments les plus dévoués.

C. Hertz.

### II

*A M. Gauthiot, boulevard Saint-Germain, 63, Paris.*

Toulon, 17 septembre 1879.

Mon cher Ami,

Je m'embarque le 20 courant sur le *Tonkin*. Veuillez ne pas oublier de remercier vivement pour moi la Société de géographie commerciale, au nom de laquelle vous m'avez offert un baromètre qui me sera fort utile.

J'ai été très-sensible, et j'espère pouvoir le prouver à la Société, à cette marque d'intérêt de sa part.

A. Marche.

### III

*A M. Gauthiot, secrétaire général de la Société de géographie commerciale de Paris.*

Côte occidentale d'Afrique E..., 12 juin 1879.

J'ai l'honneur de vous accuser réception des numéros du *Bulletin*. Je ne puis que vous témoigner ma satisfaction et vous faire mes remerciements pour une publication dont je serai de temps en temps un humble collaborateur uniquement préoccupé de dire la vérité.

Mon comptoir marche et j'ai noué des relations utiles avec l'intérieur.... Une réunion de fabricants suisses s'occupe en ce moment de créer ici des agences.... En France, tout le monde se plaint, le fabricant surtout, de n'avoir pas de débouchés; mais c'est tout, et l'on ne se remue pas. En Suisse et en Allemagne, on ne dit rien, mais on envoie des agents partout. C'est une leçon. Que n'en profite-t-on ?.....

Je suis, Monsieur, etc.

A. B.

---

(1) Le mot *premier*, qui ne se trouvait pas dans le texte fourni par M. Hertz, a été ajouté par suite d'une confusion regrettable.

# RÉUNION
## Des Sociétés françaises de géographie

Le 2 septembre 1878, a eu lieu à Paris, sous la présidence du vice-amiral de La Roncière Le Noury, président de la Société de géographie, et dans l'hôtel de cette Société, qu'on inaugurait ainsi, la première réunion des Sociétés françaises de géographie.

Cette réunion, « d'un caractère intime et exclusif de toute préoccupation oratoire, et où l'on devait s'occuper d'affaires et d'affaires françaises surtout » (1), avait été provoquée par la Société de géographie commerciale de Bordeaux. La Société de geographie commerciale de Paris, et les Sociétés de Lyon, de Bordeaux, de Marseille, de Montpellier et d'Oran, ainsi que la Société de topographie, y étaient représentées. M. le ministre de l'instruction publique avait voulu assister à la séance d'ouverture, honorée aussi de la présence de plusieurs de nos collègues, MM. Levasseur, Ferdinand Duval, de Watteville, de Quatrefages entre autres, et de celle de MM. Daubrée, Duveyrier, Correnti et Stanley.

Le compte rendu *in extenso* des quatre séances qui ont été tenues sera bientôt, nous l'espérons, entre nos mains (2); il prouvera qu'elles ont été bien employées. Des vœux nombreux ont été émis, des questions importantes ont été soulevées, et lorsque le moment est venu de se séparer, il était déjà reconnu par tous les assistants que la réunion de Paris ne pouvait et ne devait pas rester isolée. Aussi a-t-il été décidé, sur la proposition de M. Richard Cortambert, notre collègue, que les Sociétés de géographie françaises se réuniraient, en 1879, à Montpellier, sauf acceptation de la Société de cette ville.

Cette acceptation n'a pas fait faute, et le 8 mai dernier, la Société Languedocienne de géographie, par l'organe de son président M. de Rouville et de son secrétaire général M. Nolen, adressait aux Sociétés françaises la lettre suivante :

SOCIÉTÉ LANGUEDOCIENNE

DE GÉOGRAPHIE

DE MONTPELLIER

Secrétariat général
RUE BASVILLE, 10

*Montpellier, le 8 mai 1879.*

Monsieur le Président,

Le congrès des Sociétés françaises de géographie, réuni à Paris pour la première fois, au mois de septembre 1878, a décidé que ces Sociétés se réuniraient tous les ans, au lieu de résidence de l'une d'elles.

Montpellier a eu l'honneur d'être désigné pour être le siége du con-

---

(1) Discours d'ouverture du vice-amiral La Roncière Le Noury.

(2) C'est la Société de géographie de France qui s'est chargée de le publier : les membres de la Société de géographie commerciale le recevront gratuitement, sur demande adressée rue de Savoie, n° 9, au Secrétaire général, M. Gauthiot.

grès de 1879, L'époque en est fixée au 28 août, date de la réunion à Montpellier de l'Association pour l'avancement des sciences.

Notre Société a employé les mois écoulés à se mettre en mesure d'offrir
aux hommes éminents qu'elle convie un accueil digne d'eux et digne
d'elle.

Nous vous adressons aujourd'hui le programme des Questions qui seront
soumises à l'examen du congrès, ainsi que les autres documents intéressant plus particulièrement l'Exposition géographique qui doit se tenir
pendant la session.

Nous osons espérer, Monsieur, que votre Société voudra bien se faire représenter par des délégués à cette solennité géographique, et apporter aux
travaux et aux résolutions du congrès le concours de son expérience et de
son autorité. Nous vous serons reconnaissants de nous faire connaître au
plus tôt ses résolutions.

Une circulaire vous donnera ultérieurement le programme et le règlement détaillés et définitifs des séances.

Nous vous prions d'agréer, Monsieur, l'assurance de nos sentiments
les plus distingués.

|  |  |
|---|---|
| *Le Secrétaire général,* | *Le Président,* |
| Professeur D. NOLEN. | P. DE ROUVILLE. |

Cette invitation a naturellement été acceptée par la Société de
géographie commerciale de Paris, qui en a aussitôt informé
MM. de Rouville et Nolen. Plusieurs de nos collègues, et notamment trois de nos vice-présidents, MM. Levasseur, Pomel et Bionne,
« iront porter aux travaux et aux résolutions de la réunion le
concours de leur expérience et de leur autorité ». Nous engageons
les membres de notre Société à suivre leur exemple et, afin de
leur être utile, nous allons donner ici : I. L'indication des vœux
émis par la réunion de 1878. — II. Le programme préparé pour
celle de 1879.

### I. *Vœux émis par la réunion de 1878.*

1° Que l'enseignement de la topographie devienne obligatoire dans les
écoles primaires. (*M. Hennequin.*)

2° Qu'une commission spéciale de topographie soit organisée dans
chaque Société de géographie. (*M. Foncin.*)

3° Que dans les lycées et les colléges l'enseignement de la géographie
et celui de l'histoire soient concordants, et qu'il soit fait une plus large
place à la géographie physique. (*M. Drapeyron.*)

4° Que la mesure prise par la Société de géographie de réunir tous les
documents géographiques conservés dans les familles ou les bibliothèques
de la région, soit adoptée par les diverses Sociétés de géographie de
France. (*M. Maunoir.*)

5° Qu'une exposition géographique soit organisée, chaque année, dans
l'une des villes qui possèdent une société de géographie, et cela par rang
d'ancienneté de la Société. (*M. Foncin.*)

6° Que le ministère de l'Instruction publique, toutes les fois qu'il le
jugera convenable, veuille bien demander au ministère des Affaires étrangères le titre d'attaché scientifique près des légations pour les voyageurs
envoyés en mission, soit gratuite, soit payée. (*M. Wiener.*)

7° Qu'il soit créé une sorte de ticket international, sur la présentation
duquel tout membre d'une Société de géographie française ou étrangère
aurait le droit d'assister aux séances des diverses Sociétés. (*M. le vice-
amiral baron de La Roncière Le Noury.*)

8° Que les administrations de chemins de fer fassent dessiner, sur les
murs des gares et stations, des cartes dont la Société de géographie de
Paris fournirait les modèles. (*M. Chambeyron.*)

9° Qu'il soit établi, dans chaque commune, une pierre ou un bois portant les indications géographiques relatives à la commune et à la région. (*M. Chambeyron.*)

10° Qu'une pétition soit envoyée à la Chambre pour demander que les Compagnies de chemins de fer français s'entendent pour établir des trains circulaires français à prix réduit, comme cela a lieu à l'étranger et surtout en Italie. (*M. Soldi.*)

11° Que les Sociétés françaises de géographie décernent chaque année une médaille unique, comme récompense, au citoyen français ou à la compagnie de chemins de fer française qui aurait organisé une agence de voyages à prix réduits, comme il en existe en Angleterre. (*M. Soldi.*)

12° Qu'il soit demandé à M. le ministre de l'Instruction publique de vouloir bien intervenir auprès de son collègue de la Marine pour obtenir l'extension aux excursions maritimes des avantages attribués aux caravanes scolaires. (*M. Maunoir.*)

13° Que les bureaux des Sociétés s'entendent avec la direction du Club alpin pour que les diverses sections du Club deviennent des centres d'études et de conférences géographiques. (*M. de Saint-Saud.*)

14° Qu'il soit constitué, à Paris, un comité des voyages, siégeant deux fois par an, composé en nombre égal de membres de la Société de géographie de France et de délégués des autres Sociétés, et qui serait chargé de donner à toutes les Sociétés françaises de géographie des appréciations sur les projets de voyage et sur les voyageurs qui solliciteraient le patronage de ces Sociétés. (*MM. Foncin et Chambeyron.*)

15° Que des établissements sanitaires soient fondés dans les colonies françaises, comme il en a été fondé dans les colonies anglaises. (*M. l'abbé Durand.*)

II. *Programme des Questions qui seront discutées à la 2ᵉ réunion des Sociétés françaises de géographie, à Montpellier.*

*Première section.* — Section de géographie physique.

1ʳᵉ Question. — Les cordons littoraux, et en particulier les cordons littoraux méditerranéens.

2ᵉ Question. — La végétation à Montpellier et dans les Cévennes dans ses rapports avec la nature du sol.

3ᵉ Question. — Etude de la succession des plantes sur le littoral méditerranéen.

2ᵉ *Section.* — Géographie politique, historique et préhistorique.

1ʳᵉ Question. — Faire connaître les vestiges laissés par les populations qui se sont succédé dans le midi de la France avant l'occupation romaine, et les traces du culte des divinités topiques en usage dans cette région au moment de cette occupation.

2ᵉ Question. — Rechercher notamment les traces des établissements fondés par les Grecs, les limites de leur commerce en Gaule et les souvenirs qui restent de leur passage, de leurs relations et de leur influence, dans les inscriptions, les médailles et les noms de lieux.

3ᵉ Question. — Quel secours la connaissance des anciennes divisions ecclésiastiques de la France peut-elle fournir pour l'étude comparée des anciens *pagi* et des pays de l'époque postérieure, et la division en provinces sous Constantin?

3ᵉ *Section.* — Géographie économique et Statistique.

1° Montrer combien le climat méditerranéen est différent de celui des autres régions; étudier les conditions que ce climat impose à l'agriculture;

2° De l'importance géographique de l'étang de Thau, au point de vue industriel;

3° Unification des tarifs de chemins de fer;

4° Etablir quels sont aujourd'hui les rapports de la Statistique avec la Géographie.

Nous devons faire suivre ce programme d'une importante

observation : c'est que la réunion sera maîtresse de son ordre du jour et que tous les sujets pourront y être mis en discussion après notification et acceptation préalable.

Ajoutons encore que l'Exposition géographique qui doit accompagner la réunion comprendra, ainsi qu'on en est convenu en 1878, tous les travaux et tous les documents géographiques qui auront pu se produire ou se trouveront au foyer de la réunion. Comme l'a dit M. de Rouville, l'honorable président de la Société Languedocienne, le cadre vivant et large de cette Exposition sera la mise en relief, sous une forme quelconque, des divers éléments topographiques, économiques, commerciaux de la contrée ou des transformations que peut lui faire subir la main de l'homme. Grâce au secrétaire général de la même Société, M. Nolen, les cartes scolaires seront reçues à l'Exposition, et des prix seront accordés à celles qui, exécutées dans les écoles par les maîtres ou les élèves ou chez les particuliers, paraîtront devoir être les plus utiles à l'instruction géographique.

Il nous reste uniquement à dire maintenant que nous espérons que l'appel de nos collègues de Montpellier sera entendu et qu'un concours empressé de visiteurs récompensera leurs efforts. La réunion ne pourra manquer alors d'être aussi profitable aux intérêts et au renom du Languedoc qu'au développement et aux progrès de la géographie (1).

*Le Secrétaire général de la Société,*

GAUTHIOT.

(1) Pour tout ce qui concerne la réunion, il faut s'adresser à M. D. Nolen, secrétaire-général de la Société Languedocienne de géographie, rue Basville, 10, à Montpellier (Hérault).

# EXTRAIT DES PROCÈS-VERBAUX
## des séances générales

*Séance générale du 29 avril 1879.*

Présidence de M. BIONNE.

M. Jules Gros, un des secrétaires, lit le procès-verbal de la dernière séance. Ce procès-verbal est adopté. M. le Président lit la liste des membres présentés dans la dernière séance. Ces membres sont admis. M. le secrétaire général annonce que le Conseil, dans sa dernière réunion, a proposé que le Conseil pour 1879-1880 fût, comme le précédent, composé de 40 membres. Cette proposition est adoptée.

Il fait savoir en outre que le Conseil, répondant à une lettre adressée à la Société par la Société de géographie de France, a décidé qu'un nombre suffisant d'exemplaires du *Compte-rendu de la réunion des sociétés de géographie françaises* serait acheté et mis gratuitement à la disposition de tous les membres de la Société qui en feraient la demande.

M. le secrétaire-général Gauthiot donne lecture de la correspondance. M. da Silva Mendès Leal, M. Torrès Caïcedo, M. d'Hane Steenhuyse et M. Merritt remercient de leur nomination comme membres correspondants.

Parmi les lettres lues, il faut signaler celle qui a été adressée par le Bureau du prochain congrès international de géographie commerciale qui doit avoir lieu à Bruxelles du 27 septembre au 1er octobre prochain. Cette lettre demande l'appui de tous les membres de la Société de géographie commerciale de Paris pour la réussite de ce congrès. Elle annonce également l'ouverture, à Bruxelles, d'un congrès international des Américanistes du 23 au 26 septembre 1879.

M. le Président signale la présence dans la salle des séances de M. Pinart, le savant explorateur de l'Alaska et de l'Arizona : il le remercie de sa visite à la Société de géographie commerciale et lui donne la parole.

M. Pinart s'excuse de ne pouvoir dire que quelques mots; il ne s'est point préparé, dit-il, et n'a pas l'habitude de parler en public. Parti de San-Francisco le 20 octobre dernier, il se rendit à Guaymas, un des points les plus importants de la Sonora. Le commerce y est en grande partie entre les mains des Français et c'est le seul point du Mexique où il en soit ainsi. Les Allemands y sont maîtres du commerce dans tous les autres ports. Muni de la protection bienveillante du gouverneur, M. Marescal, M. Pinart alla visiter la région des mines. Depuis sept mois un grand mouvement s'est produit aux États-Unis parmi les personnes qui s'intéressent aux mines et un grand nombre de gens se dirigent vers la Sonora. De grandes, nombreuses et importantes mines d'or viennent d'y être découvertes. Une des plus remarquables est celle de Tezotal, dans laquelle le minerai rapporte de 60 à 80 piastres par tonne, c'est-à-dire de 300 à 400 francs : ce résultat est sept ou huit fois supérieur à celui obtenu

dans les mines de la Californie. On a donc le droit d'espérer que ce pays
va se développer rapidement, à l'exemple de l'Australie et de la Californie.

D'unanimes applaudissements saluent le vaillant voyageur.

M. Ch. Wiener fait une intéressante communication sur les voies fluviales et les routes commerciales faites ou à faire dans l'Amérique méridionale. Cette brillante improvisation, qui est accueillie par les applaudissements sympathiques de toute la salle, figurera au Bulletin de la
Société.

M. Brau de Saint-Pol Lias communique à l'assemblée une note économique sur l'exploration de l'Ogôoué. C'est le résumé des renseignements
fournis par M. le docteur Ballay à la première section de la Société. M. le
Président remercie M. Brau de Saint-Pol Lias, au nom de la Société, de
l'intéressant travail qu'il a bien voulu faire. Ce document figurera au
Bulletin.

M. le secrétaire général dit qu'il tiendra à la disposition des membres
de la Société des cartes de membre du Congrès de Bruxelles moyennant
une somme de 12 francs.

Il donne ensuite lecture du résumé des faits géographiques importants
survenus pendant le mois de juin et annonce l'arrivée à Paris de deux
explorateurs bien connus, M. le commandant Roudaire et M. le docteur
Crevaux.

Sur la demande qui lui en est faite par M. Bazin, M. le Président promet
de faire, dans une des prochaines séances, une communication sur le percement de l'isthme interocéanique et sur le congrès dont il a été le secrétaire général.

M. le secrétaire général donne la liste des ouvrages offerts.

On y remarque, outre les publications périodiques : *la Situation générale de l'industrie minière en Prusse et son développement*, par
M. Huyssen, professeur à l'Université de Halle (don de l'auteur) ; — Association internationale africaine. Rapports sur les marches de la 1ʳᵉ expédition (don de M. Sassen) ; — *Stieler's Hand Atlas*, livraisons 3 et 4,
(don de l'éditeur) ; — *Szegedin et les inondations de la Tisza* par le
général Türr (don de l'auteur).

Il lit ensuite les noms des membres présentés, sur la nomination desquels il sera statué dans la prochaine séance.

Ces membres sont : *Fondateur :* M. Dietz-Monnin, ancien juge suppléant
au tribunal de commerce, ancien député et conseiller général de la
Seine, ancien directeur de la section française à l'Exposition universelle
de 1878, membre de la Chambre de commerce de Paris, présenté par le
Président et le Secrétaire-général.

*Ordinaires :* MM. Georges Périn, député, présenté par le Président
et par M. Pomel ; — Camille Barrère, publiciste, présenté par MM. Gauthiot
et de Ujfalvy ; — Lefrançois, piqueur au service municipal, présenté par
MM. Fr. Bazin et Gauthiot ; — Millanvoye, homme de lettres, présenté par
les mêmes ; — Picou (Paul), voyageur de commerce, présenté par les mêmes ;
— Cochet, imprimeur lithographe, présenté par MM. Fayard de la Bruyère
et Gauthiot ; — Leroy, horticulteur, présenté par les mêmes ; — Leconte, député de l'Indre, présenté par MM. Gros et Robin ; — Alfred Renault,
négociant, présenté par MM. Dujardin et Gauthiot ; — Louis Hohl, employé
de commerce, présenté par MM. Bazin et Gauthiot ; — Louis Mizon, enseigne de vaisseau, présenté par les mêmes ; — Jaime Rozal, homme de

lettres, présenté par MM. Lucy et Rolland; — A. Schuhler, employé au Comptoir d'Escompte, présenté par les mêmes; — Guerrero (Fernando), intendant général honoraire des finances en Espagne, présenté par MM. Bionne et Gauthiot; — Mademoiselle Louise Déniau, institutrice, présentée par MM. Gauguet et Gauthiot.

*Correspondants :* M. Henry Wauwermans, lieutenant colonel de génie, président de la Société de géographie d'Anvers, présenté par le Président et le secrétaire général; — M. le docteur O. J. Broch, ancien ministre de Norwége, correspondant de l'Institut de France, chargé des fonctions de directeur du comité international des poids et mesures, présenté par MM. Pomel et Gauthiot; — M. Alpheriaki (Serge), propriétaire et explorateur, présenté par MM. Peghoux et Gros.

La séance est levée à onze heures.

# BIBLIOGRAPHIE

ATLAS UNIVERSEL DE STIELER (*Adolf Stieler's Hand-Atlas ueber alle Theile der Erde*). Nouvelle édition en 95 cartes. 1879. Gotha, chez Justus Perthes; Paris, chez Haar et Stéiner, rue Jacob.

L'Atlas de Stieler jouit d'une réputation déjà ancienne. Il la mérite par le soin avec lequel il est dessiné et par le bon marché relatif auquel il est offert. Publié pour la première fois en 1817, il a eu en 1867 son édition « jubilaire », composée de 84 cartes. Pour qui sait quels changements de toute nature sont survenus pendant ces cinquante années à la suite des explorations terrestres et maritimes et des révolutions politiques, c'est dire que l'édition de 1867 était une œuvre presque entièrement nouvelle. Elle n'a cependant pas contenté les successeurs de Stieler. Le regretté docteur Petermann entreprit en 1875 d'y ajouter plusieurs cartes et d'en refaire entièrement quelques-unes. C'est cette nouvelle édition de 1879, composée de 95 cartes et confiée aux soins des savants élèves de Petermann, M. Berghaus et C. Vogel, que la maison Justus Perthes offre aujourd'hui aux géographes. Des 29 cartes refaites à nouveau, 15 sont l'œuvre de Petermann lui-même.

Cinq livraisons, comprenant chacune trois cartes, ont paru jusqu'à ce jour (juillet 1879) : nous appellerons plus particulièrement l'attention sur les cinq cartes nouvelles qu'elles renferment.

La première est celle des hauteurs et des profondeurs sur le globe. Des teintes bistre de plus en plus foncées pour les terres; des nuances bleues de plus en plus intenses pour les eaux rendent sensibles les inégalités des surfaces émergées, ainsi que celles des vallées sous-marines. Celles-ci sont représentées dans l'Atlantique Nord d'après les sondages opérés depuis plus de vingt ans pour l'immersion des câbles électriques, et d'après les beaux travaux du *Challenger* dans l'Atlantique Sud, l'Océan indien et le Pacifique.

Le détail de ces curieux sondages nous explique en partie la loi des courants marins : ils sont comme la représentation graphique d'un voyage réel de « vingt mille lieues sous les mers ».

La plus remarquable des cartes nouvelles est celle d'Afrique, due à Petermann. Que de travail a coûté cette carte ! Et comme cette Afrique est différente de celle qu'on nous montrait il y a trente ans, lorsque tant d'espaces blancs, et pis encore ! tant de montagnes et de fleuves imaginaires en occupaient presque tout l'intérieur ! Aujourd'hui, grâce à l'héroïsme de tant de voyageurs, il n'est presque plus de « blancs » sur la carte d'Afrique. Le dessin parfaitement clair nous fait comprendre le caractère, et comme la physionomie propre de cette partie du monde : au Nord, le Sahara, qui n'est plus l'immense plaine de sables unis qu'on se figurait autrefois, mais un haut plateau pierreux vers le centre, s'abaissant à l'ouest en gradins entrecoupés de longues et étroites collines sablonneuses, et s'effaçant à l'est dans le vaste désert de Lybie ; dans l'Afrique occidentale, la vallée de l'un des quatre grands fleuves d'Afrique, le Niger, et le bassin lacustre du Tchad avec toutes ses rivières que nous ont révélées les savants voyageurs depuis Barth et Vogel jusqu'à Rohlfs et Nachtigal ; à l'opposé, la longue faille profonde de l'Afrique orientale, qui, par la vallée du Nil, les lacs Albert, Victoria, Ujiji et Niassa, conduit presque sous le même méridien (30° de long. E.) du delta du Nil au delta de Zambèze ; enfin le haut plateau de l'Afrique australe, où se dresse la ligne de partage des eaux entre les trois grands systèmes du Nil, du Zambèze et du Congo illustrés par Livingstone, Cameron et Stanley.

Une carte générale d'Afrique ne pouvait suffire pour faire apprécier dignement de si mémorables entreprises. Aussi l'Atlas de Stieler nous promet-il quatre cartes particulières, dont l'une, l'Afrique du Nord-Ouest, œuvre de Petermann, fait partie de la première livraison.

L'Amérique est encore plus généreusement traitée dans cette édition. Dix-huit cartes doivent lui être consacrées, dont douze sont entièrement nouvelles ; les six autres ne datent que de 1875. Les « Yankees » seront contents de cet Atlas, car les six cartes de 1875 représentent uniquement les Etats-Unis avec l'infini détail de leurs montagnes et de leurs fleuves, de leurs canaux et de leurs chemins de fer. Et puisqu'ils ambitionnent la possession de toute l'Amérique du Nord depuis la mer d'Hudson jusqu'aux Antilles, ils verront avec plaisir les quatre feuilles nouvelles des Indes occidentales dont deux, celles du Nord-Ouest et du Nord-Est, leur sont déjà présentées.

Les autres cartes sont presque toutes consacrées à notre partie du monde : une carte générale d'Europe, le nord-ouest de la France, le nord-est de l'Espagne, le sud-ouest de l'Allemagne, les Royaumes de Belgique et des Pays-Bas, l'Angleterre proprement dite, le nord de la Russie et de la Scandinavie.

Quelques-unes de ces cartes ont les défauts de leurs mérites. Le désir d'être exact et complet a introduit la topographie dans la géographie, c'est-à-dire une abondance de détails d'où naît quelquefois la confusion. Les cartes de l'Allemagne et de la Scandinavie surtout ne sont pas exemptes de ce défaut. Il est moins sensible dans la carte du nord-est de l'Espagne ; ici le détail topographique fait parfaitement ressortir la distinction des trois sortes de terrains, le massif des Pyrénées, la plaine de l'Elbe, et le commencement du plateau de Castille.

Il est un dernier reproche qu'on peut faire à cet excellent atlas : c'est le manque d'unité dans la graduation et dans la mesure des hauteurs. Les anciennes cartes allemandes étaient toutes rapportées au méridien de Paris ou à celui de l'île de Fer, système infiniment commode, puisque ces deux points sont à 20 degrés de distance, différence facile à calculer. Ce double méridien est encore conservé dans quelques cartes du nouvel atlas de Stieler, celles de France, d'Espagne, de Russie, dans celles même d'Angleterre et d'Allemagne. Pourquoi alors adopter le méridien de Greenwich (qui exige un calcul de 2° 9' à l'O. de Paris), dans les cartes des Etats-Unis, dans la carte générale d'Afrique et dans la mappemonde, quand la carte générale d'Europe est graduée sur Paris et l'île de Fer? Pourquoi aussi les hauteurs sont-elles représentées ici en mètres, là en pieds de Paris (mesure aujourd'hui tout à fait oubliée en France), ailleurs en milles géographiques? Il en est de même des profondeurs de l'Océan : le mètre dans une carte, le mille géographique dans une autre, la brasse anglaise dans une troisième! Puisque tant de peuples européens et américains ont adopté le système métrique pour le commerce, on permettra bien à un Français de demander qu'on l'applique uniquement aux cartes géographiques.

Ch. PÉRIGOT.

*Exposé chronologique des relations du Cambodge avec l'Annam, le Siam et la France.*

Par M. Ch. Lemire. In-8, xi-46 pages; chez Challamel aîné, rue Jacob, Paris.

Le travail dont le titre précède est dû à l'auteur d'un livre assez répandu sur la Cochinchine et le Cambodge : il a certainement coûté beaucoup de peine et de nombreuses recherches à son auteur. Il ne faut pas se dissimuler, en effet, qu'un travail de ce genre ne peut guère donner de résultats fructueux qu'à la condition d'être entrepris par un érudit de profession, doublé d'un linguiste habile, qui soit bien au courant d'au moins deux des quatre langues et des écritures des historiens qu'ils se propose de comparer, le *Siamois* et l'*Annamite*, et l'*Annamite* ou le *Chinois* et le *Khmer*; et il faudrait encore y joindre le *Birman* et le *Malais*. Sans cela, il est impossible d'identifier les noms d'hommes, les indications géographiques et les dates.

Sans apporter beaucoup de notions nouvelles, l'ouvrage consciencieux de M. Lemire sera désormais indispensable à tous ceux qui s'occupent de l'histoire si confuse de l'extrême Orient; il aurait doublé de valeur si de nombreux renvois permettaient de remonter d'une façon plus précise aux sources où l'auteur a puisé.

Sur quelle autorité, par exemple, s'appuie-t-il, pour nous dire que les Tsiampais, dont les relations avec les Cambodgiens ont été très-fréquentes, étaient mahométans (p. 20)?

Outre que l'existence du Royaume de Tsiampa remonte bien plus haut que le commencement de l'hégire (622), il est fait à chaque instant mention, dans les annales annamites, des nombreuses statues d'or et d'argent, des idoles colossales des *Lam-ap*. La religion de ces peuples, d'origine malaise, et qui occupent un pays où il est regrettable qu'aucune exploration scientifique n'ait encore été faite parce qu'il renferme beaucoup de monuments très-analogues à ceux du Cambodge, est, à notre avis, plutôt comparable à celle des anciens Javanais.

Ce qui a dû faire croire à M. Lemire que les Tsiampais étaient mahométans, c'est l'existence, en Cochinchine, de populations d'origine malaise (les Chams ou Khiams), que l'on s'accorde à regarder comme des débris des Tsiampais. Ces Chams sont, en effet, mahométans de la secte d'Ali; mais nous ne savons à quelle

7

époque remonte la prédication musulmane en Indo-Chine, ni comment elle s'est faite.

Quant aux temps modernes, l'histoire en est assez bien connue. Mais les diplomates français qui ont eu des relations avec Siam et le Cambodge, M. de Montigny (en 1855) et M. Duchesne de Bellecourt (en 1867), ont été malheureusement trompés sur les rapports qui existaient entre les deux royaumes, et c'est ainsi que notre protectorat est loin de s'étendre sur toutes les provinces cambodgiennes, dont deux *au moins*, celle de Méla Prey, et celle de Toulé-Repau, auraient dû être restituées au Cambodge. Il faut aussi regretter que le Grand Lac, dont la possession est d'une très-grande importance politique et commerciale, ait été coupé en deux par la ligne idéale de la frontière, ce qui peut, à échéance rapprochée, causer à notre pays des embarras.

M. Lemire reproduit, à la fin de son *Exposé*, l'ordonnance royale, rendue par Norodom en 1877, et promulguant certaines réformes indispensables, telles que la nomination des *mé srok* ou maires à l'élection, — une ébauche de la commune, — la réduction des droits des *bam rô* ou délégués royaux, la diminution (excessivement vague) du nombre des fonctionnaires, l'établissement de traitements fixes pour les mandarins, — on peut-être sûr que ce dernier article ne recevra pas de sitôt son exécution, — et l'abolition des fermes innombrables journellement créées pour satisfaire aux besoins d'argent sans cesse renaissants de la cour, qui s'évitait ainsi les difficultés de la perception, quitte à tuer toutes les poules aux œufs d'or du royaume.

La dernière réforme et la plus importante est celle qui concerne l'esclavage et, notamment, l'achat et la vente des sauvages. Ce trafic est supprimé sur le papier.

L'ordonnance dit : « *La traite des sauvages ou des étrangers de* « *n'importe quelle nationalité n'est plus permise. Ceux qui, malgré,* « *notre défense, oseront acheter ou vendre des esclaves, seront ar-* « *rêtés, conduits à Phnom-peuh et livrés au tribunal supérieur.* »

Cette ordonnance est due aux efforts de l'amiral Duperré, gouverneur de le Cochinchine, secondé par M. Moura, représentant du protectorat français. On a tardé longtemps pour exiger la suppression de cet odieux trafic. Mais il faut se rappeler que dans l'extrême Orient il y a bien loin entre la promulgation d'un édit et son exécution, surtout quand l'édit en question s'attaque à des habitudes cent fois séculaires. La France n'aura rien fait du reste, et toutes ces réformes seront lettre morte, tant qu'elle n'en surveillera pas, elle-même, énergiquement, la stricte exécution. Nous ne voulons pas nous étendre ici sur les moyens à employer à cet effet.

Un Index bibliographique et une carte terminent la brochure. Que l'auteur nous permette de réparer un oubli involontaire. Il ne signale pas l'ouvrage de Janneau (*Manuel pratique de la langue cambodgienne;* Saïgon, 1870; autographié), qui a été le véritable initiateur des études actuelles sur le Cambodge. Ce livre est devenu très-rare, ce qui explique l'omission dont je viens de parler. Il faudrait encore ajouter à l'Index :

PETRUS KY. — *Cours d'Histoire annamite à l'usage des écoles de la Basse-Cochinchine.* Saïgon, Imprimerie nationale, 1875.

LURQ, — *Cours d'Administration annamite*. Saigon, Collége des Stagiaires, 1875; autographié.

D<sup>r</sup> J. HARMAND.

———

A *bord de la Junon*, par Gaston LEMAY. — Paris, 1879, bibliothèque Charpentier.

Les voyages forment la jeunesse : est-il un proverbe plus connu, plus répété chez nous, et cependant dont on tienne moins compte dans la pratique ? Cette contradiction entre nos paroles et nos actes avait vivement frappé, il y a quelques années, notre savant et sympathique collègue, M. le lieutenant de vaisseau Georges Biard, qui avait résolu de la faire disparaître, en détournant vers l'étude sur nature de la terre et des hommes, la jeunesse dorée de nos boulevards qui rêve de constituer notre classe dirigeante et qui généralement se prépare si mal à un rôle si lourd. Comment, avec quelle ardeur, quelle persévérance et quel talent de parole, M. Biard est parvenu à soulever un mouvement unanime d'opinion en faveur de son idée dans nos Sociétés de géographie, je n'ai pas besoin de le rappeler ici, aux membres de la Société de géographie commerciale qui lui ont prêté leur concours, moral ou matériel, dans l'organisation de la *Société des voyages d'études autour du monde*.

Malheureusement le public n'avait pas aussi bien répondu que le monde savant à l'appel de M. Biard, et cette regrettable inertie a eu les suites les plus fâcheuses : la Société, n'ayant pas assez de passagers, ne put avoir un navire à elle; obligée d'en louer un, la *Junon*, elle eut à lutter contre des difficultés incessantes, et, en fin de compte, les propriétaires de ce navire, malgré l'énergie de M. Biard, finirent par remporter la victoire (triste victoire !) en arrêtant l'expédition à Panama, au tiers environ de son itinéraire projeté.

Voilà pourquoi le volume que vient de publier M. Lemay n'est pas intitulé « Autour du Monde », mais simplement « *A bord de la Junon*. »

Son auteur n'est pas un inconnu dans le monde géographique : il a gagné ses éperons en Afrique où il a accompagné Largeau dans son voyage à Ghadamès; on n'a pas oublié les excellentes correspondances qu'il envoyait alors au *Rappel* et qui ont eu à cette époque un grand retentissement.

Depuis lors, Gaston Lemay n'a presque pas cessé d'être en voyage, témoignant de son infatigable activité sur les points les plus divers, réalisant le type le plus parfait du *special Correspondent;* si nous avions un *New-York Herald*, il en serait le Stanley. Il a fait comme journaliste les campagnes de Serbie et d'Arménie; mais la guerre et la politique n'ont pas absorbé toutes ses préoccupations et ne l'ont pas empêché de recueillir sur ces deux pays des notes géographiques, économiques et historiques du plus grand intérêt, dont ses voyages consécutifs ont seuls pu retarder la publication.

Enfin, non content d'avoir parcouru l'ancien continent de Ghadamès à Alexinatz et de Kars à Tolède, il s'est embarqué à bord de la *Junon*, comme correspondant du *Temps*, pour faire le tour du monde. L'interruption du voyage lui a causé, comme à tous ses compagnons de route, une amère déception.

Mais du moins il a bien vu l'Amérique du Sud, et il nous la fait voir avec lui. Sans avoir aucune spécialité, il est le voyageur par excellence, l'homme qui sait voir et qui dit simplement : « J'étais là : telle chose m'advint. »

Il déclare d'ailleurs très-franchement ce qu'il est. « Je n'ai « point, dit-il, de prétention à la science, n'étant ni géographe, « ni botaniste, ni géologue, ni astronome, ni même astrologue... « Je vous dirai mes impressions et mes opinions, je n'augmen- « terai ni ne diminuerai rien des unes ni des autres ; je n'aurai « ni complaisances, ni sévérités ; je me tromperai peut-être, mais « je vous promets de ne pas vous tromper. »

Cette promesse mérite la plus entière confiance. Observateur consciencieux, juge impartial, Lemay est la sincérité, la loyauté en personne ; sa nature franche et généreuse se révolte au sou- venir de ces écrivains de mauvaise foi dont les récits trompeurs ont accrédité le dicton : « A beau mentir qui vient de loin. »

Joignez à cela un véritable talent d'écrivain, une verve inta- rissable, une gaieté communicative, et vous verrez, apres avoir lu sou livre, combien l'interruption du voyage de la *Junon* est regret- table pour vous, en vous privant d'un second volume où la plume de Lemay vous aurait décrit l'extrême-Orient.

Ajoutons, en terminant, que la collaboration discrète de M. le lieutenant Biard à l'ouvrage dont nous parlons lui donne une valeur toute spéciale pour tout ce qui concerne la navigation et l'hydrographie.

Nous ne pouvions songer à donner un compte rendu de cet ouvrage ; il est de ceux qui se lisent d'un bout à l'autre et ne se résument pas.

GEORGE BEAUVISAGE.

# CHRONIQUE GÉOGRAPHIQUE (1)

## (JUIN 1879.)

### Europe.

29. — On prépare actuellement en Prusse la publication de la carte de l'empire allemand à l'échelle du 1/100,000 dont l'exécution

---

(1) Les paragraphes de cette *Chronique* sont classés sous les six rubriques : *Europe, Asie, Afrique, Amérique, Australie et Polynésie, Régions polaires*. Ils sont toujours précédés d'un numéro d'ordre ; un numéro final renvoie, s'il y a lieu, au paragraphe précédent traitant du même sujet. Le lecteur peut ainsi, à son gré, se reporter aux phases diverses et au commencement d'une exploration ou d'une entreprise géographiques.

a été décidée par une conférence spéciale. La projection adoptée est la polyédrique; les méridiens et les parallèles se rapporteront à l'observatoire de Berlin.

30. — Le gouvernement hongrois ayant exprimé le désir de faire étudier, par une commission européenne, la régularisation du cours du Danube et de la Tisza (Theiss), a vu son invitation acceptée. Le délégué français est M. Gros, inspecteur des ponts et chaussées. La réunion de tous les délégués aura lieu à Pesth, le 2 juillet.

31. — La réforme de l'orthographe géographique paraît devoir bientôt être l'objet des discussions publiques. La Société de Londres, le général Parmentier (dans le Bulletin de la Société de géographie) notre collègue, M. de Luze, dans la *Revue de géographie* de M. Drapeyron, s'en sont occupés récemment. Il est désirable que ces efforts isolés aboutissent à une entente.

32. — A l'occasion du congrès d'anthropologie qui doit s'ouvrir à Moscou, et auquel la Société sera représentée par M. Ch. de Ujfalvy, il a été installé, dans la grande salle du manége de la grande ville russe, une exposition fort curieuse d'objets relatifs à l'étude de l'homme.

## Asie.

33. — Un télégramme, daté du 1er mai, annonce que le colonel russe Priévalsky, parti de Saïssan, sur la frontière russo-chinoise, pour atteindre, si possible, le Koukou Nor, avait déjà parcouru plus de 600 verstes et se dirigeait par la voie la plus courte vers Barkoul et Hamil. Sa santé et celle de ses compagnons étaient bonnes.

Marchant pour ainsi dire à sa rencontre, le comte Bela Szechenyj et ses compagnons se trouvaient le 23 février à Lan Tcheou Fou, la capitale de la province chinoise du Kan Sou. Dans le Schen Si, par suite de la famine, et dans le Kan Sou par suite de la révolte musulmane, les voyageurs avaient trouvé partout la misère et les ruines. Les populations n'étaient pas malveillantes. Lan Tcheou Fou n'a été visitée en ce siècle que par le colonel Sosnowski (1875), l'abbé Huc (1845) et le colonel Priévalsky. Faisant, à l'inverse, la route de M. Sosnowski, le comte Szechenyi voulait quitter le 24 février Lan Tcheou Fou et se diriger au nord-ouest sur Sou Tcheou, après avoir traversé le Hoang Ho, gelé à cette époque de manière à permettre aux chariots chargés de le traverser.

34. — En Turquie d'Asie, le capitaine Cameron, d'africaine mémoire, vient de terminer le voyage qu'il avait entrepris pour s'assurer de la possibilité d'exécution d'un chemin de fer indo-méditerranéen.

Après un court séjour à Chypre, il s'est rendu successivement à Tripoli, Homs, Hama, Alep, Orfa, Diarbekir, Mardin, et s'est arrêté à Mossoul. A partir de cette ville, il a suivi la rive droite du Tigre jusqu'à Bagdad.

Comme résultat de son exploration, le capitaine Cameron déclare qu'il n'existe pas d'obstacles à la construction d'un chemin de fer reliant la Méditerranée au golfe Persique, et que, par la route nouvelle, qui offrirait, grâce au trafic local seul, de réels bénéfices, Londres se trouverait à huit jours de Kurrachee, de l'embouchure de l'Indus et de ses possessions de l'Inde.

## Afrique.

35. — Le major Pinto est arrivé à Lisbonne le 9 juin et a été accueilli à son débarquement par le Président de la Société de géographie de Lisbonne et nombre de notabilités. Le lendemain, il a été reçu par le roi et a fait à la Société de géographie un récit de son voyage de Benguela à Durban.

36. — Les nouvelles de M. Rohlfs sont peu satisfaisantes. Les présents pour le roi de Wadaï, qu'il a perdu un temps considérable à attendre, ne sont point encore à sa disposition. Parti de Tripoli le 22 décembre 1878 et de Sokna le 2 mars 1879, le voyageur, qui pensait être en juin dans le Wadaï, était encore à Djalo où le mudir de Sella l'a accompagné, le 8 avril. Ni à Andjila, ni à Djalo, le fanatisme des populations et la mauvaise volonté des autorités ne lui ont permis de trouver un guide pour gagner l'oasis de Koufarah. Son compagnon, le D<sup>r</sup> Strecker, est revenu à Bengazi pour intéresser le gouvernement à la situation: s'il ne réussit point à le faire, — et au 14 avril, il n'avait rien obtenu, — Rohlfs sera obligé d'attendre le départ d'une caravane, et cela augmentera considérablement les dangers et les difficultés contre lesquels il doit lutter. Bien qu'il ait déjà, de Tripoli à Djalo, parcouru près de mille kilomètres, il ne se trouve guère qu'au commencement de son voyage : une chose doit pourtant l'encourager, c'est que les caravanes venues du Wadaï annoncent que le nouveau sultan est favorable aux Européens.

37. — Le D<sup>r</sup> Lenz, connu par ses recherches sur l'Ogooué, vient d'être chargé, par la section allemande de l'Association internationale africaine, d'une expédition au Maroc. Il a été accordé à M. Lenz, qui pense partir en automne, une somme de 9000 marks (11,250 fr.) prise sur les fonds votés par le Reichstag.

38. — M. Roudaire est revenu de sa mission en Tunisie. Voici, indiqué sommairement, le résultat de ses sept mois d'exploration.

De nouveaux nivellements ont été exécutés sur un parcours de 500 à 600 kil. et ont confirmé absolument les anciens. Il a été fait au seuil de Gabès, au Chott-el-Djérid et au seuil de Kriz, une vingtaine de sondages qui ont tous été poussés jusqu'à dix mètres au-dessous des eaux basses de la Méditerranée. M. Roudaire rapporte environ 400 échantillons géologiques. Nulle part, on n'a rencontré de roches dures, si ce n'est au sommet du seuil de Gabès, à 35 ou 36 mètres au-dessous du sol.

Quel que puisse être le sort de l'idée pour la réalisation de laquelle M. Roudaire a employé son talent, ces résultats font honneur à la science française.

## Amérique.

39. — Le journal *Colonies and India* appelle l'attention sur la nécessité qui s'impose aux gouvernements français, hollandais, anglais et vénézuélien, de déterminer plus exactement les frontières de la Guyane, afin d'éviter les conflits possibles entre les mineurs qui se portent depuis quelque temps en grand nombre vers le district de Karatal, dépendant de ces quatre gouvernements. L'or se trouverait en assez grande quantité dans ce district, et l'on cite tel mineur qui, en un mois, sans beaucoup de travail, aurait recueilli quarante livres d'or pur. A Surinam comme à Cayenne, on s'imagine déjà être en présence d'une Australie ou d'une Californie nouvelle.

40. — De l'Amérique du Nord nous sommes informés que l'expédition scientifique commandée par le capitaine Bartlett et portant le professeur Agassiz a commencé sa croisière à travers les Antilles, mesurant les profondeurs et étudiant le fond de la mer. Voici l'itinéraire de l'expédition : Key West, Cuba, la Jamaïque, Saint-Domingue, Saint-Thomas, les îles de la Vierge, la Trinité et les Barbades.

41. — Un intéressant travail vient d'être publié par M. Bertholon dans la *Revue de géographie*, sous le titre : *les Colonies d'un peuple non colonisateur*. L'auteur démontre qu'au Canada la race française compte aujourd'hui 2 millions d'individus parlant français et s'accroissant assez rapidement, au contraire de ce qui a lieu dans la mère patrie. La preuve, c'est qu'en 1850 3 p. % seulement de la population parlaient français contre 8 p. % en 1871. Il y a là une réplique assez nette aux gens qui prétendent que la France ne sait pas coloniser.

42. — D'après un mémoire lu récemment devant l'Association des sciences sociales de Boston, la falsification des marchandises semble être assez librément pratiquée aux États-Unis. L'auteur de ce mémoire affirme que presque tous les articles de nourriture sont plus ou moins frelatés, et que plusieurs de ces falsifications sont extrêmement dangereuses. C'est ainsi que le poivre de Cayenne est falsifié avec du minium, la moutarde avec du chromate de plomb, la *curry powder* avec du minium, et le vinaigre avec de l'acide sulfurique, de l'arsenic et du sublimé cor-

rosif; beaucoup des huiles odorantes, des sirops, des confitures, et des fruits conservés contiennent des poisons. Les falsifications du thé sont, dit-on, trop nombreuses pour être mentionnées ; le café n'est pas seulement falsifié : on a encore eu l'idée de prendre un brevet pour le moulage de la chicorée en forme de grains de café. L'argile est aussi moulée et parfumée avec une essence de manière à représenter du café. Cette rage de falsification est poussée à un tel degré qu'il y a actuellement plusieurs moulins occupés à moudre de la pierre blanche en poudre dans un but de falsification. Dans quelques-uns de ces moulins, on moud la pierre à trois degrés différents de manière à la mêler à la soude, au sucre et à la farine. Le whiskey se trouve contenir de la créosote, des sels de cuivre, de l'alun, et d'autres substances nuisibles, tandis que quelques-uns des prétendus vins d'Europe sont fabriqués aux États-Unis, embarqués pour l'Europe, réembarqués et vendus comme le pur jus du raisin. On peut en dire autant des drogues et des médecines : les conséquences sont ainsi souvent fort graves pour les malades à cause de l'incertitude qui règne sur la force des médecines qui leur sont prescrites.

En résumé, presque toutes les méthodes anglaises de sophistication exposées par le D<sup>r</sup> Hassall dans la *Lancet*, il y a plusieurs années, paraissent être à présent en pleine prospérité de l'autre côté de l'Atlantique.

## Régions polaires.

Une nouvelle lettre de M. Nordenskiœld, datée « à bord de la *Vega*, le 8 février 1879 », est venue ce mois-ci rassurer encore sur le sort du savant suédois et de ses compagnons. M. Nordenskiœld pensait pouvoir se dégager des glaces vers le milieu de mai et reprendre sa route vers le détroit de Behring, dont il n'était guère éloigné que de 180 kilomètres.

Le nouveau vapeur de M. Sibiriakoff, le *Nordenskiœld*, qui a quitté Malmoé le 16 mai, est arrivé le 25 mai à Port-Saïd et devait en repartir le 27 pour le détroit de Behring. C'est le premier des quatre navires qui devaient aller à la recherche de Nordenskiœld. Il est commandé par le capitaine Sengstake.

La *Jeannette*, équipée dans le même but par M. Gordon Bennett et commandée par le lieutenant de Long, devait quitter San Francisco le 15 juin, toucher aux îles Aléoutiennes pour prendre des peaux, à Saint-Michel (Alaska) pour embarquer des traîneaux et des chiens, et partir, elle aussi, pour le cap Serdze Kamen (28).

*Pour la Chronique :* C. GAUTHIOT.

*Le rédacteur gérant responsable :* GAUTHIOT.

Paris. — Typ. Tolmer et C<sup>e</sup>, 13, rue du Four-St-Germain.

# TABLE

## PAR ORDRE DE MATIÈRES (1)



(1) Nous devons les deux tables qui suivent à l'obligeance de M. Gros,

# TABLE ALPHABÉTIQUE

*ERRATA*

Page 187, 25ᵉ ligne, *au lieu de* 17 septembre, *lisez* 17 juillet.

Page 192, 3ᵉ ligne, *au lieu de* 29 avril, *lisez* 29 juin.

---

*Le rédacteur gérant responsable :* GAUTHIOT.

Paris. — Typ. Tolmer et Cⁱᵉ, 43, rue du Four-St-Germain.

# BULLETIN

## DE LA
## SOCIÉTÉ
### DE

# GÉOGRAPHIE COMMERCIALE

## DE PARIS

### (FONDÉE EN 1873)

# N° 2
## (Janvier 1879)

## SOMMAIRE :



# PARIS

## AU SIÉGE DE LA SOCIÉTÉ
### 9, RUE DE SAVOIE, 9

Le *Bulletin de la Société de Géographie commerciale de Paris* parait quatre fois par an, ou plus, si besoin est.

Il est rédigé par le Secrétaire général, avec le concours de la Section de publication.

Tous les Membres fondateurs et ordinaires reçoivent le *Bulletin* gratuitement; les Membres correspondants qui désirent le recevoir ont à payer la cotisation annuelle. Le prix de souscription, pour les personnes étrangères à la Société, est de 20 francs par an. Les envois d'argent doivent être faits en mandats ou en chèques au nom de M. Gauthiot, rue de Savoie, 9, Paris.

La Société n'est responsable d'aucune des opinions émises par les auteurs des articles publiés dans le *Bulletin.*

Tous les ouvrages relatifs à la géographie dont deux exemplaires auront été adressés à la Société seront annoncés ou il en sera rendu compte.

*Pour tout ce qui concerne la Société ainsi que son Bulletin, s'adresser par écrit au Secrétaire général, rue de Savoie, n° 9, à Paris.*

---

MM. les Membres de la Société sont instamment priés de faire connaître au Secrétaire général toutes les modifications à introduire dans l'indication de leurs nom, prénoms, qualités et domicile, et de l'aviser *exceptionnellement*, par carte postale ou par lettre, ceux surtout qui résident à l'étranger, de la réception des deux premiers numéros du *Bulletin.*

# CONCOURS ET PRIX

———

La Société de Géographie de Lyon accordera en 1880 un prix de *mille francs* au meilleur mémoire sur ce sujet :

*Origine des eaux de la Colonie algérienne.*

Les mémoires doivent être envoyés, avant le 31 mai 1880, au siége de la Société, quai de Retz, 25, à Lyon.

———

La Société de Géographie commerciale de Bordeaux accordera, à une époque qui sera prochainement fixée, un prix au meilleur mémoire sur ce sujet :

*1° Possibilité d'améliorer la canalisation actuelle de la Gironde à la Méditerranée;*

*2° Possibilité d'ouvrir à la marine une voie directe entre les ports du Nord ou de l'Ouest et ceux du Midi.*

# RÉUNIONS DES MEMBRES DE LA SOCIÉTÉ

## pendant l'année 1878-1879

Les *assemblées générales ordinaires* ont lieu le dernier mardi de chaque mois, boulevard Saint-Germain, 184.

Le *Conseil* de la Société se réunit le premier mardi de chaque mois, au siége de la Société, rue de Savoie, 9.

Les sections se réunissent également rue de Savoie, 9, savoir :

La 1re section (Explorations et voies commerciales), le premier jeudi ; la 2e section (Exploitation des produits naturels et industriels), le deuxième jeudi ; la 3e section (Colonisation et émigration), le troisième lundi ; et la 4e section (Enseignement), le 4e lundi de chaque mois.

Il n'y a pas de réunions pendant les mois d'août et de septembre.

Toutes les communications concernant la Société doivent être adressées au Secrétaire général, rue de Savoie, 9, Paris. Les envois d'argent doivent être faits, en mandats ou en chèques, au nom de M. Gauthito, rue de Savoie, 9, Paris.

# BULLETIN

## DE LA
## SOCIÉTÉ
### DE

# GÉOGRAPHIE COMMERCIALE

## DE PARIS

### (FONDÉE EN 1873)

## N° 3
## (Avril 1879)

### SOMMAIRE :



# PARIS

## AU SIÉGE DE LA SOCIÉTÉ
### 9, RUE DE SAVOIE, 9

Le *Bulletin de la Société de Géographie commerciale de Paris* paraît quatre fois par an, ou plus, si besoin est.

Il est rédigé par le Secrétaire général, avec le concours de la Section de publication.

Tous les Membres fondateurs et ordinaires reçoivent le *Bulletin* gratuitement; les Membres correspondants qui désirent le recevoir ont à payer la cotisation annuelle. Le prix de souscription, pour les personnes étrangères à la Société, est de 20 francs par an. Les envois d'argent doivent être faits en mandats ou en chèques au nom de M. Gauthiot, rue de Savoie, 9, Paris.

La Société n'est responsable d'aucune des opinions émises par les auteurs des articles publiés dans le *Bulletin*.

Tous les ouvrages relatifs à la géographie dont deux exemplaires auront été adressés à la Société seront annoncés ou il en sera rendu compte.

*Pour tout ce qui concerne la Société ainsi que son Bulletin, s'adresser par écrit au Secrétaire général, rue de Savoie, n° 9, à Paris.*

---

MM. les Membres de la Société sont instamment priés de faire connaître au Secrétaire général toutes les modifications à introduire dans l'indication de leurs nom, prénoms, qualités et domicile, et de l'aviser *exceptionnellement*, par carte postale ou par lettre, ceux surtout qui résident à l'étranger, de la réception des deux premiers numéros du *Bulletin*.

# CONCOURS ET PRIX

La Société de Géographie de Lyon accordera en 1880 un prix de *mille francs* au meilleur mémoire sur ce sujet :

*Origine des eaux de la Colonie algérienne.*

Les mémoires doivent être envoyés, avant le 31 mai 1880, au siége de la Société, quai de Retz, 25, à Lyon.

La Société de Géographie commerciale de Bordeaux accordera, à une époque qui sera prochainement fixée, un prix au meilleur mémoire sur ce sujet :

1° *Possibilité d'améliorer la canalisation actuelle de la Gironde à la Méditerranée;*

2° *Possibilité d'ouvrir à la marine une voie directe entre les ports du Nord ou de l'Ouest et ceux du Midi.*

# REUNIONS DES MEMBRES DE LA SOCIÉTE

## pendant l'année 1878-1879

Les *assemblées générales ordinaires* ont lieu le dernier mardi de chaque mois, boulevard Saint-Germain, 184.

Le *Conseil* de la Société se réunit le premier mardi de chaque mois, au siège de la Société, rue de Savoie, 9.

Les sections se réunissent également rue de Savoie, 9, savoir :

La 1$^{re}$ section (Explorations et voies commerciales), le premier jeudi; la 2$^e$ section (Exploitation des produits naturels et industriels), le deuxième jeudi; la 3$^e$ section (Colonisation et émigration), le troisième lundi; et la 4$^e$ section (Enseignement), le 4$^e$ lundi de chaque mois.

Il n'y a pas de réunions pendant les mois d'août et de septembre.

Toutes les communications concernant la Société doivent être adressées au Secrétaire général, rue de Savoie, 9, Paris. Les envois d'argent doivent être faits, en mandats ou en chèques, au nom de M. Gauthiot, rue de Savoie, 9, Paris.

Paris. — Typ. Tolmer et C$^e$, 43, rue du Four-St-Germain.

# BULLETIN

## DE LA
## SOCIÉTÉ
### DE
# GÉOGRAPHIE COMMERCIALE

## DE PARIS

### *(FONDÉE EN 1873)*

## N° 4
## (Juin 1879)

### SOMMAIRE :



## PARIS

## AU SIÉGE DE LA SOCIÉTÉ
### 9, RUE DE SAVOIE, 9

Le *Bulletin de la Société de Géographie commerciale de Paris* paraît quatre fois par an, ou plus, si besoin est.

Il est rédigé par le Secrétaire général, avec le concours d'un comité de publication.

Tous les Membres fondateurs et ordinaires reçoivent le *Bulletin* gratuitement; les Membres correspondants qui désirent le recevoir ont à payer la cotisation annuelle. Le prix de souscription, pour les personnes étrangères à la Société, est de 20 francs par an. Les envois d'argent en mandats ou en chèques doivent être faits au nom de M. Gauthiot, rue de Savoie, 9, Paris.

La Société n'est responsable d'aucune des opinions émises par les auteurs des articles publiés dans le *Bulletin.*

Tous les ouvrages relatifs à la géographie dont deux exemplaires auront été adressés à la Société seront annoncés ou il en sera rendu compte.

*Pour tout ce qui concerne la Société ainsi que son Bulletin, s'adresser par écrit au Secrétaire-général, rue de Savoie, n° 9, à Paris.*

———

MM. les Membres de la Société sont instamment priés de faire connaître au Secrétaire général toutes les modifications qui devraient être introduites dans l'indication de leurs nom, prénoms, qualités et domicile.

Toutes les communications, rentrant dans le cadre des études de la Société, qu'il leur conviendrait de faire et tous les renseignements qu'ils jugeraient bon de donner seront examinés avec soin et utilisés, s'il y a lieu, pour le *Bulletin.*

# CONCOURS ET PRIX

La Société de Géographie de Lyon accordera en 1880 un prix de *mille francs* au meilleur mémoire sur ce sujet :

*Origine des eaux de la Colonie algérienne.*

Les mémoires doivent être envoyés, avant le 31 mai 1880, au siége de la Société, quai de Retz, 25, à Lyon.

La Société de Géographie commerciale de Bordeaux accordera, à une époque qui sera prochainement fixée, un prix au meilleur mémoire sur ce sujet :

1º *Possibilité d'améliorer la canalisation actuelle de la Gironde à la Méditerranée;*

2º *Possibilité d'ouvrir à la marine une voie directe entre les ports du Nord ou de l'Ouest et ceux du Midi.*

# REUNIONS DES MEMBRES DE LA SOCIETE

## pendant l'année 1878-1879

Les *assemblées générales ordinaires* ont lieu le dernier mardi de chaque mois, boulevard Saint-Germain, 184.

Le *Conseil* de la Société se réunit le premier mardi de chaque mois, au siége de la Société, rue de Savoie, 9.

Les sections se réunissent également rue de Savoie, 9, savoir :

La 1re section (Explorations et voies commerciales), le premier jeudi ; la 2e section (Exploitation des produits naturels et industriels), le deuxième jeudi ; la 3e section (Colonisation et émigration), le troisième lundi ; et la 4e section (Enseignement), le 4e lundi de chaque mois.

Il n'y a pas de réunions pendant les mois d'août et de septembre.

Toutes les communications concernant la Société doivent être adressées au Secrétaire général, rue de Savoie, 9, Paris. Les envois d'argent doivent être faits, en mandats ou en chèques, au nom de M. Gauthiot, rue de Savoie, 9, Paris.

Paris. — Typ. Tolmer et C°, 43, rue du Four-St-Germain.

# BULLETIN

## DE LA
## SOCIÉTÉ
### DE
# GÉOGRAPHIE COMMERCIALE

## DE PARIS

### (FONDÉE EN 1873)

## N° 5

## (Août 1879)

### SOMMAIRE :



## PARIS

### AU SIÉGE DE LA SOCIÉTÉ

9, RUE DE SAVOIE, 9

Le *Bulletin de la Société de Géographie commerciale de Paris* paraît quatre fois par an, ou plus, si besoin est.

Il est rédigé par le Secrétaire général, avec le concours d'un comité de publication.

Tous les Membres fondateurs et ordinaires reçoivent le *Bulletin* gratuitement; les Membres correspondants qui désirent le recevoir ont à payer la cotisation annuelle. Le prix de souscription, pour les personnes étrangères à la Société, est de 20 francs par an; celui des numéros isolés est de 2 francs. Les envois d'argent en mandats ou en chèques doivent être faits au nom de M. Gauthiot, rue de Savoie, 9, Paris.

La Société n'est responsable d'aucune des opinions émises par les auteurs des articles publiés dans le *Bulletin.*

Tous les ouvrages relatifs à la géographie dont deux exemplaires auront été adressés à la Société seront annoncés ou il en sera rendu compte.

*Pour tout ce qui concerne la Société ainsi que son Bulletin, s'adresser par écrit au Secrétaire-général, rue de Savoie, n° 9, à Paris.*

---

MM. les Membres de la Société sont instamment priés de faire connaître au Secrétaire général toutes les modifications qui devraient être introduites dans l'indication de leurs nom, prénoms, qualités et domicile.

Toutes les communications, rentrant dans le cadre des études de la Société, qu'il leur conviendrait de faire et tous les renseignements qu'ils jugeraient bon de donner seront examinés avec soin et utilisés, s'il y a lieu, pour le *Bulletin.*

# CONCOURS ET PRIX

———

La Société de Géographie de Lyon accordera en 1880 un prix de *mille francs* au meilleur mémoire sur ce sujet :

*Origine des eaux de la Colonie algérienne.*

Les mémoires doivent être envoyés, avant le 31 mai 1880, au siége de la Société, quai de Retz, 25, à Lyon.

———

La Société de Géographie commerciale de Bordeaux accordera, à une époque qui sera prochainement fixée, un prix au meilleur mémoire sur ce sujet :

1° *Possibilité d'améliorer la canalisation actuelle de la Gironde à la Méditerranée;*

2° *Possibilité d'ouvrir à la marine une voie directe entre les ports du Nord ou de l'Ouest et ceux du Midi.*

# RÉUNIONS DES MEMBRES DE LA SOCIÉTE



—

Les *assemblées générales ordinaires* ont lieu le dernier mardi de chaque mois, boulevard Saint-Germain, 184.

Le *Conseil* de la Société se réunit le premier mardi de chaque mois, au siége de la Société, rue de Savoie, 9.

Les sections se réunissent également rue de Savoie, 9, savoir :

La 1re section (Explorations et voies commerciales), le premier jeudi; la 2e section (Exploitation des produits naturels et industriels), le deuxième jeudi; la 3e section (Colonisation et émigration), le troisième lundi; et la 4e section (Enseignement), le 4e lundi de chaque mois.

Il n'y a pas de réunions pendant les mois d'août et de septembre.

Toutes les communications concernant la Société doivent être adressées au Secrétaire général, rue de Savoie, 9, Paris. Les envois d'argent doivent être faits, en mandats ou en chèques, au nom de M. Gauthiot, rue de Savoie, 9, Paris.

Paris. — Typ. Tolmer et Ce, 43, rue du Four-St-Germain.